浙江省哲学社会科学规划课题"网络融资模式下基于免疫理论的小微企业信用风险管控机制"（21NDQN300YB）研究成果

网络融资模式下
小微企业
信用风险研究

周　茜◎著

中国财经出版传媒集团

经济科学出版社

Economic Science Press

图书在版编目（CIP）数据

网络融资模式下小微企业信用风险研究/周茜著．
－－北京：经济科学出版社，2022.5
ISBN 978 - 7 - 5218 - 3467 - 3

Ⅰ.①网… Ⅱ.①周… Ⅲ.①中小企业 - 企业信用 -
风险管理 - 研究 Ⅳ.①F832.4

中国版本图书馆 CIP 数据核字（2022）第 037338 号

责任编辑：周国强
责任校对：刘 娅
责任印制：张佳裕

网络融资模式下小微企业信用风险研究
周 茜 著

经济科学出版社出版、发行 新华书店经销
社址：北京市海淀区阜成路甲 28 号 邮编：100142
总编部电话：010 - 88191217 发行部电话：010 - 88191522
网址：www.esp.com.cn
电子邮箱：esp@esp.com.cn
天猫网店：经济科学出版社旗舰店
网址：http://jjkxcbs.tmall.com
固安华明印业有限公司印装
710×1000 16 开 13.75 印张 200000 字
2022 年 5 月第 1 版 2022 年 5 月第 1 次印刷
ISBN 978 - 7 - 5218 - 3467 - 3 定价：86.00 元
（图书出现印装问题，本社负责调换。电话：010 - 88191510）
（版权所有 侵权必究 打击盗版 举报热线：010 - 88191661
QQ：2242791300 营销中心电话：010 - 88191537
电子邮箱：dbts@esp.com.cn）

前　言

　　小微企业是国民经济和社会发展的重要基础，是创业富民的重要渠道，在驱动社会发展、拓展经济空间、扩大就业、促进稳定等方面发挥着重要作用；但是制约小微企业发展因素较多，其中融资困难是最为关键的因素。随着互联网技术不断发展，出现了网络融资模式，相对于传统的融资模式，网络融资模式具有成本低、办理周期短等优势，能够有效缓解小微企业融资难等问题。

　　互联网技术是一把"双刃剑"，网络融资模式的发展突破了传统市场时间与空间的限制，发展形势较好，但目前发展还不够成熟。网络借贷平台、网上银行等网络平台还不够健全，金融机构风控管理和诚信体系尚未完善，存在着一定信用风险。网络融资模式下信用风险管理面临着信用风险因素的复杂性、量化难度大等挑战。目前主流的信用风险测度方法有 KMV 模型、CreditMetrics 模型等，这些模型主要用来估计企业违约概率，在不确定环境下，很难有效判别出影响企业信用风险的关键因素及其权重，找到行之有效的信用风险测度方法和管控手段显得尤为必要。因此，本书针对网络融资模式下小微企业信用风险的研究，主要集中在网络融资模式下小微企业信用风险测度与管控模型的研究。

　　本书把小微企业网络融资模式分为银行介入与非银行介入的网络融资模式。银行介入与非银行介入的网络融资模式下信用风险指标特点、复杂程度、识别与度量难度有所不同，以致信用风险测度方法有所区别。银行介入的网络融资模式包括：银行在线借贷、电商网络融资等；非银行介入的网络融资模式包括：网络众筹、P2P 网络借贷等（国外 P2P 网络借贷平台主要有

Lending Club、LendUp、Funding Circle、Future Finance、Social Finance-SoFi 等；国内 P2P 网络借贷平台由于行业监管不到位及市场的投机属性，P2P 网贷的快速发展带来了风险集中暴露，国家出台相关政策对 P2P 网贷行业进行严格监管，国内 P2P 网贷机构已经于 2020 年 11 月中旬全部清退，但其对我国商业银行、小微企业信用机制建设的借鉴价值不容忽视；部分 P2P 平台逐步转型为网络小贷等；因此，应正确认识和分析 P2P 网络借贷对金融创新改革的影响作用；本书对 P2P 网络借贷的研究时间及相关研究数据都介于 2017 年 9 月~2020 年 6 月之间）。

为了解决银行介入的网络融资模式下小微企业信用风险因素间评价仅限于实数域，较难客观体现评价者的主观意愿，信用风险的直接关联矩阵难以客观获得等难题，本书构建出适合银行介入下的信用风险测度模型。第一，针对银行在线借贷模式下小微企业信用风险测度问题，提出了基于改进的 AHP-DEMATEL 法；第二，应用 ANN 方法对网络信用融资模式下信用风险各指标权重进行测度，利用 GRA 确定信用风险因素之间的直接关联矩阵；第三，针对电商供应链金融模式下信用风险测度问题，提出 Borda 序值、范数灰关联度、RS，并结合 ITFN-DEMATEL 方法构建信用风险测度模型。

为了解决非银行介入的新型网络融资模式下信用风险指标非平稳、非线性，以及较难形象地描述专家判断过程等难题，本书构建出非银行介入下的信用风险测度模型。第一，关于 P2P 网络融资模式下的小微企业信用风险测度时，首先应用主成分分析法对指标进行筛选，并利用 F-AHP 法与 CRITIC 法等组合赋权对指标进行权重测度，再利用软集合方法对测度结果进行验证；第二，关于网络众筹模式下小微企业信用风险测度，应用 Rough 方法对信用风险指标进行属性约简并删除冗余的信用风险指标，利用经验模态分解法、改进直觉模糊法等组合赋权法得出信用风险权重；第三，通过网络融资模式下信用风险测度模型应用举例分析，不仅对小微企业信用风险进行量化评价，也为贷款方提供了信贷策略。

根据信用风险测度模型的结果构建适合网络融资模式下小微企业的信用

风险管控模型。第一，提出了基于银行在线借贷模式下小微企业信用风险管控模型，健全信用风险评价体系，优化信用风险评价模型，增加"信用时间轴"；第二，设计了基于信用风险管理的电商网络融资模式下小微企业的免疫力提升模型，提高小微企业网络融资能力，降低其信用风险；第三，构建了 P2P 网络借贷模式下小微企业信用风险管控模型，引导更多网络金融资源支持小微企业快速发展，提高小微企业风险管控能力，增强其信用风险防控的免疫力水平；第四，针对网络众筹模式下信用风险，构建了基于激励机制、监管力度、创新合作等的信用风险管控模型，在区块链思维下提出基于信用风险管控的小微企业免疫力提升路径。

本书研究的主要创新之处：第一，创建适用于银行介入的网络融资模式下基于 GRA-DEMATEL、ITFN-DEMATEL 等小微企业信用风险测度模型，较客观地描述了各信用风险因素的综合重要程度；第二，构建适用于非银行介入的新型网络融资模式下基于主客观赋权的信用风险测度模型，有效解决传统信用风险测度模型对于信用风险指标间存在相互关联、相关影响等复杂关系而测度不够客观的问题；第三，从特异性免疫、非特异性免疫视域来整体提升小微企业免疫力水平，制定可行规则制度，发展新型金融业态；第四，构建网络融资模式下小微企业信用风险管控模型，利用区块链思维提出切实可行的信用风险管控策略，将实现网络融资模式下小微企业信用风险的有效防控。

周　茜

2022 年 5 月

目　　录

第1章　绪论 ……………………………………………… 1

1.1　研究背景 ……………………………………………… 1

1.2　研究意义 ……………………………………………… 3

1.3　研究目的与内容 ……………………………………… 4

1.4　研究方法与路线 ……………………………………… 7

1.5　研究的主要创新点 …………………………………… 11

第2章　相关理论与文献综述 …………………………… 13

2.1　小微企业信用风险的相关研究 ……………………… 13

2.2　网络融资模式的相关研究 …………………………… 15

2.3　区块链的相关研究 …………………………………… 17

2.4　信用风险测度模型的相关研究 ……………………… 19

2.5　关于组织免疫理论的相关研究 ……………………… 21

2.6　文献评述 ……………………………………………… 24

第3章　小微企业网络融资的模式、特点及渠道选择 …… 26

3.1　小微企业网络融资的模式 …………………………… 26

3.2　网络融资模式的特点及分析 ………………………… 29

3.3　小微企业网络融资的渠道选择 ……………………… 40

3.4　本章小结 ……………………………………………… 46

第 4 章　银行介入的网络融资模式下信用风险测度研究 ………… 47

4.1　基于改进 AHP-DEMATEL 法的银行在线借贷下
信用风险测度研究 …………………………………… 47

4.2　基于改进 DEMATEL 法的电商网络融资模式下
信用风险测度研究 …………………………………… 59

4.3　模型应用举例 ………………………………………… 88

4.4　本章小结 ……………………………………………… 91

第 5 章　非银行介入的网络融资模式下信用风险测度研究 ……… 93

5.1　基于组合赋权法的 P2P 网络借贷模式下信用
风险测度研究 …………………………………………… 94

5.2　基于组合赋权的网络众筹模式下信用风险测度研究 ……… 109

5.3　模型应用举例 ………………………………………… 123

5.4　本章小结 ……………………………………………… 125

第 6 章　网络融资模式下小微企业信用风险管控研究 ………… 127

6.1　银行在线借贷模式下小微企业信用风险管控研究 ……… 127

6.2　电商网络融资模式下小微企业信用风险管控研究 ……… 137

6.3　P2P 网络借贷模式下小微企业信用风险管控研究 ……… 150

6.4　网络众筹模式下小微企业信用风险管控研究 ………… 158

6.5　本章小结 ……………………………………………… 168

第 7 章　研究结论与研究展望 ………………………………… 171

7.1　研究结论 ……………………………………………… 172

7.2　研究不足与研究展望 ………………………………… 174

附录 1　小微企业网络融资的信用风险调查问卷 …………… 177

附录2　影响网络融资模式下信用风险因素的调查问卷 ………… 181

附录3　网络信用融资模式下小微企业信用程度调查问卷 ……… 185

附录4　专家访谈大纲

　　　　——关键因素结果验证 ……………………………… 186

参考文献 …………………………………………………… 188

后记 ………………………………………………………… 209

第1章 绪 论

1.1 研究背景

小微企业是国民经济和社会发展的重要基础，是创业富民的重要渠道，在驱动社会发展、拓展经济空间、扩大就业、促进稳定等方面发挥着重要作用，是经济增长与社会进步的不竭动力。但是制约小微企业发展的问题较多，包括发展基础薄弱、资金短缺、市场需求不足、转型升级难、融资困难、融资渠道少等（周月书、杨军，2018；李俊江、于众，2015；王馨，2015）。在众多制约小微企业发展的因素中，融资困难是最为关键的因素，也是困扰全球众多小微企业发展的重要因素。

区块链、人工智能等技术的逐步成熟，"互联网＋""数字经济"等概念的全面爆发，催生了网络融资模式，而这种模式随着互联网发展呈现出持续创新的态势（谢家平、梁玲，2015；Louise et al.，2017）。作为新兴领域的金融模式，网络融资模式在信息化时代优势凸显，在传统的融资模式中，小微企业很难提供担保品，或者担保品无法满足银行要求，从而使其融资难度较高。网络融资无须小微企业提供担保或者只需提供网络联保等新型担保，借贷双方就可通过第三方平台获得各自所需的金融服务与经济支持，审批手续得到简化，融资成本得到了降低（Campello et al.，2017；Edward et al.，2017），逐步实现财务数字化与智能化转型。网络融资模式可为小微企业提供低成本的融资平台与高效率的运营平台，带动了实体经济与传统经济的转型升级，提高其融资水平。

虽然网络融资模式越来越受小微企业青睐，但是我国网络融资业务处于发展初期，存在着企业征信体系和银行风险管理机制不够完善、网络借贷系统不够健全、小微企业融资过程中存在信息不对称现象、小微企业信用风险评估难度大等问题。网络融资模式的违约成本低、申请程序的简易化、准入门槛低等特点大大加剧了小微企业的信用风险，如发生的淘金贷、游易网等网站的跑路事件。网络融资的理念不同于传统金融，其中风险控制话题尤显突出，据网贷天眼研究院不完全统计，截至2020年3月，有问题网络借贷平台维持在5000家以上，占到总平台数量的75%以上，具体数据来源网贷天眼网站，如图1-1所示。

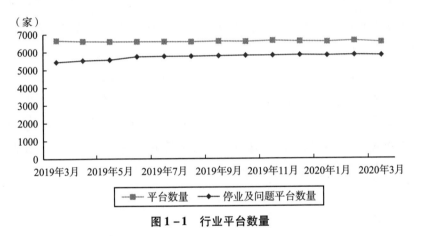

图1-1　行业平台数量

资料来源：网贷天眼网站。

在上述行业平台数量中，停业及问题平台大部分是由于平台失联、诈骗、跑路等信用问题所导致的，因此信用风险问题引起了广大学者的关注，相关工作人员也需提高对信用风险管理工作的重视程度。目前网络融资模式下信用风险测度与管控还存在较多难题需要解决，例如：传统的测度方法对信用风险因素间关系的评价仅限于实数域内；信用风险的影响因素存在模糊性、复杂性等特点，单纯利用调查问卷与专家打分来测度信用风险影响因素的直接关联关系存在一定局限性；单独利用主观权重、客观权重评价较难对信用风险指标进行精准的权重测定；对于分散、去中心化的网络融资活动该如何监管，尤其是小微企业信用风险如何管控等一系列复杂问题。因此，对信用风险测度与管控问题的研究具有必要性，本书的研究将有助于解决网络融资模式下信用风险测度问题，提高小微企业信用风险管控能力，降低其信用风险。

1.2　研究意义

本书聚焦网络融资模式下小微企业的信用风险，研究适合银行介入和非银行介入下的信用风险测度模型和管控模型；拓展了风险管理、信用管理、企业管理、互联网金融等研究视野。本书的研究深化了信用风险管理的理论体系和应用范式，具有理论意义与实践价值。

1.2.1　理论意义

（1）丰富网络融资、企业管理、风险管理的研究理论与研究范式。本书涉及"风险管理""信用管理""信息经济""金融工程""服务科学与工程"等多重领域。

（2）拓展生物免疫学、仿生学的理论观点与解析方法，丰富组织免疫的研究内涵。把组织免疫理论引入信用风险研究领域，在前人研究的基础上，借鉴医学免疫的生态健康新视角，构建小微企业免疫力提升理论模型，发挥组织免疫理论的指导作用。

（3）完善小微企业信用风险管理理论与方法。本书构建了小微企业信用风险测度指标体系与信用风险管控理论体系，完善了小微企业信用风险管理理论的生态结构，改善了传统的信用风险管理方法。

1.2.2　实践价值

（1）信用风险测度与评价模型的构建可在实践中对小微企业信用风险进行量化评价。探索如何应对潜在于互联网环境中的各种信用风险，提出适合网络融资模式下小微企业的信用风险测度与评价模型，为贷款方提供信贷策略。

（2）从组织监视、组织防御、组织记忆等视角提出小微企业免疫力提升路径，整体提升小微企业免疫力水平。在信用风险防范基础上，利用组织免疫能力构建网络融资模式下小微企业信用风险应对模型，对网络融资模式下小微企业信用风险因素进行组织免疫识别。

（3）实现信用风险管控体系的效率全面提升，提高小微企业整体信用。网络融资模式下信用风险管控模型的构建提升信用风险管控效率，促使小微企业适应内外部环境的复杂性，提高其信用风险管控能力，进而降低网络融资模式下小微企业的信用风险。

1.3　研究目的与内容

1.3.1　研究目的

本书的研究目的是：

（1）针对银行介入与非银行介入的网络融资模式下小微企业信用风险特点、影响因素，构建适用于网络融资模式下的信用风险测度模型来度量小微企业的信用风险。

（2）设计出网络融资模式下基于组织免疫理论的小微企业信用风险管控模型，从特异性免疫、非特异性免疫方面整体提升小微企业免疫力水平。

（3）结合区块链思维与原理，运用金融科技手段，驱动小微企业风险管理转型；建立合理信用风险管控机制，完善小微企业信用风险监管体系，降低其信用风险。

1.3.2　研究内容

根据是否有银行介入，把网络融资模式分为银行介入与非银行介入的网络融资模式，它们在资金安全程度、资金运作便捷性、风险管理能力、信息变化适应程度等方面有所区别。银行介入的网络融资模式，主要包括银行在线借贷、电商网络融资；非银行介入的新型网络融资模式，主要包括 P2P 网络借贷、网络众筹。

本书对银行介入的网络融资模式下小微企业信用风险利用改进 DEMA-TEL 法进行测度。利用基于改进的 AHP-DEMATEL 法，得到区间数综合影响度。应用 ANN 方法对网络信用融资模式下小微企业信用风险各指标权重进行测度，利用 GRA-DEMATEL 方法对信用风险因素进行分析，由此确定各指标中心度。运用 Borda 序值、范数灰关联度、RS，并结合 ITFN-DEMATEL 方法对电商供应链金融模式下信用风险因素进行研究。

对于非银行介入的新型网络融资模式下小微企业信用风险利用组合赋权法进行测度。利用 F-AHP 法与 CRITIC 法的主客观组合赋权对 P2P 网络借贷模式下信用风险指标进行权重测度，得出 P2P 网络借贷模式下小微企业主要信用风险因素。对网络众筹模式下小微企业信用风险测度，利用基于熵权法、改进层次分析与经验模态分解法的信用风险测度模型，并结合改进的直觉模糊法，得出网络众筹模式下小微企业信用风险最终组合权重系数。对银行介入与非银行介入的网络融资模式下信用风险测度问题，分别利用基于改进 DEMATEL 方法、组合赋权法的信用风险测度模型，后一种测度模型在前一种测度模型上不断完善与改进。

此外，对信用风险测度模型进行应用分析，为贷款方提供信贷策略。不管是银行介入的网络融资模式，还是非银行介入的网络融资模式，贷款方依据小微企业信用风险的状况提供贷款，对信誉高、信用风险小的小微企业给予高额贷款或者优先发放贷款。

通过组织免疫融入多元免疫，能识别各种组织系统问题，为了使小微企业能够更好地适应内外部环境的复杂性和抗原的多样性，本书嵌入生物学原理和医学、系统管理学等领域的研究范式，从组织免疫这一新的切入点剖析小微企业的信用风险管控问题，这对于小微企业网络融资的信用风险控制具有一定驱动价值。

本书从以下七个章节展开研究，研究内容及结构如图 1 - 2 所示。

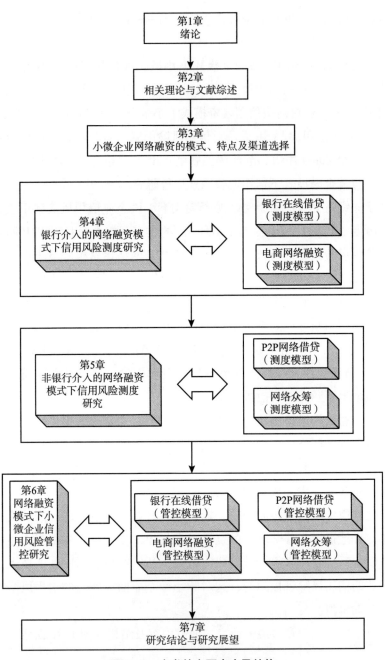

图 1-2 本书的主要内容及结构

1.4 研究方法与路线

1.4.1 研究方法

1.4.1.1 主成分分析法

主成分分析筛选标准：根据综合评价函数计算指标得分，并计算出平均值。若信用风险指标的得分小于平均值，则说明该指标对信用风险影响不显著，予以删除；反之，则予以保留。

1.4.1.2 粗糙集理论与方法

本书首先利用粗糙集理论与方法可对信用风险影响因素进行属性约简，其次可对信用风险指标权重进行度量。

1.4.1.3 问卷调查、专家访谈法

对关键变量的作用机制，主要采取问卷调查与专家访谈的形式。在问卷的设计方案中，小微企业网络融资过程中各相关主体之间的依赖关系及其作用结果等变量主要来自现有小微企业信用风险文献与相关网站数据挖掘。问卷调查的技术路线分析如图1-3所示，图中所列并非为最终操作变量，根据实际情况需要对调查问卷设计做适当调整。

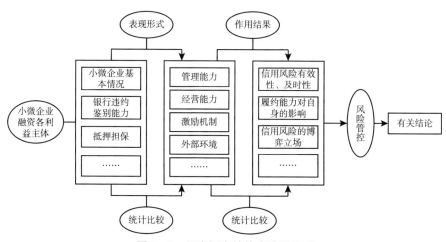

图1-3 问卷调查的技术路线分析

在网络融资模式下小微企业信用风险的研究过程中，信用具体涉及的范围和内容仍需要相关专家给出指导意见。本书拟邀请信用风险研究领域的专家和相关企业管理人员等，利用问卷调研、专家访谈法等多种方式的结合，以确保研究结果的合理性和科学性，其中主要运用德尔菲法进行专家调查分析。

1.4.1.4 改进的 DEMATEL 方法

DEMATEL 方法在于能够对信用风险因素进行有效识别与分析，但是网络融资模式下小微企业信用风险影响因素多而复杂，单纯利用 DEMATEL 方法难以准确获得直接关联矩阵。因此可利用 DEMATEL 方法与其他管理科学方法相结合来构建改进 DEMATEL 法来规避单纯利用 DEMATEL 方法的弊端。基于改进的 DEMATEL 法可准确获得直接关联矩阵，并对信用风险因素之间关系的有无及强弱进行测度。本书涉及改进的 DEMATEL 方法有：改进的 AHP-DEMATEL 法、ANN-GRA-DEMATEL 法、ITFN-DEMATEL 法等。

1.4.1.5 组合赋权法与信息经济模型

部分与信用有关的数据属于个人隐私，公开资料中获得的数据与真实数据可能有一定的误差，鉴于此，本书利用主客观赋权相结合的复合权重法，不仅组合了专家意见，突出了主观赋权法较好表达专家主观真实的意向、经验，也展现了客观赋权法中信用风险评价的客观性、精度高等优点。基于 CRITIC 法、熵权法、经验模态分解法、改进直觉模糊法等组合赋权法来构建网络融资模式下小微企业信用风险测度模型，利用软集合、多元回归模型等构建网络融资模式下信用风险测度模型的检验方法。

本书对小微企业信用风险管控分析时，需要结合区块链技术应用场景进行分析，基本分析思路图，如图 1-4 所示。

关于基于区块链的小微企业信用风险管控分析时，需要在市场经济环境下构建征信、供应链金融、众筹、税务、电商等模块，小微企业在主权区块链平台上进行信用区块链的有效应用。

本书运用信息经济学中激励理论、博弈论对小微企业信用风险进行分析，并依据利润最大化、利益均衡点、奖惩强度、委托-代理等来建立小微企业信用风险管控模型，从中得出最优激励-风险控制模型表达式，并提出收益

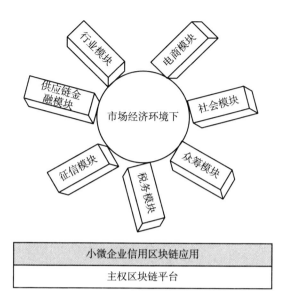

图 1-4　基于区块链的小微企业信用风险管控分析

共享模型。此外，基于组织免疫视角构建信用风险管控模型，进行有效信用
风险控制，促进各利益相关者达到共赢。

　　本书将采用多种管理科学方法来具体展开，主要研究内容对应研究方法
如表 1-1 所示。

表 1-1　　　　　　　　　主要研究内容对应研究方法

主要研究内容	主要研究方法
网络融资模式小微企业的信用风险	文献研究法、社会学理论、信息经济学原理、专家访谈法、德尔菲法、市场调研、数据挖掘、金融中介理论等
银行介入下小微企业信用风险的测度模型	粗糙集理论、改进的 AHP-DEMATEL 法、数学经济模型、ANN、Logistic 回归模型、GRA-DEMATEL、Borda 序值、范数灰关联度、RS、ITFN-DEMATEL 等
非银行介入下小微企业信用风险的测度模型	CRITIC 法、熵权法、系统工程理论、软集合、经验模态分解法、Rough 方法、改进的直觉模糊法等
面向网络融资模式下小微企业的信用风险管控模型	区块链思维与原理、博弈模型、信息经济模型、激励模型、动态复制方程、博弈论、组织免疫的思维与方法（非特异性免疫、特异性免疫）、信贷配给理论等

1.4.2 数据来源

本书相关数据来源与处理如下：

1.4.2.1 来源数据库

本书所需的数据主要是验证模型的信用风险管理数据，辅助的数据包括科学文献数据及其统计局数据库。本书的主要数据来自某些银行的信贷记录数据、征信平台上公开的数据、万得资讯数据、网络借贷平台数据、国研网统计数据、SCI 和 SSCI 等数据库。

1.4.2.2 建立研究数据库

（1）获得相关数据后，需要对有用数据进行标准化处理并进行相应的数据库备份。

（2）获得银行的实际信贷记录数据库。

（3）征信网站平台上挖掘的数据库。

（4）仿真实验获得的实验数据库。

1.4.2.3 问卷调查与专家访谈

根据对相关小微企业、银行、平台等进行问卷调查，并对相关专家进行访谈得到第一手数据。

1.4.3 研究路线

本书建立基础研究与应用研究间的对话机制，沿着"构建小微企业信用风险评价模型与管控机制，推动小微企业市场秩序的良好发展"的路线，从基础理论到管控实践，从一般规律到应用对策的逐层递进，保证研究结论的解释力。

深化信用风险管理、网络融资等研究，梳理小微企业网络融资的信用风险测度指标体系，建立适合小微企业网络融资的信用风险测度模型；构建区块链原理下基于组织免疫理论的信用风险管控模型，并建立小微企业免疫力提升路径。具体技术路线如图 1-5 所示。

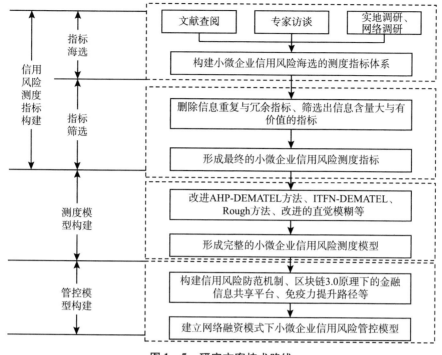

图 1 - 5　研究方案技术路线

本书分析影响网络融资模式下信用风险因素，对信用风险因素进行指标海选与指标筛选，针对网络融资模式下的小微企业信用风险建立信用风险测度模型，并根据信用风险测度结果建立网络融资模式下小微企业信用风险管控模型。

1.5　研究的主要创新点

首先，突破学界现有的信用风险度量方法难以准确获得直接关联矩阵等问题，创建适用于银行介入的网络融资模式下小微企业的信用风险测度模型。

构建基于 AHP-DEMATEL 法、Fuzzy-DEMATEL、GRA-DEMATEL、ITFN-DEMATEL 等改进 DEMATEL 法的网络融资模式下小微企业信用风险测度模型，该模型可客观描述出各信用风险因素的综合重要程度，对单纯利用专家打分来评价信用风险因素直接关联关系的局限性进行有效改善。

其次，构建适用于非银行介入的新型网络融资模式下基于主客观赋权的信用风险测度模型，完善小微企业信用风险测度方法。

利用 F-AHP 法与 CRITIC 法的主客观组合赋权对信用风险因素之间关系的有无及强弱进行测度，有效解决传统风险测度模型对于信用风险指标间存在相互关联和相关影响等复杂关系而测度不够客观的问题。

为了解决信用风险影响因素的模糊性、复杂性等问题，形象地描述专家判断过程，引入经验模态分解、改进直觉模糊法，得到综合评价决策矩阵，对信用风险进行权重测度，构建小微企业信用风险测度模型，完善小微企业信用风险测度方法。

再其次，从特异性免疫、非特异性免疫视域来整体提升小微企业免疫力水平，制定可行规则制度，发展新型金融业态。

借鉴组织免疫的思维进行信用风险控制，构建信用风险管控模型。信用风险免疫力提升路径的建立可降低小微企业的信用风险，改进小微企业信用风险管控体系，完善小微企业服务运作机制；守住不产生系统性信用风险底线，强化网络融资模式下小微企业信用风险防控处理机制。

在特异性免疫层面提出提升小微企业免疫力对策，提高信用风险防御能力。建立定期信用风险检查制度，完善小微企业的信用风险监管体系；开展小微企业信用融资试点示范工作，形成有效示范引导效应；政企合作共建互联网基础设施并打造学习型组织，强化小微企业学习 – 记忆机制。在非特异性免疫层面制定可行规则制度，建立小微企业信用风险管理系统，构建完善的金融信息平台，发展新型金融业态，并加速区块链技术共享。

最后，针对网络融资模式下小微企业信用风险测度结果构建信用风险管控模型，利用区块链思维提出信用风险管控策略，将实现网络融资模式下小微企业信用风险有效防控。

针对小微企业网络融资模式的特征、优缺点及信用风险测度模型的结果，提出信用风险管控模型，对网络融资模式下小微企业信用风险进行有效控制。对信用数据进行顶层设计、有效关联，整体上提高小微企业的信用风险管控能力；健全信用风险评价体系，优化信用风险评价模型，增加"信用时间轴"；构建协作、共享的融资环境，对信用信息数据进一步统筹规划，从而减少信息不对称性问题，进而提升小微企业信用风险管控效率。

第2章　相关理论与文献综述

针对本书研究的切入点，对小微企业信用风险、网络融资模式、区块链、信用风险测度模型、组织免疫理论等相关理论与文献进行分析。

2.1　小微企业信用风险的相关研究

小微企业信用风险指的是小微企业在融资过程中出现的违约可能性或者是小微企业不履行到期义务所产生的履约风险（Mitchell，2018；Jose，2018；Yener，2018）。针对小微企业信用风险的研究，以下主要从小微企业概念的界定、小微企业信用风险的成因、小微企业信用风险指标体系的构建等方面进行文献梳理。

2.1.1　小微企业概念的界定

小微企业一般从资产总额、从业人数、税收指标等三个方面进行界定（周月书、杨军，2018；李俊江、于众，2015；王馨，2015）主要标准及概念如图 2 – 1 所示。

2.1.2　小微企业信用风险的成因

薛菁（2018）、刘忠璐（2018）从融资难的角度研究了小微企业信用风险成因与对策。从信用风险形成原因、过程与机理，以及宏观经济因素等方面建立了信用风险形成机制（Jones et al.，2015）。

2.1.3　小微企业信用风险指标体系的构建

陈鑫、彭俞超（2017），张荣刚、徐京平（2018），匡海波等（2020），刘兢轶等（2019），李秉祥等（2020）对信用风险测度指标体系、信用风险控制指标体系选择进行了思考。建立了包括企业偿还能力、历史融资状况、偿债记录等信用风险指标体系（Maik et al.，2013）。霍海涛（2012）从财务指标和非财务指标方面来研究小微企业信用评价指标体系的特点。范方志等（2017）针对中小微企业信用风险的特点、融资过程中违约风险，建立了中小微企业信用风险指标体系。

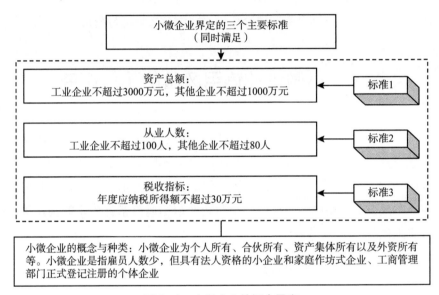

图 2-1　小微企业的概念界定

2.1.4　信用风险管控方面

刘春苑等（2016）从风险管控制度的合理制定、内部信用评估制度的建立、信用风险管理体系的完善、产品创新能力的提高、业务服务能力提高等五个方面来完善小微企业信用风险控制对策。柳承志（2016）通过对小微企业以及风险管理现状的分析，从企业信贷业务模式的创新视角、人才资源的建设、优质资源的开发等方面提出了如何加强小微企业信用风险控制的对策。贾广余等（2018）认为小微企业的发展面临不确定环境等诸多问题，小微企业提升信用风险管控能力可提高其网络融资效率。提出了网络信贷平台的建设与完善路径，构建了信用风险评价、评级模型等（Michelle et al.，2016）。

对于小微企业信用风险控制对策的研究成果较多，但更多的是以信用风险管理制度建立、信用风险评价体系构建等来研究小微企业信用风险管控机制。

小微企业受经济环境、平台环境等因素影响，小微企业信贷担保体系不完善、融资方案不合理、融资渠道不宽、缺乏监管等问题已经成为各界学者关注的焦点问题。许多学者提出了有关小微企业的融资问题成因分析、作用机制以及风险控制对策，为小微企业网络融资中信用风险管控指明了新的方向，为进一步研究提供了坚实基础。

目前，该领域的相关研究如图 2-2 所示。

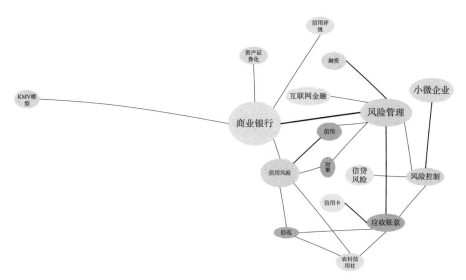

图 2-2　小微企业信用风险的知识图谱

从图 2-2 可知，针对小微企业信用风险的研究多聚焦在农村信用社、商业银行借贷、风险防范、应收账款、信用评级、信贷风险等方面，对网络融资模式下的信用风险管理还不够完善。

2.2　网络融资模式的相关研究

融资难一直是制约小微企业发展的主要瓶颈，随着互联网技术的不断发展，网络融资模式应运而生，并且网络融资模式不断成熟。但是，目前对于网络融资的相关研究尚处在起步阶段，以下主要从网络融资模式分类、网络融资纾缓小微企业融资困境等方面进行文献梳理。

2.2.1 网络融资模式分类

目前，网络融资模式种类较多，比较常见的有人人贷、众筹融资、互联网供应链金融、电商融资等网络融资模式（吕秀梅，2019；姚帏之等，2018），但是相关文献对网络融资模式的具体分类尚没有统一的标准。代表的学者和代表性的分类，例如：谢平等（2012）、张玉明等（2014）把小微企业网络融资分为金融机构互联网融资、大数据金融、P2P 网络借贷模式等网络融资模式；网络融资分为银行在线借贷、P2P、股权众筹、B2B 等四种网络融资模式（Wang et al.，2016；Shi et al.，2016），并逐一进行了分析（Wang et al.，2016；Shi et al.，2016）。

2.2.2 网络融资：小微企业融资困境的纾缓

鉴于小微企业融资渠道少、融资贵等问题，洪祥骏等（2020）认为要积极鼓励小微企业运用网络融资方式，同时加强信用风险的预防与监督。网络融资具有周转速度快、成本低、应对灵活等特点（Amerind，2016），能更好地满足小微企业的融资需求。郑志来（2015）提出网络融资综合了线上与线下的信息收集，为小微企业提供有效融资决策，并匹配小微企业的融资需求。

庄雷等（2015）、赵驰等（2012）、徐洁等（2014）提出网络融资作为一种新型融资模式逐步成熟，借贷双方利用网络平台，平台可快速调取交易记录，从而畅通了借贷双方信息传递，减少了信息不对称问题。网络融资扩展了融资渠道，并有效降低了融资成本（Cassar et al.，2015；Tangt，2017）。网络融资扩宽了互联网金融的融资途径（邓鸿丽、任文、邓鸿志，2015；Wetzel et al.，2019），加强了企业内外部资源积累（邓鸿丽，2015；Wetzel et al.，2017）。张云起等（2019）、方红星等（2019）、刘满凤等（2019）认为网络融资是缓解小微企业融资困境，解决融资渠道窄等问题的有效手段，为小微企业健康发展开辟了一条新路径。

对于网络融资服务这一新生金融服务业态，国内外学者对其研究也不断深化，且形成了一定研究基础；但目前网络融资具体的模式还没有明确定义，对于网络融资模式的深层本质和运行逻辑的探讨尚不明确。网络融资可缓解小微企业融资困境，对小微企业的健康发展起到重要作用；但目前网络平台还不够健全，金融机构风控管理和诚信体系尚未完善，因此小微企业网络融资的风险管理研究需要进一步推动。

2.3　区块链的相关研究

随着互联网信息技术的飞速发展，大数据、人工智能等一系列新型技术不断发展、创新，区块链技术应运而生，它的应用领域也逐步扩大，成为学术界关注和研究的热点。以下主要从区块链技术、信用与信任、金融应用领域方面等进行文献梳理。

2.3.1　区块链技术方面

以比特币为切入点，解释区块链的概念和特征，认为今后区块链技术会蓬勃发展（Twesige，2015）。阐述了区块链技术的概念，并将区块链技术应用于现代经济学实践中（Ahmed et al.，2017；Drobetz et al.，2019）。区块链技术是继互联网之后的第五次颠覆性技术革新，鼓励网上银行应积极引入区块链技术，提高业务水平（Miao et al.，2017）。聂二保等（2017）研究了基于大数据和区块链技术的"去中心化＋中心化"之"双通道"征信技术，并认为区块链技术可化解当前征信业面临的难题，探讨如何利用区块链技术提升各个行业的发展效率，特别是税收和实体经济产业。

2.3.2　信用与信任方面

仝乃礼等（2017）认为区块链的信用系统能够帮助小微企业解决征信体系问题，区块链机构可对个人征信中的业务环节进行创新，区块链可降低信息不对称引发的违约风险，推进信息共享与隐私保护。郑瑶（2016）、郭上铜等（2021）阐述了区块链对银行客户的信用构成了挑战。杨兴寿（2016）

基于区块链技术构建了分布式自主信用模型和分布式社会信用模型。朱金珣（2017）认为区块链对于解决保险业中信用危机起到一定作用。刘蕾等（2017）研究了区块链体系下小微企业融资信任机制。于博（2017）、胡东滨等（2021）认为区块链技术的去中心化和信任机制等特征，可加快共享经济的信任机制的建立。基于区块链技术探讨了如何解决弱势消费群体的信贷、信用等问题，由于区块链技术下数据不可篡改，通过区块链技术可以实现有用信息交换，解决数据孤岛等难题（Wang et al.，2017）。

2.3.3　金融应用领域方面

张秀广等（2016）认为区块链的发展主要面临三大挑战：区块链技术本身的问题、信息安全问题和金融监管问题，尤其金融监管问题日益凸显。林小驰等（2016）提出区块链技术的发展路线，认为基于区块链3.0技术的智能合约等可构建金融行业的信用风险管控系统，金融机构利用区块链技术降低其对小微企业的监督成本。郑志来（2019）从政府政策支持角度分析，认为政府要尽快出台相关法律法规，打造普惠金融，创造良好的金融环境，引导小微企业良性发展。

2.3.4　区块链金融风险研究方面

乔海曙等（2017）指出区块链金融的制度体系、风险管理体系、产品研究体系等，这些体系的建立有助于区块链金融理论研究走上新的高度。孙国茂（2017）研究区块链金融的运作机理与运行风险，认为区块链金融对小微企业风险有效管控具有积极的促进作用，但是仅利用区块链金融本身的避险机制是很难有效规避区块链金融利益主体之间的信用风险。鲜京宸（2017）认为金融风险控制的关键在于建立统一的"区块链金融风险管理"系统，只有真正实现区块链与互联网金融产业的深度融合，才能促进"区块链金融"模式朝着健康、生态化的方向发展。

目前，区块链研究还不成熟，还有许多领域亟待研究，具体相关研究如图2-3所示。

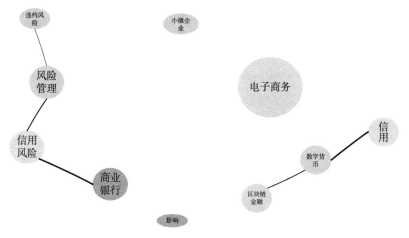

图2-3　区块链领域下相关研究的知识图谱

区块链领域下相关研究中，涉及区块链思维下的信用研究主要聚焦在区块链金融、数字货币等方面，对于区块链下信用风险控制方面的研究还不完善；区块链下的风险管理研究主要集中在商业银行的信用风险方面的研究，对网络融资模式下信用风险研究还需进一步挖掘；利用前沿的区块链思维来诠释中小微企业信用风险管控的文献较少，将其运用到小微企业信用风险管理还需进一步研究；将区块链原理应用于信用风险防控中，并结合管理者的经验对小微企业信用风险进行双重防控，关于这些方面的研究都还需要深入提炼与探讨。在信息不对称、不确定的环境下，利用区块链技术为小微企业顺利运行提供了保障；"区块链金融""区块链+网络融资+风险管理""区块链思维与原理+金融理论架构+信用风险管控"模式也需要进一步推广与拓展。

2.4　信用风险测度模型的相关研究

信用风险测度指的是对信用风险进行量化评价（霍源源等，2019；李西良等，2020；Gans et al.，2017），目前主要文献中，信用风险测度模型相关研究方法集中在统计与人工智能研究方法、赋权方法。相关研究分别如

图 2 - 4、图 2 - 5 所示。

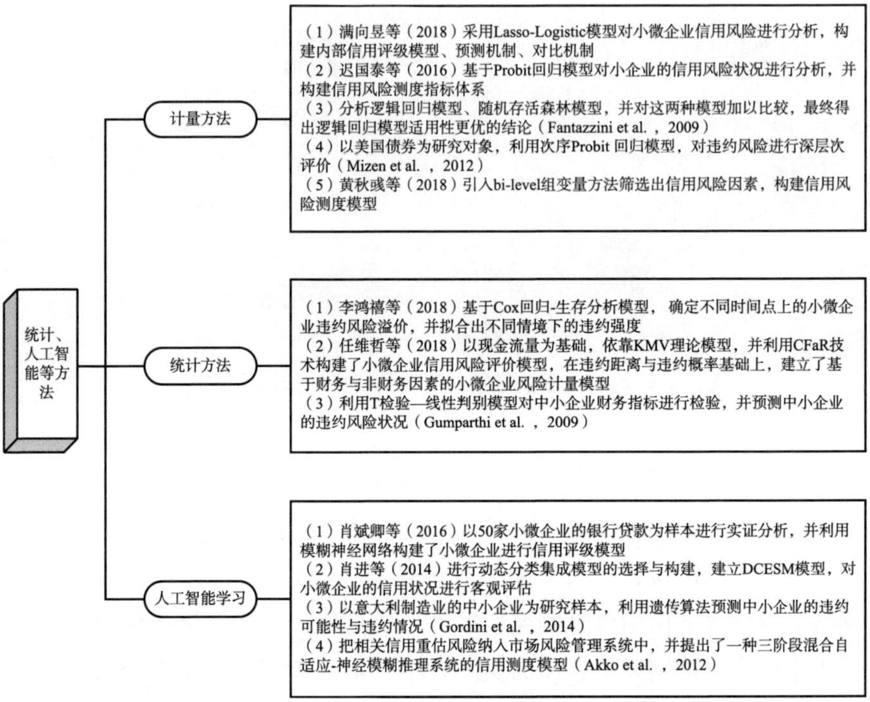

| | | （1）满向昱等（2018）采用Lasso-Logistic模型对小微企业信用风险进行分析，构建内部信用评级模型、预测机制、对比机制
（2）迟国泰等（2016）基于Probit回归模型对小企业的信用风险状况进行分析，并构建信用风险测度指标体系
（3）分析逻辑回归模型、随机存活森林模型，并对这两种模型加以比较，最终得出逻辑回归模型适用性更优的结论（Fantazzini et al.，2009）
（4）以美国债券为研究对象，利用次序Probit回归模型，对违约风险进行深层次评价（Mizen et al.，2012）
（5）黄秋彧等（2018）引入bi-level组变量方法筛选出信用风险因素，构建信用风险测度模型 |

计量方法

统计、人工智能等方法

统计方法

（1）李鸿禧等（2018）基于Cox回归-生存分析模型，确定不同时间点上的小微企业违约风险溢价，并拟合出不同情境下的违约强度
（2）任维哲等（2018）以现金流量为基础，依靠KMV理论模型，并利用CFaR技术构建了小微企业信用风险评价模型，在违约距离与违约概率基础上，建立了基于财务与非财务因素的小微企业风险计量模型
（3）利用T检验—线性判别模型对中小企业财务指标进行检验，并预测中小企业的违约风险状况（Gumparthi et al.，2009）

人工智能学习

（1）肖斌卿等（2016）以50家小微企业的银行贷款为样本进行实证分析，并利用模糊神经网络构建了小微企业进行信用评级模型
（2）肖进（2014）进行动态分类集成模型的选择与构建，建立DCESM模型，对小微企业的信用状况进行客观评估
（3）以意大利制造业的中小企业为研究样本，利用遗传算法预测中小企业的违约可能性与违约情况（Gordini et al.，2014）
（4）把相关信用用重估风险纳入市场风险管理系统中，并提出了一种三阶段混合自适应-神经模糊推理系统的信用测度模型（Akko et al.，2012）

图 2 - 4 基于统计与人工智能的信用风险测度模型

综上所述，对待小微企业信用风险测度模型构建的相关方法较多，主要集中在计量方法、指标赋权、线性加权等方法。这些方法大部分应用在非网络融资模式下的信用风险测度领域，关于网络融资模式下信用风险测度模型构建方面的研究较贫乏。此外，上述研究多集中在银行介入下融资模式，非银行介入下融资模式研究较少。

目前，信用风险测度模型既能反映专家主观经验又能反映调研的数据规律，并客观测度出小微企业违约的概率等方法的相关文献不多，且测度指标体系的客观性、科学性的保障问题上都需要进一步探讨；对于信用风险指标间存在相互关联而测度不够客观的问题，对单纯利用专家打分来度量信用风险因素直接关联关系的问题都需要更深层次改进与拓展。

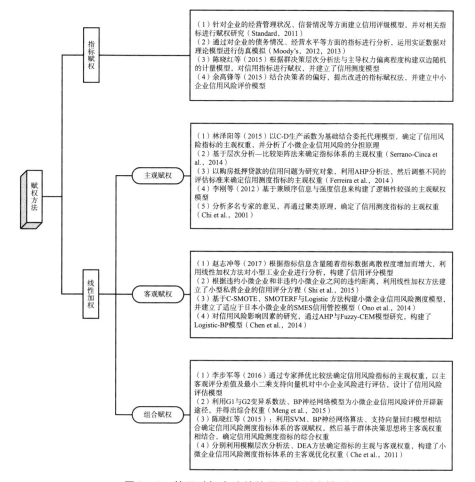

图 2-5 基于赋权方法的信用风险测度模型

2.5 关于组织免疫理论的相关研究

小微企业容易受外部环境的影响，目前，其生存空间、稳定机制和发展状况受到严峻的考验，如何有效促使小微企业适应外部环境的变化，保障其持续健康、稳定发展，成为学术界和企业界共同关注的问题。以下主要从企业免疫力、企业免疫行为、组织免疫系统、组织免疫功能以及组织免疫理论在风险管理中的应用等方面进行文献梳理。

2.5.1 企业免疫力定义

"企业免疫力"概念是从生物学"免疫力"的概念得出，从生物学视域，"免疫"是免除瘟疫的意思。张建中（2003）提出企业免疫能产生免疫功能，识别"本身"与"外界"，并排除"外界"来维护自身稳定与健康生存的一种防御体系。刘浩（2003）最先提出"企业免疫力"这一概念，提出了免疫力强的企业应该是自我修复能力比较佳的企业。徐波（2005）从医学人体免疫的角度定义了"企业免疫力"；后来，苏涵萌（2019）对其定义进行了补充，认为企业免疫能力具有学习和认知能力，通过免疫系统可以增强企业抗信用风险能力，保证其健康稳定运作。企业免疫力除了组织识别外，还有维持企业内部稳定的能力。吕萍、王以华（2009）提出企业免疫理论是企业识别外界相关物质和内部异己相关物质，抵御各种风险因素，达到结构均衡、外部适应、社会和谐等免疫效果。陈丽蓉、黄瑶（2012），姜涛、熊伟（2017）认为"企业免疫力"是企业"自动应对—积极防御—开展记忆—解决问题"的一种能力。赵慧芸（2017）、王楠（2015）认为企业免疫力水平是企业自身的防御机制，与计算机杀毒原理是一样的，并提出了从免疫自稳、制度规则创新等角度来提升企业免疫力的整体水平。从上述学者阐述的定义，归纳出企业免疫力的主要含义如下：企业免疫力是一种防御机制，其主要功能是识别、抵御各种风险因素，它的目标是维持企业健康。基于此，本书给企业免疫力的定义为：企业免疫力是企业面对"异己"时，能够保持自身健康的一种能力。

2.5.2 企业免疫行为

吕萍（2011）认为企业免疫行为有免疫实际的质态、免疫实际的量态，但在实际操作中是很难挖掘出这种质态与量态；对于小微企业而言，如果有效挖掘出免疫实际的质态与量态，可以达到企业免疫的理想状态。企业免疫行为是应对外来风险的一道屏障（Weick，1982），尤其小微企业在经营过程中，应注意外部环境对自身的影响。蔡自兴（1998）认为利用感知、发现、判断、传递的组织监视方式有助于减少外部环境不确定性，是小微企业适应交易环境的助推器，可提升小微企业的免疫能力。吕萍（2011）认为企业免疫行为是需要经过后天努力，利用免疫行为可排除产生威胁的风险因素，从而逐步产生组织记忆功能。企业文化可降低"难以准确估计的风险"，维持组织稳定，进而强化特异性免疫功能，提升企业免疫管控力与免疫衔接力（Rerup and Feldman，2011）。

2.5.3 组织免疫系统

组织免疫是企业识别异己、维护企业自身健康的一种免疫能力，它是企业的边界与企业内部各点共同构成的一张严密保护网；在一定优良的环境下，组织免疫系统是一种捍卫机制。关于组织免疫理论研究，组织免疫系统的初步定义为抵御外部侵扰的第一道防线，并通过后天的不断学习进化实现适应性免疫（Subbanarasimha，2001）。王以华等（2006）在《组织免疫研究初探》中正式提出了"组织免疫"这一构念。提出组织免疫系统的设计可有效地保障企业免疫应答流畅地运行（Schatzki，2006）；进一步提出组织免疫系统由中枢、周边、专职免疫系统构成（Wang and Zhao，2010）。在此基础上完善了组织免疫系统框架（黄京霞，2012；Witt，2011）。吕萍、王以华（2009），王以华等（2006）提出组织免疫系统的运行机制，其主要包括：免疫识别的记忆机理、防御–异己机制、反馈机制、免疫协调机理等。

2.5.4 组织免疫功能

马启肇（1996）认为企业利用组织免疫能力能增强其对环境的适应能力。企业通过不断积累和发展自身资源，并与其利益相关者达到收益与信息有效的共享，进而保证小微企业的平稳和快速成长。企业通过变异、成长、调节、清除等功能可提升自身的组织免疫功能；其中免疫监视对提升组织免疫功能起到关键作用，免疫监视可促进企业有效信用信息共享，减少内外部"异己"对企业自身的影响（Daft et al.，1984；Eisenhardt，2000）；免疫监视与免疫自稳对企业稳定、长远的发展起到重要作用（Porterm，1985），企业可以利用"免疫监视—识别能力—抵御入侵—免疫助推器"来提高组织免疫功能，减少风险的不确定性，降低企业风险。

2.5.5 组织免疫在风险管理中的运用

吕波等（2006）针对银行业运行过程中存在的操作风险，创新性地提出了"病毒免疫系统"这一概念。许晖等（2011）首先分析了组织免疫的风险管控原理，其次研究了组织免疫的理想质态，最后在组织免疫行为的基础上构建了企业风险应对机理模型。史丽萍（2015）、姜涛等（2014）认为产品技术落后、市场信誉丧失、组织管理缺失、资源供给不足、管理水平滞后等会形成企业战略性的信用风险，并认为"组织健康 – 免疫理论"有效降低企业的信用风险，组织免疫也为企业能够更好地适应内外部环境的复杂性和抗原的多样性提供了一定保障。

总之，免疫学主要研究生物体在复杂环境下的健康发展问题以及演化规律，尽管小微企业与生物体不尽相同（杨震宁等，2014；陈恒等，2015），系统的严密性也有差别，但是其适应能力、稳定机理、成长机制、机制模型与小微企业非常相似。生物免疫学的生态视角与解析方法、运作机理仍然对组织免疫理论的研究具有重要参考价值。组织免疫已经广泛地运用到众多研究领域，例如，信息经济、财务管理、生产运作、战略管理、组织管理、信息管理、供应链管理、企业免疫健康机理等（姜涛，2015；Varouj et al.，2015；Jiang et al.，2016；Wu et al.，2017），也为组织免疫在风险管理中的应用提供了借鉴。组织免疫理论如何运用到小微企业信用风险管控领域，如何挖掘小微企业免疫实际的质态、免疫实际的量态，如何达成风险管控的多道防线共识等都需进一步研究。

2.6　文献评述

本书对相关文献进行了梳理与总结，其中信用风险测度模型、网络融资模式、组织免疫理论等取得一定成果，这些成果为小微企业信用风险测度与管控模型的构建提供了借鉴意义，也为本书深入研究奠定了良好的科学理论基础，但目前研究存在一些局限性，主要如下：

（1）已有文献对小微企业信用风险形成的原因、过程、机制等方面的研究成果较多，并且有不少研究基础；但大多数信用风险文献主要关注的是传统融资模式下信用风险研究，尤其聚焦在农村信用社、商业银行借贷等，对网络融资模式下信用风险研究还不够丰富，有待进一步探究。

（2）对于信用风险测度指标的选择与模型构建的研究较为丰富，较多文献利用计量方法、统计方法等度量方法筛选出小微企业主要信用风险因素，并构建了信用风险测度模型，但针对主要信用风险因素来构建信用风险管控模型的研究不多，此外，针对网络融资模式下信用风险的测度方法并不丰富，尤其非银行介入的网络融资模式下信用风险测度方法鲜有研究。

（3）组织免疫可以识别、抵御给小微企业发展带来威胁的各种风险因素，是小微企业应对"异己"维持健康的能力，组织免疫已经广泛地运用到众多研究领域。在一些文献中，组织免疫在风险管理中运用有一定的提及，主要在概念、机理模型等方面，但讨论不够深入，组织免疫理论如何运用到小微企业信用风险管控领域的研究并不多，如何达成风险管控的多道防线共识等需要深层次研究。

因此，针对目前研究现状与研究瓶颈，本书关于开展网络融资模式下小微企业信用风险的研究具有一定研究价值与必要性。

第3章 小微企业网络融资的模式、特点及渠道选择

小微企业网络融资的模式分为银行介入的网络融资模式与非银行介入的网络融资模式。本章分析银行介入与非银行介入的网络融资模式,并对小微企业网络融资渠道选择的影响因素进行研究。

3.1 小微企业网络融资的模式

3.1.1 小微企业的特征与信用风险产生原因

笔者从2017年12月~2018年6月调查了北京市45家小微企业,再结合文献(迟国泰等,2016;Danenas and Garsva,2015;Altman et al.,2008),得出小微企业的基本特征;并根据其基本特征,再对相关文献(吴信科,2016;Harris,2015;Tsai,2014;张建同等,2019;丁骋骋、周群力,2012)进行归纳,得出小微企业信用风险产生的主要原因,如图3-1所示。

3.1.2 网络融资模式流程与分类

网络融资模式作为互联网经济下的新融资模式,与传统的融资模式有较大差别,结合相关文献(Niklis et al.,2014;陈道富,2015),归纳出网络融资服务模式与传统融资的服务模式主要区别如图3-2所示。

图3-2从便捷程度、办理周期、融资成功率、融资成本费用等方面对网络融资模式与传统融资进行了比较研究,根据网络融资特征、网络融资与传统融资服务模式的差异,网络融资模式可分为以下四个流程(Maik et al.,2013;Vanroose et al.,2013)如图3-3所示。

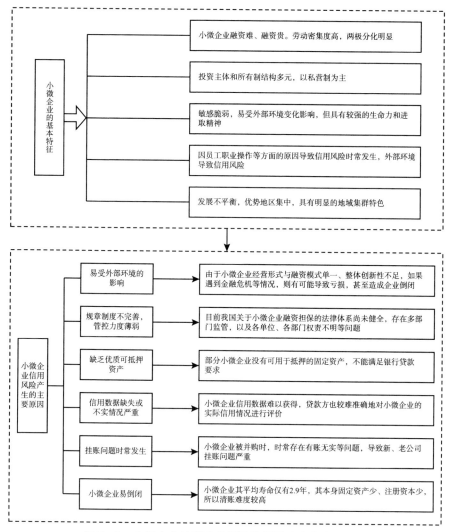

图3-1 小微企业的基本特征及信用风险产生主要原因

网络融资基本流程主要经过业务受理→调查评价→审批发放→贷后管理等步骤。根据网络融资的特征以及基本流程、演变过程（Iurkov et al.，2018；Xu et al.，2018），小微企业网络融资的模式主要分为"网络借贷"和"网络众筹"两大方面，网络借贷包括银行在线借贷、电商网络融资、P2P网络借贷三种模式。根据电商网络融资的业务特点与发展态势（Ni et al.，2017；Simon et al.，2019），将电商网络融资模式分为网络信用融资模式与电商供应链金融模式两种。

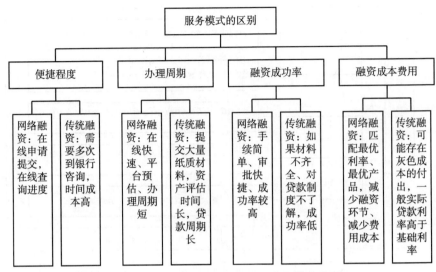

图 3-2 网络融资与传统融资的服务模式差异

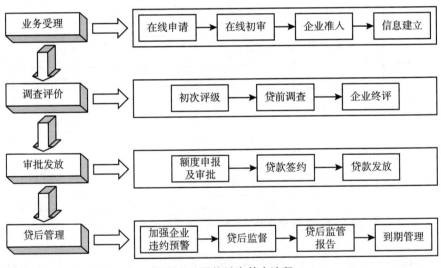

图 3-3 网络融资基本流程

考虑小微企业自身的特点、信用风险发展形态，网络融资业务流程、作用机制、稳定机理、评价体系、银行是否介入、技术导向等（Suren et al.，2018；Blanco et al.，2013），再结合关于网络融资模式分类的研究（谢平等，2012；张玉明等，2014；Wang et al.，2016；Shi et al.，2016），本书把银行在线借贷模式、电商网络融资模式、P2P 网络借贷模式（国内 P2P 网络借贷平台已经于 2020 年 11 月中旬全部清退，但其对我国商业银行、小微企业信用机制建设的借鉴价值不容忽视；本书对 P2P 网络借贷的研究时间及相关研究数据都介于 2017 年 9 月 ~2020 年 6 月之间）、网络众筹模式这四种模式作为小微企业主要的网络融资模式。前两种融资模式有银行介入，则称为银行介入的网络融资模式；后两种融资模式无银行介入，则称为非银行介入的网络融资模式。

3.2　网络融资模式的特点及分析

银行介入与非银行介入的网络融资模式在风险程度、测度指标特点、适应程度、操作难易程度等方面有着本质区别，结合相关文献（Ni et al.，2017；Simon and Michael，2019；Suren et al.，2018；Blanco et al.，2013；谢文静等，2020），归纳出银行介入与非银行介入的网络融资模式特点的比较结果如图 3 - 4 所示。

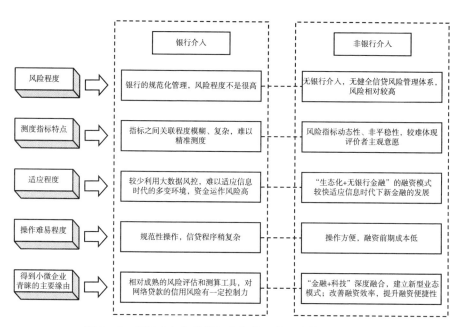

图 3 - 4　银行介入与非银行介入的网络融资模式特点比较

根据银行介入与非银行介入的网络融资模式的特点比较研究，以下对银行介入与非银行介入的网络融资模式进行分析。

3.2.1 银行介入的网络融资模式分析

银行介入的网络融资模式是银行与网络借贷平台共同参与的融资模式，它在融资安全程度、风险管理能力与规范性等方面较好，但是在资金运作便捷性、信息变化适应程度等方面有待提升。以下对银行在线借贷模式、电商网络融资模式等银行介入的网络融资模式进行分析（Peura et al.，2015；Aydemir et al.，2017；鞠彦辉等，2018）。

3.2.1.1 银行在线借贷模式分析

在互联网金融领域中，银行开展的网上借贷业务已经有 20 多年，如"e贷在线""微小宝""商贷通"等网络借贷产品越来越受到小微企业的欢迎。银行在线借贷融资模式主要特点如图 3 – 5 所示。

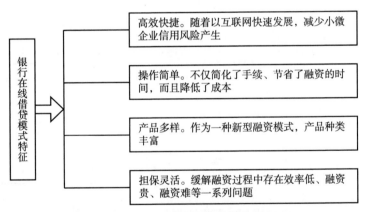

图 3 – 5　银行在线借贷模式的基本特征

银行在线借贷模式因拥有高效快捷、操作方便、担保灵活等特征，越来越受小微企业的青睐。

3.2.1.2 电商网络融资模式分析

据阿里巴巴 2018 年对淘宝电商融资需求的调研数据显示，大约有 89% 的小微企业有融资需求。但是由于小微企业的规模、固有资产与流动资产、管理制度、信誉等级、财务披露、金融创新程度等评价指标欠缺，以致其难以达到银行的贷款要求，更加不能满足自身的融资需求。随着电商行业的智能化发展，电子商务以"电子化－信息化－网络化"的融合形式进行商务活动，通过电商网络融资模式，小微企业融资可获得性有所提高。银行介入下电商网络融资模式的特征与优点如图3－6所示。

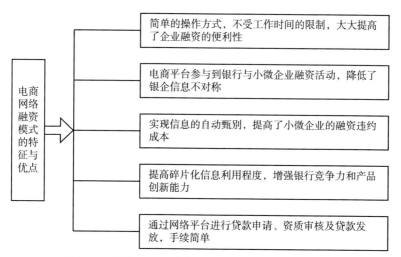

图3－6 银行介入下电商网络融资模式的特征与优点

依据电商融资模式的特点可知：通过电商融资，小微企业可跨越时空，随时随地共享、传播各类信息，提高其融资水平。电子商务的商业模式具有信息采集的精准性高、流通成本低等优势。在传统的贸易模式中，贸易双方的交易一般采用的是"一手交钱一手交货"的方式，这种方式受时间和空间的限制；而在电子商务交易中，几乎所有的支付活动都是在线上进行，双方无须碰面，便可以完成交易，具有方便快捷、低成本的优势。

本书将电商网络融资分为网络信用融资模式、电商供应链金融模式两种。网络信用融资模式主要针对电子商务平台中的优质小微企业，其特征与优点如图3－7所示，网络信用融资的流程如图3－8所示。

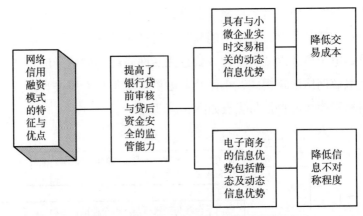

图 3-7　网络信用融资模式的特征与优点

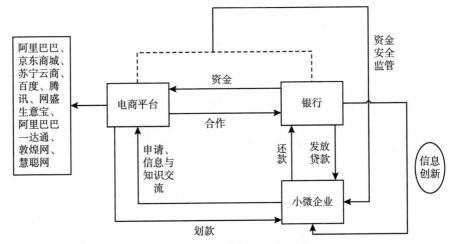

图 3-8　网络信用融资模式流程

网络信用融资模式增加了小微企业与银行的信息对称程度，降低了交易成本，不仅具有静态信息优点，也具有动态信息优势。

从图 3-8 所示的网络信用融资模式流程可知：小微企业通过电商平台向银行提出申请后，小微企业与电商平台针对贷款问题进行信息的交流与传递，平台对小微企业进行点对点划款。银行对申请通过的小微企业发放贷款，提供金融支持，并对其进行系统性监管。小微企业贷款到期时，向银行进行还款，电商平台促进了银行与小微企业的紧密合作。

目前，信息技术快速发展，电商供应链金融在信息经济发展的大趋势下以核心企业为中心，逐步进入互联网供应链金融阶段。电商供应链金融模式正是结合电商环境交易下小微企业特征和供应链管理的特点应运而生，其最大的优点是：有效解决供应链金融中的上下游企业资金流断裂等问题，为上下游企业提供一定运行保障与金融支持。

小微企业在经营运作的同时，可能存在财务状况、征信体系差等问题。对于小微企业来说，目前电商供应链金融模式可为小微企业提供高效率的运作平台，进而带动了实体经济与传统经济的转型升级；虽然加大了运行风险，但是对于破解其融资渠道窄、融资能力弱等问题都起到了一定效果。银行介入下电商供应链金融模式的主要流程如图3-9所示。

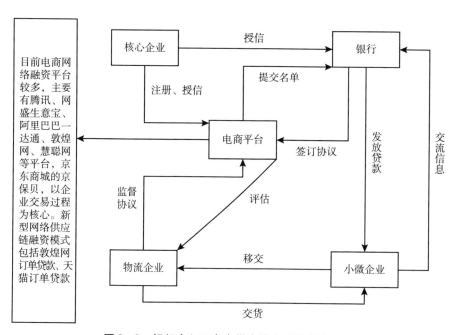

图3-9 银行介入下电商供应链金融模式的流程

在整个流程中利益参与主体包括小微企业、银行、电商平台等。核心企业促进银行与小微企业的合作，对小微企业进行信用担保，并对其进行资金监管。银行对上下游企业的资金流、信息流、物流进行有效的控制，把上下游企业中不可控风险转化为可控的，并把风险降低到合理的控制范围。

3.2.2 非银行介入的新型网络融资模式分析

非银行介入的网络融资模式由于融资便捷、快速，业务多元化等特点，降低了小微企业融资成本，非银行介入的网络融资模式一般无须银行参与，主要是网络融资平台参与。以下对 P2P 网络借贷模式、网络众筹模式等非银行介入的网络融资模式进行分析。

3.2.2.1 P2P 网络借贷模式分析

P2P 网络借贷模式是网络融资模式的一种重要形式（仝凌云等，2019；Emekter et al.，2015），从民间借贷形式逐步发展起来。在现代互联网技术支持与推动下，借贷双方通过网络借贷平台直接进行网络交易。国外 P2P 平台有 Lending Club、LendUp、Funding Circle、Future Finance、Social Finance-SoFi 等；国内 P2P 网络借贷平台已经于 2020 年 11 月中旬全部清退，但其对我国商业银行、小微企业信用机制建设的借鉴价值不容忽视；因此，应正确认识和分析 P2P 网络借贷对金融创新改革的影响作用；本书对 P2P 网络借贷的研究时间及相关研究数据都介于 2017 年 9 月 ~ 2020 年 6 月之间。

P2P 网络借贷的运作模式与特征（Ibtissem et al.，2013；赵礼强等，2018）如图 3 – 10 所示。

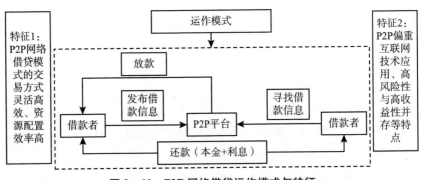

图 3 – 10 P2P 网络借贷运作模式与特征

P2P 网络借贷模式是投资者（贷款方）向借款人提供贷款并获得一定的利息，双方通过网络平台进行信息交流。P2P 网络借贷的主要优势是效率高、覆盖广等；主要劣势在于信息不对称程度较高、风险控制能力弱，信用风险大。P2P 网络借贷不仅有平台风险、融资风险，而且存在较大的投资风险，尤其投资风险中的信用风险尤为突出，P2P 网络借贷模式的具体风险特点（李先玲，2016；涂艳等，2018；丁杰等）如图 3 - 11 所示。

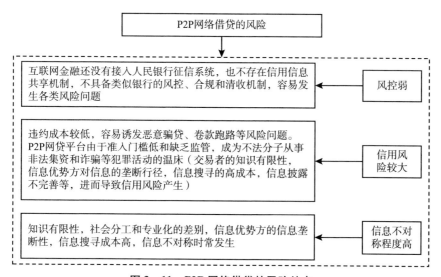

图 3 - 11 P2P 网络借贷的风险特点

P2P 网络借贷平台具有信息不对称性，存在一定数量的问题平台，国内 P2P 网络借贷平台已经于 2020 年 11 月中旬全部清退，部分转型为网络小贷公司、消费金融公司、助贷机构等。

3.2.2.2 网络众筹模式分析

网络众筹主要运作流程包括众筹项目的提交、筛选、推荐，以及融资、项目管理、项目收益分配等多个阶段（周先波等，2018；阮素梅等，2019）。网络众筹模式发展迅速，是近几年相关学者们研究的热点。但目前存在着退出周期长、沟通成本高等难题（Xu et al.，2016）。网络众筹是互联网金融的主要融资模式，也是网络融资的主要手段，其主要融资特点如图 3 - 12 所示。

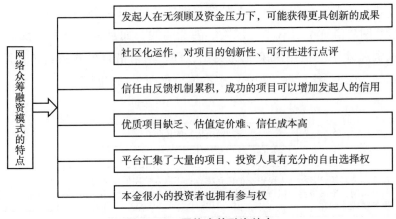

图 3 - 12　网络众筹融资特点

网络众筹是指筹资方通过互联网手段吸引网络用户对项目的关注，从而使项目筹资方获得必要资金援助、渠道支持的一种方式。网络众筹融资优点在于平台汇聚了大量的项目，很多项目具有创新性、前瞻性。网络众筹与其他融资模式相比，具有准入门槛低、运行便捷等优点。

网络众筹一般由筹资方（一般为借款方）、平台和投资者（贷款方）三方构成。筹资方是资金需求方，可以是个人、企业，或者是某个项目管理机构、组织或协会；网络众筹的投资方（贷款方）则通常是网络用户，包括个人或者企业。网络众筹具有大众参与广、传播性好等特征，每个人都可以通过互联网分享自己的思维，以众筹方式为自己的项目开展集聚人力、资本、渠道或者其他资源，同时也可以支持、参与不同的项目，为项目获得成功提供有力支持。

国外比较出名的众筹平台有 ArtistShare、Kickstarter、Indiegogo 等。ArtistShare 成立于 2001 年，是公认的首家网络众筹平台；Kickstarter 成立于 2009 年 4 月，主要是支持创意项目的融资平台；Indiegogo 成立于 2008 年 1 月，它的服务范围特别广泛。国内也有较多的众筹平台，如点名时间、爱创业等。

网络众筹平台有信息服务、项目风控、增值扩展，监督与服务等功能。网络众筹主要业务模式如图 3 - 13 所示。

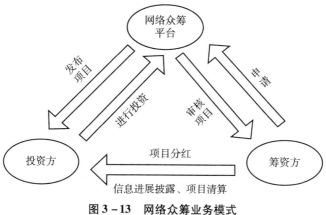

图 3 – 13　网络众筹业务模式

实施网络众筹时，首先筹资方在平台上发布项目，平台不仅利用线上手段，同时也利用线下实地考察方式进行风险管理并对该项目进行严格审核，建立起严格的风控制度。其次网络众筹平台将筹资方的项目信息和融资要求发布到网上，然后大众进行参与，从而平台吸引了投资方为自己认同的项目进行出资。最后项目众筹成功后，平台要监督项目的正常运行，提供必要金融服务，切实保障投资者的相关利益。

网络众筹具有客户价值，其中筹资方、平台、投资方都有一定的客户价值；网络众筹还具有进展管理、积分管理、推广管理、统计管理、充值提现等功能，它的具体客户价值与产品方案如图 3 – 14 所示。

网络众筹的子系统有项目子系统、会员子系统、支付子系统、规则管理子系统等；网络众筹从申请到风险管控，再到审核发布，经过一系列环节，最后到众筹项目结束。

3.2.3　网络融资模式下信用风险测度与管控难点

银行介入与非银行介入的网络融资模式下的信用风险特点、程度等方面有所区别，它们在信用风险测度与管控方面也有所不同。本书对相关文献（Niklis et al.，2014；陈道富，2015；Ni et al.，2017；Peura et al.，2017；Aydemir and Guloglu，2017；仝凌云等，2019；Emekter and Jirasakuldech，2015；

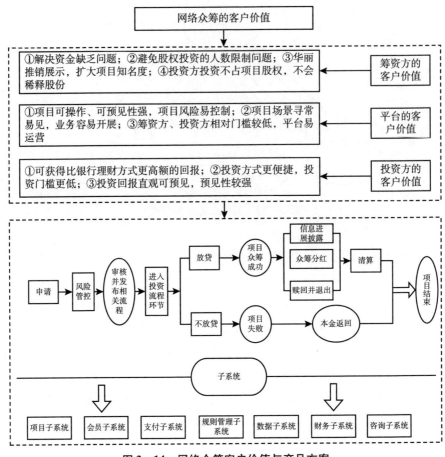

图 3 - 14 网络众筹客户价值与产品方案

Ibtissem，2013；赵礼强、刘霜和易平涛，2018；阮素梅、蔡茹雪，2019；Xu et al.，2016；Imbierowicz and Rauch，2014；Baghai and Becker，2020；Dimitios et al.，2016；Ozili，2015；Makri，2016）进行了研究，例如：银行在线融资等网络融资模式的信用风险因素间复杂、风险识别难度大，信用风险程度处于中等（Niklis et al.，2014；Ni et al.，2017）。电商融资等网络融资模式下风险指标评价问题很难给出客观评价、风险因素关联程度模糊（Peura et al.，2017；Imbierowicz et al.，2014）。商业银行参与的网络融资模式下融资市场信息不对称程度高，政府监管难度大，信用风险评价指标较复杂，难以精准度量等问题（Baghai et al.，2020；Dimitrios，2016）。P2P等网络融资模式下的平台信用风险高，信用风险结果验证困难等问题（仝凌云等，2019；Ozili，2015）。网络众筹模式下信用风险指标具有非平稳、非线性等特征，并认为传统的风险测度方法很难形象地描述专家判断过程（阮素梅等，2019；Makri，2016）。本书分析了银行介入与非银行介入的网络融资模式，结合上述文献研究归纳出银行介入与非银行介入的网络融资模式下信用风险测度与管控难点的比较结果，具体如图 3 - 15 所示。

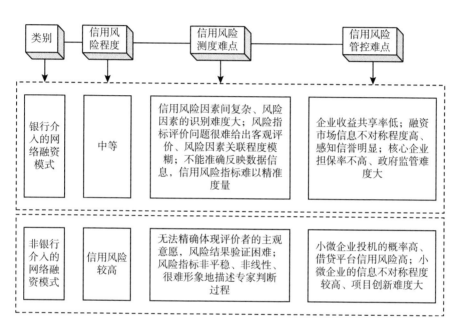

图 3 - 15　信用风险测度与管控难点比较

　　银行在线借贷模式与电商网络融资模式有银行介入，而银行有较规范的管理，较高准入门槛，还有比较健全的信用风险管理体系（徐洁等，2014），这两种模式的融资成本、信用风险程度都处于中等；而 P2P 网络借贷模式与网络众筹模式由于无银行介入，它们的信用风险测度工具和风险管控体系不够完善（邓鸿丽等，2015；Cassar et al.，2015），加上准入门槛不高，所以信用风险程度较大，对小微企业信用风险评价过程中难以客观体现评价者的主观意愿；但是非银行介入的新型网络融资模式具有资金运作便捷性，较低的融资成本，较强的信息变化适应程度等优势。本书对银行介入与非银行介入下网络融资模式的特点、信用风险程度进行比较分析，并对信用风险测度与管控难点进行研究，为信用风险测度与管控模型的构建提供了一定参考依据。

3.3 小微企业网络融资的渠道选择

本书的研究数据来自对浙江省 10 个地区 405 家小微企业网络融资模式的调研，样本期为 2019 年 8 ~ 12 月。此次调研采用问卷调查（见附录 1）、管理人员询问、专家访谈、实地调研、网络调研等多种形式相结合的调研方法。小微企业的划分标准按照国家最新公布的《关于印发中小微企业划分标准规定的通知》进行划分。在调研的 405 家小微企业中，352 家有实质性网络融资行为，其中 330 家的主要网络融资模式为银行在线借贷、电商网络融资、P2P 网络借贷、网络众筹模式，因此本书以这 330 家小微企业为分析对象。小微企业在进行网络融资模式的选择时，可能有多种融资模式的结合，因此在对小微企业主要网络融资模式选择的衡量上，本书将小微企业近 3 年网络融资来源中数额最大的网络融资模式作为其主要融资模式。变量定义及其统计特征与小微企业网络融资模式选择统计结果如表 3 - 1 所示。

表 3 - 1   小微企业信用风险模型各变量定义及网络融资模式选择统计

小微企业特征		融资渠道选择				合计（家）	占比（%）
		银行在线借贷（家）	电商网络融资（家）	P2P 网络借贷（家）	网络众筹（家）		
成立时间	1 年以下	46	28	8	7	89	26.97
	1 ~ 3 年	28	22	13	16	79	23.94
	3 ~ 5 年	18	24	9	12	63	19.09
	5 ~ 10 年	15	21	11	8	55	16.67
	10 年以上	9	16	10	9	44	13.33
	合计	116	111	51	52	330	100

小微企业特征		融资渠道选择				合计（家）	占比（%）
		银行在线借贷（家）	电商网络融资（家）	P2P网络借贷（家）	网络众筹（家）		
认证情况	信用认证标=1	44	31	19	14	108	32.73
	实地认证标=2	33	34	15	16	98	29.69
	机构担保标=3	39	46	17	22	124	37.58
	合计	116	111	51	52	330	100
信用评级	AA=7	9	21	13	8	51	15.45
	A=6	14	20	11	7	52	15.76
	B=5	13	17	9	5	44	13.33
	C=4	18	14	7	9	48	14.55
	D=3	19	15	5	7	46	13.94
	E=2	21	13	3	10	47	14.24
	HR=1	22	11	3	6	42	12.73
	合计	116	111	51	52	330	100
管理者年龄	20~30岁	28	31	14	14	87	26.36
	30~40岁	43	34	15	16	108	32.73
	40~50岁	29	26	12	12	79	23.94
	50岁以上	16	20	10	10	56	16.97
	合计	116	111	51	52	330	100
管理者学历程度	高中及以下=1	25	27	9	12	73	22.12
	大专	43	39	21	17	120	36.36
	本科	30	32	13	13	88	26.67
	研究生及以上	18	13	8	10	49	14.85
	合计	116	111	51	52	330	100
婚姻状态	已婚=1	84	71	36	34	225	68.18
	未婚=2	13	14	8	10	45	13.64
	离婚或丧偶=3	19	26	7	8	60	18.18
	合计	116	111	51	52	330	100

小微企业特征		融资渠道选择				合计（家）	占比（%）
		银行在线借贷（家）	电商网络融资（家）	P2P网络借贷（家）	网络众筹（家）		
利润率	亏损	35	20	8	7	70	21.21
	0~10%	43	29	19	19	110	33.33
	10%~19%	14	19	9	12	54	16.36
	20%~29%	16	26	7	8	57	17.27
	30%及以上	8	17	9	5	39	11.83
	合计	116	111	51	52	330	100
小微企业是否有抵押	是=1	48	71	27	24	170	51.52
	否=1	68	40	24	28	160	48.48
	合计	116	111	51	52	330	100
财务制度是否健全	是=1	78	81	37	36	232	70.30
	否=1	38	30	14	16	98	29.70
	合计	116	111	51	52	330	100
小微企业是否有担保	是=1	53	73	36	29	191	57.88
	否=1	63	38	15	23	139	42.12
	合计	116	111	51	52	330	100

由于小微企业的网络融资行为受多种因素共同影响，为了准确地度量网络融资渠道选择影响因素的相关程度与回归拟合程度的高低，提高预测模型的效果。本书建立多元 Logistic 回归模型（Mollick et al.，2014；张蕴晖等，2017）检验这些影响因素对小微企业网络融资渠道选择的影响程度及显著性水平，当受到多因素综合影响时，多元 Logistic 回归分析法无须符合多元正态分布，其具有解释性较好、稳定性高的使用效果。

多元 Logistic 模型表示为 $\ln\left[\dfrac{P(y=j/x)}{P(y=J/x)}\right] = h\_\alpha_j + \sum_{k^h=1}^{k^h} h\_\beta_{jkh}x_{kh}$，式中 $P(y=j/x)$ 表示小微企业选择第 j 种网络融资渠道作为其主要融资渠道的概率，x_{kh} 表示第 k^h 个影响小微企业网络融资渠道选择的自变量，h_β_{jkh} 表示自

变量回归系数向量。以 J 为参照类型，小微企业选择其他网络融资渠道作为其主要网络融资渠道的概率与选择 J 类为主的概率比值为 $\dfrac{P(y=j/x)}{P(y=J/x)}$，本书分别以银行介入的网络融资模式（银行在线借贷、电商网络融资），非银行介入的新型网络融资模式（P2P 网络借贷、网络众筹）为参照，构建以下 6 个 Logistic 模型，具体如下：

$$\ln\left(\frac{P_2}{P_1}\right) = h\_\alpha_2 + \sum_{k^h=1}^{k^h} h\_\beta_{2k^h}x_{k^h} \qquad (3-1)$$

式（3-1）是以银行在线借贷为参照，估计小微企业是选择电商网络融资还是银行在线借贷。

$$\ln\left(\frac{P_3}{P_1}\right) = h\_\alpha_3 + \sum_{k^h=1}^{k^h} h\_\beta_{3k^h}x_{k^h} \qquad (3-2)$$

式（3-2）是以银行在线借贷为参照，估计小微企业是选择 P2P 网络借贷还是银行在线借贷。

$$\ln\left(\frac{P_4}{P_1}\right) = h\_\alpha_4 + \sum_{k^h=1}^{k^h} h\_\beta_{4k^h}x_{k^h} \qquad (3-3)$$

式（3-3）是以银行在线借贷为参照，估计小微企业是选择网络众筹还是银行在线借贷。

$$\ln\left(\frac{P_3}{P_2}\right) = h\_\alpha_3 + \sum_{k^h=1}^{k^h} h\_\beta_{3k^h}x_{k^h} \qquad (3-4)$$

式（3-4）是以电商网络融资为参照，估计小微企业是选择 P2P 网络借贷还是电商网络融资。

$$\ln\left(\frac{P_4}{P_2}\right) = h\_\alpha_4 + \sum_{k^h=1}^{k^h} h\_\beta_{4k^h}x_{k^h} \qquad (3-5)$$

式（3-5）是以电商网络融资为参照，估计小微企业是选择网络众筹模式还是电商网络融资。

$$\ln\left(\frac{P_4}{P_3}\right) = h\_\alpha_4 + \sum_{k^h=1}^{k^h} h\_\beta_{4k^h}x_{k^h} \qquad (3-6)$$

式（3-6）是以 P2P 网络借贷为参照，估计小微企业是选择网络众筹模式还是 P2P 网络借贷。

式中：h_α_i（其中 $i=1$，2，3，4）为回归截距，P_1、P_2、P_3、P_4 分别

为小微企业选择银行在线借贷、电商网络融资、P2P 网络借贷、网络众筹融资模式的概率。由表 3-1 可知，大多数小微企业将银行介入的网络融资模式（银行在线借贷、电商网络融资）作为其主要网络融资模式，但随着小微企业逐渐成长，选择银行介入的网络融资模式作为其主要网络融资模式的小微企业所占比率逐渐下降。

根据 2019 年 8~12 月对浙江省 10 个地区 330 家小微企业网络融资模式的调研数据，运用 SPSS 23.0 进行多元 Logistic 模型回归分析，多元 Logistic 模型估计结果如表 3-2 所示。

小微企业成立时间通过了式（3-1）、式（3-2）和式（3-3）的模型中 10% 统计水平的显著性检验，且系数都为正，这说明小微企业成立时间越长，企业越倾向于选择电商网络融资、P2P 网络借贷、网络众筹模式。

小微企业信用评级通过了式（3-1）、式（3-2）的模型中 5% 统计水平上显著性检验，且系数为正，说明小微企业信用越好，越倾向于选择电商网络融资、P2P 借贷。小微企业信用等级成为衡量小微企业信用的重要依据，信用等级较高的小微企业获得电商融资、P2P 借贷的机会显著提高。

小微企业的管理者学历程度通过了式（3-3）、式（3-5）、式（3-6）的模型中 10% 统计水平上显著性检验，且系数为正，说明小微企业管理者学历程度越高，越倾向于选择网络众筹融资。

小微企业的抵押品通过了变量式（3-2）和式（3-4）的模型中 1% 统计水平的显著性检验，且系数都为正，说明拥有有效抵押品的小微企业更偏好选择 P2P 借贷，是否拥有有效抵押品是小微企业能否成功获得 P2P 贷款的关键因素。

小微企业财务制度是否完善通过了式（3-3）、式（3-5）、式（3-6）的模型中 10% 统计水平上显著性检验，且系数为正，说明小微企业财务制度越规范健全，越倾向选择网络众筹融资。

上述研究表明：小微企业网络融资渠道选择的关键因素有小微企业成立时间长短、小微企业信用等级、小微企业的管理者学历程度、小微企业的抵押品情况、小微企业财务制度等。小微企业网络融资的渠道选择结果对第 4 章、第 5 章信用风险因素的调查问卷设计与专家访谈方案实施，以及信用风险测度方法提出等都提供了一定参考依据。

44

表 3-2

多元 Logistic 模型估计结果

解释变量	式（3-1）		式（3-2）		式（3-3）		式（3-4）		式（3-5）		式（3-6）	
	系数	标准差	系数	标准差	系数	标准差	系数	标准差	系数	标准差	系数	标准差
成立时间	0.352*	0.176	0.284*	0.158	0.243*	0.246	0.127	0.186	0.147	0.159	0.046	0.249
认证情况	0.315	0.238	0.347	0.254	0.142	0.268	0.346	0.235	0.242	0.266	0.182	0.149
信用评级	0.679**	0.234	0.678**	0.239	0.021	0.226	0.329	0.186	0.344	0.229	0.028	0.156
管理者年龄	0.154	0.197	0.079	0.176	-0.085	0.267	0.149	0.196	0.088	0.174	-0.085	0.271
管理者学历程度	0.143	0.138	0.119	0.125	0.352*	0.248	0.125	0.134	0.499*	0.118	0.378*	0.134
婚姻状态	0.198	0.257	0.172	0.126	-0.157	0.356	0.176	0.249	0.264	0.163	-0.158	0.337
利润率	-0.229	0.147	0.155	0.129	0.161	0.219	-0.321	0.179	0.126	0.255	0.147	0.186
小微企业抵押品	0.248	0.407	0.832***	0.348	0.243	0.508	0.849***	0.309	1.224	0.233	0.354	0.286
小微企业财务制度	-0.438	0.223	0.354	0.327	0.639*	0.221	-0.344	0.393	0.574*	0.388	0.629*	0.418
小微企业担保	0.130	0.196	0.122	0.238	-0.188	0.312	0.147	0.325	0.163	0.148	-0.173	0.322

注：估计系数上的 *、**、*** 分别表示通过 0.1、0.05、0.01 水平的显著性检验。

3.4 本章小结

本章研究了小微企业的特征与信用风险产生原因，对网络融资与传统融资的服务模式进行差异比较，并分析了银行介入与非银行介入的网络融资模式等；根据小微企业融资渠道选择影响因素的多元 Logistic 模型，得出网络融资渠道选择的关键因素。本章为下面的研究奠定了理论基础与实践依据。

第4章　银行介入的网络融资模式下信用风险测度研究

银行在线借贷模式与电商网络融资模式都有银行介入融资，银行有较健全的信用风险管理体系，还有比较规范的资金监控手段，能够实现对小微企业授信业务的精细化管理，因此银行介入的网络融资模式安全性相对较高。但是银行介入的网络融资很难适应信息时代发展多变的情景，其业务流程稍复杂，运行效率较低；靠评价者主观评判，且可能存在判断标准不一等问题。

根据银行介入的网络融资模式、小微企业信用风险因素等特点，选择适合银行介入的网络融资模式下小微企业信用风险测度方法。本章利用改进DEMATEL方法，对银行介入的网络融资模式下小微企业信用风险因素进行有效识别与分析，并对信用风险因素之间关系的有无及强弱进行有效测度，构建出银行介入的网络融资模式下小微企业信用风险测度模型。

本章信用风险测度模型构建主要站在贷款方的角度，针对借款方（小微企业）的信用风险进行研究。

4.1　基于改进 AHP-DEMATEL 法的银行在线借贷下信用风险测度研究

小微企业进行银行在线借贷时可能存在信用风险问题，根据对小微企业融资中信用风险的调查，小微企业因存在财务制度不健全的问题，不能满足网上银行借贷的各种要求。传统 AHP 方法主观性过强，利用改进的 AHP 方法有更佳的一致性检验效果，此外传统的信用风险测度方法主要应用在实数域内，往往不适合描述小微企业信用风险因素间复杂的影响关系，鉴于区间数能更有效地描述复杂的现象，提出区间数 DEMATEL 法。

因此本书针对银行在线借贷模式下小微企业信用风险测度难题，提出改进的 AHP-DEMATEL 法。

4.1.1　基于改进的 AHP 法的信用风险测度模型构建

本书研究的是小微企业，主要从合作银行获得实际信贷数据。总共获取了 5857 家小微企业的信贷记录数据，并作为研究样本，其中有 358 家小微企业存在银行在线借贷违约行为，考虑到企业所处的地域、行业特征、行业平衡性等方面，本书从 358 家存在银行在线借贷违约行为的小微企业中有代表性选取 89 家进行调研①。这 89 家小微企业主要涉及零售业、餐饮业、信息传输业、软件和信息技术行业、农产品加工行业等，根据实际需求，采取实地调研和网络调研相结合的方式。根据调研结果，确定银行在线借贷模式下小微企业信用风险的二级指标，如表 4 - 1 所示，归类为基本素质、外部环境、盈利能力、履约能力四个一级指标。宏观经济形势很难量化，本书主要利用行业与地区景气指数、经济指数进行判断；速动比率主要利用速动资产与流动负债比率来表示，银行在线借贷下小微企业的其他信用风险指标可较好理解，不做具体解释。银行在线借贷模式下小微企业信用风险指标体系如表 4 - 1 所示。

表 4 - 1　　　　　　　　　　小微企业信用风险指标体系

目标层（O 层）	一级指标（U 层）	二级指标（V 层）
小微企业信用风险评价（V）	基本素质（V_1）	企业素质（V_{11}）
		财务状况（V_{12}）
		商业信用记录（V_{13}）
		产业链上下游企业状况（V_{14}）

---

①　信用风险指标设计时遵循科学性、可操作性等原则，根据小微企业、银行在线借贷模式、信用风险等特点，小微企业信用风险产生原因，并在相关文献（Ninh et al.，2018；Chai et al.，2019；Serrano-Cinca et al.，2016；肖斌卿、杨旸和余哲等，2016；肖斌卿、杨旸和李心丹等，2016；钟明等，2013）的研究基础上设计了调查问卷，调查问卷见附录 2 中表 1。

目标层（O 层）	一级指标（U 层）	二级指标（V 层）
小微企业信用风险评价（V）	外部环境（V_2）	宏观经济形势（V_{21}）
		政府监管力度（V_{22}）
	盈利能力（V_3）	销售净利润率（V_{31}）
		净资产收益率（V_{32}）
		收益共享率（V_{33}）
	履约能力（V_4）	发展创新能力（V_{41}）
		资产负债率（V_{42}）
		速动比率（V_{43}）

1～9 标度法（传统的 AHP 法）可能会导致相对权重计算结果失真，指数比较标度法（改进的 AHP 法）的权重计算方法更客观（王学东等，2013）。为了克服 1～9 标度法过强的主观性，本书舍弃 1～9 标度法，运用改进的 AHP 法来构造判断矩阵。1～9 比较标度值与指数比较标度值的对应转换公式（石艳霞等，2019）如下：

$$a' = \sqrt[\alpha-1]{\alpha} \qquad (4-1)$$

α 的重要程度分为 9 级，所以 $\alpha = 9$，由式（4-1）可得 $a' = \sqrt[(9-1)]{9} = 1.3160$，根据 $a' = 1.3160$ 可得表 4-2 的指标比较标度值。

表 4-2   指标比较标度值

1～9 标度 α	定义	说明	指标标度值	$a' = 1.3160$ 时
1	同等重要	两个要素相比较，它们具有同等重要性	$(a')^0$	1
3	稍微重要	两个要素相比较，一个比另一个重要一些	$(a')^2$	1.7319
5	明显重要	两个要素相比较，一个明显比另一个重要	$(a')^4$	2.9995
7	强烈	两个要素相比较，一个比另一个重要得多	$(a')^6$	5.1948

1～9标度 α	定义	说明	指标标度值	$a' = 1.3160$ 时
9	极端	两个要素相比较，一个绝对比另一个重要	$(a')^8$	8.9969
2, 4, 6, 8	上述两相邻判断的折中	上述两个相邻标准之间折中时的定量标度	(a'), $(a')^3$, $(a')^5$, $(a')^7$	1.3160, 2.2792, 3.9473, 6.8363
上列各数的倒数	反比较	倒数表示两个相比较要素的不重要程度	对应倒数	对应倒数值

　　然后进行专家访谈，综合考虑专家调研的准确程度、时间成本、经费支持等情况，成立了 13 人专家组。其中专家组的人员结构组成考虑到专业技术职称、学历、经验、行业水平等方面的平衡性，并结合研究进程可实施性；专家构成包括相关领域的教授或者研究员 3 名，副教授或者副研究员 2 名，相关专业领域博士或博士生 3 名，行业专家 5 名，访谈了这 13 位相关领域专家。首先利用个案访谈，根据研究内容采用结构性访谈和非结构性结构访谈，再利用德尔菲法进行分析。通过各个指标的重要性程度两两进行比较，专家意见达成某种程度一致的结果，构造表 4 - 3 的指标判断矩阵。

表 4 - 3　　　　　　　　　　　　　指标判断矩阵

目标 (O)	U_1	U_2	U_3	U_4
U_1	1	$1/(\alpha')^4 = 0.3333$	$1/(\alpha')^2 = 0.5774$	$(\alpha')^2 = 1.7319$
U_2	$(\alpha')^4 = 2.9995$	1	$(\alpha')^2 = 1.7319$	$(\alpha')^3 = 2.2792$
U_3	$(\alpha')^2 = 1.7319$	$1/(\alpha')^2 = 0.5774$	1	$(\alpha')^2 = 1.7319$
U_4	$1/(\alpha')^2 = 0.5774$	$1/(\alpha')^3 = 0.4388$	$1/(\alpha')^2 = 0.5774$	1

　　计算相对权重的步骤如下：

　　（1）计算 n 阶判断矩阵每一行各元素的乘积 M_k，即

$$M_k = \prod_{j=1}^{n} \alpha_{kj} \tag{4-2}$$

由式（4-2）可得

$$M_1 = 1 \times 0.3333 \times 0.5774 \times 1.7319 = 0.3333$$

$$M_2 = 2.9995 \times 1 \times 1.7319 \times 2.2792 = 11.8401$$

$$M_3 = 1.7319 \times 0.5774 \times 1 \times 1.7319 = 1.7319$$

$$M_4 = 0.5774 \times 0.4388 \times 0.5774 \times 1 = 0.1463$$

（2）计算 M_k 的 n 次方根 $\overline{M_k}$，即

$$\overline{M_k} = \sqrt[n]{M_k} \qquad (4-3)$$

由式（4-3）可得

$$\overline{M_1} = \sqrt[4]{M_1} = 0.7598 \quad \overline{M_2} = \sqrt[4]{M_2} = 1.8550$$

$$\overline{M_3} = \sqrt[4]{M_3} = 1.1472 \quad \overline{M_4} = \sqrt[4]{M_4} = 0.6185$$

（3）归一化处理 W_k，即

$$W_k = \frac{\overline{M_k}}{\sum \overline{M_i}} \qquad (4-4)$$

由 $\sum \overline{M_i} = 4.3805$ 得 $W_1 = 0.1735$，$W_2 = 0.4235$，$W_3 = 0.2619$，$W_4 = 0.1412$。

（4）近似计算最大特征根 $\lambda_{\max}$，即

$$AW = \begin{bmatrix} 1 & 0.3333 & 0.5774 & 1.7319 \\ 2.9995 & 1 & 1.7319 & 2.2792 \\ 1.7319 & 0.5774 & 1 & 1.7319 \\ 0.5774 & 0.4388 & 0.5774 & 1 \end{bmatrix} \times \begin{bmatrix} 0.1735 \\ 0.4235 \\ 0.2619 \\ 0.1412 \end{bmatrix} = \begin{bmatrix} 0.7104 \\ 1.6420 \\ 1.0515 \\ 0.5784 \end{bmatrix}$$

$$\lambda_{\max} = \frac{1}{n} \sum_{k=1}^{n} \frac{(AW)_k}{W_k} \qquad (4-5)$$

根据式（4-5）可得

$$\lambda_{\max} = \frac{1}{n} \sum_{k=1}^{n} \frac{(AW)_k}{W_k} = 4.0207$$

（5）进行一致性检验，利用 $C.I. = \dfrac{\lambda_{\max} - n}{n-1}$，可得 $C.I. = \dfrac{\lambda_{\max} - n}{n-1} = 0.0069$

由于指数比较标度法是一种与 1~9 标度法不同的新标度方法，根据石艳霞、倪玲和管光扬（2009）的研究，$R.I.$ 的值如表 4-4 所示。

51

表 4 - 4   改进 AHP 的 *R. I.* 取值表

n	1	2	3	4	5	6	7	8	9
R. I.	0.00	0.00	0.36	0.58	0.72	0.82	0.88	0.93	0.97

因此由 $C. R. = \dfrac{C. I.}{R. I.} = 0.0190 < 0.1$，判断出 $O\text{-}U$ 矩阵具有满意的一致性。

同理进行二级指标的一致性检验，可得二级指标权重如表 4 - 5 所示。

表 4 - 5   小微企业信用风险二级指标权重

指标（V_{ij}）	基本素质（V_{1j}）	外部环境（V_{2j}）	盈利能力（V_{3j}）	履约能力（V_{4j}）
V_{i1}	0.1615	0.5038	0.2224	0.4497
V_{i2}	0.3870	0.4962	0.2101	0.3105
V_{i3}	0.3015	—	0.5675	0.2398
V_{i4}	0.1500	—	—	—
$\lambda_{\max}$	4.0001	2.0003	3.0001	2.9999
$C. R.$	0.0000	0.0000	0.0000	0.0000

对二级指标总权重计算，得出 V 层对 O 层权重与排序如表 4 - 6 所示。

表 4 - 6 V 层对 O 层权重与排序

指标（V_{ij}）	基本素质 0.1735	外部环境 0.4235	盈利能力 0.2619	履约能力 0.1412	V 层各权重（w_{ij}）	排序
企业素质（V_{11}）	0.1615	0	0	0	0.0280	11
财务状况（V_{12}）	0.3015	0	0	0	0.0523	8
商业信用记录（V_{13}）	0.3870	0	0	0	0.0671	4
产业链上下游企业状况（V_{14}）	0.1500	0	0	0	0.0260	12
宏观经济形势（V_{21}）	0	0.5038	0	0	0.2134	1
政府监管力度（V_{22}）	0	0.4962	0	0	0.2101	2
销售净利润率（V_{31}）	0	0	0.2224	0	0.0582	6

指标（V_{ij}）	基本素质 0.1735	外部环境 0.4235	盈利能力 0.2619	履约能力 0.1412	V层各权重 （w_{ij}）	排序
净资产收益率（V_{32}）	0	0	0.2101	0	0.0550	7
收益共享率（V_{33}）	0	0	0.5675	0	0.1486	3
发展创新能力（V_{41}）	0	0	0	0.4497	0.0635	5
资产负债率（V_{42}）	0	0	0	0.3105	0.0438	9
速动比率（V_{43}）	0	0	0	0.2398	0.0339	10

根据王学东等（2013），石艳霞等（2009）的研究，对于分数标度法、1~9标度法、指数比较标度法等进行研究发现，其中指数比较标度法在信息质量评估等领域起着更重要的作用，指数标度在一定领域可优化其他标度的缺陷。本书利用改进的 AHP 法来代替传统的 AHP 法来建立判断矩阵，得出 C. R. 的值为 0.0190，获得满意的一致性检验结果，比传统的 AHP 法的 C. R. = 0.0564（计算过程省略）有更优的一致性检验效果，从而验证改进的 AHP 法具有可行性。

4.1.2 基于改进区间数 DEMATEL 法的信用风险测度模型构建

DEMATEL 方法可有效表示出各影响因素在系统中的位置，其主要步骤如图 4-1 所示。

由于 DEMATEL 方法仅限实数领域的研究，而仅用实数关系很难客观评价小微企业信用风险因素的复杂关系，本书利用区间数与 DEMATEL 法相结合，对传统 DEMATEL 法进行改进，提出改进的区间数 DEMATEL 方法，并对信用风险进行测度，具体步骤如下。

4.1.2.1 建立区间数信用风险直接影响矩阵

根据表 4-1 的银行在线借贷模式下小微企业信用风险指标体系，令区间数 b_{ij} 来表示第 i 个因素对第 j 个因素的直接影响，其中 $b_{ij} = [b_{ij}^-, b_{ij}^+]$，$b_{ij}^- < b_{ij}^+$。再邀请此 13 位专家，对以上 12 个小微企业信用风险的直接影响关系赋值 [0, 0] 与 [1, 1] 之间，然后对每位专家的回答进行汇总并修正，统计专家组意见，再将结果反馈专家们，此过程循环往复，最后专家们的意见达成一致，建立区间数小微企业信用风险直接影响矩阵，设直接影响矩阵为 B，如表 4-7 所示。

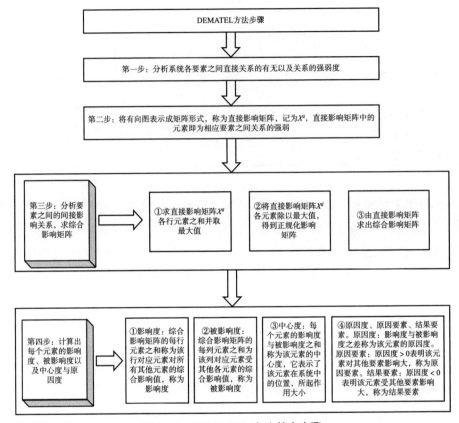

图 4-1 DEMATEL 方法基本步骤

4.1.2.2 建立区间数小微企业信用风险综合直接影响矩阵

首先，对直接影响矩阵进行标准化，设标准化的小微企业信用风险直接影响矩阵为 G，其中 $G = (x_{ij})_{n \times n} = (x_{ij}^{-}, x_{ij}^{+})_{n \times n}$；其次，利用 DEMATEL 方法的公式 $G = \lambda B$，其中 $\lambda = 1/\max\limits_{1 \leqslant i \leqslant n}(\sum\limits_{j=1}^{n} b_{ij}^{+})$，可得出矩阵 G；最后，根据式（4-6）来计算区间数小微企业信用风险综合直接影响矩阵，式（4-6）如下：

$$T = [G^{-}(I-G)^{-}, G^{+}(I-G)^{+}] \tag{4-6}$$

其中，$G^{-} = (x_{ij}^{-})_{n \times n}$，$G^{+} = (x_{ij}^{+})_{n \times n}$。

根据式（4-6），并利用 MATLAB 计算得出的区间数小微企业信用风险综合直接影响矩阵如表 4-8 所示。

表 4－7　　区间数小微企业信用风险直接影响矩阵

影响因素	V_{11}	V_{12}	V_{13}	V_{14}	V_{21}	V_{22}	V_{31}	V_{32}	V_{33}	V_{41}	V_{42}	V_{43}
V_{11}	[0, 0]	[0.1, 0.3]	[0.1, 0.2]	[0.1, 0.4]	[0.4, 0.7]	[0.4, 0.8]	[0.2, 0.3]	[0.5, 0.8]	[0.6, 0.8]	[0.2, 0.3]	[0.6, 1]	[0.1, 0.4]
V_{12}	[0.5, 0.7]	[0, 0]	[0.3, 0.4]	[0.3, 0.6]	[0.5, 0.7]	[0.5, 0.7]	[0.6, 0.8]	[0.2, 0.3]	[0, 0]	[0.4, 0.7]	[0.4, 0.8]	[0.3, 0.4]
V_{13}	[0.4, 0.8]	[0.4, 0.8]	[0, 0]	[0.4, 0.7]	[0.4, 0.8]	[0, 0]	[0.4, 0.7]	[0.4, 0.8]	[0, 0]	[0, 0]	[0.2, 0.3]	[0, 0]
V_{14}	[0.3, 0.4]	[0.6, 0.7]	[0.3, 0.5]	[0, 0]	[0.5, 0.8]	[0.4, 0.8]	[0.5, 0.7]	[0.6, 0.8]	[0.4, 0.7]	[0.6, 1]	[0.5, 0.8]	[0.4, 0.8]
V_{21}	[0, 0]	[0.2, 0.3]	[0.4, 0.8]	[0.2, 0.3]	[0, 0]	[0.2, 0.3]	[0.4, 0.8]	[0, 0]	[0.2, 0.3]	[0.2, 0.4]	[0, 0]	[0.2, 0.3]
V_{22}	[0.4, 0.8]	[0, 0]	[0.1, 0.4]	[0.4, 0.7]	[0.4, 0.8]	[0, 0]	[0, 0]	[0.2, 0.3]	[0.6, 1]	[0.1, 0.4]	[0.2, 0.3]	[0.4, 0.6]
V_{31}	[0.6, 0.8]	[0.8, 1]	[0.4, 0.7]	[0.4, 0.8]	[0, 0]	[0.2, 0.3]	[0, 0]	[0.4, 0.7]	[0.4, 0.8]	[0, 0]	[0, 0]	[0.6, 0.8]
V_{32}	[0.6, 1]	[0.6, 0.7]	[0.4, 0.7]	[0.4, 0.8]	[0.2, 0.3]	[0.5, 0.7]	[0, 0]	[0, 0]	[0.2, 0.3]	[0.2, 0.3]	[0.2, 0.3]	[0.2, 0.3]
V_{33}	[0.4, 0.7]	[0.3, 0.4]	[0.4, 0.7]	[0, 0]	[0.2, 0.3]	[0.6, 1]	[0.2, 0.3]	[0.2, 0.3]	[0, 0]	[0, 0]	[0.1, 0.2]	[0.6, 1]
V_{41}	[0.4, 0.8]	[0, 0]	[0.4, 0.8]	[0.1, 0.2]	[0.6, 0.8]	[0.2, 0.3]	[0.6, 1]	[0.4, 0.8]	[0.1, 0.2]	[0, 0]	[0.1, 0.2]	[0, 0]
V_{42}	[0.4, 0.8]	[0.2, 0.4]	[0.4, 0.8]	[0, 0]	[0.2, 0.3]	[0.5, 0.7]	[0, 0]	[0.6, 0.8]	[0.1, 0.2]	[0, 0]	[0, 0]	[0.2, 0.3]
V_{43}	[0.4, 0.7]	[0.4, 0.8]	[0, 0]	[0, 0]	[0.2, 0.3]	[0.6, 1]	[0.2, 0.3]	[0.2, 0.3]	[0, 0]	[0.2, 0.3]	[0.1, 0.2]	[0, 0]

表 4 - 8　　区间数小微企业信用风险综合直接影响矩阵

影响因素	V_{11}	V_{12}	V_{13}	V_{14}	V_{21}	V_{22}	V_{31}	V_{32}	V_{33}	V_{41}	V_{42}	V_{43}
V_{11}	[0.0312, 0.1352]	[0.0366, 0.1485]	[0.037, 0.1536]	[0.0286, 0.1462]	[0.0716, 0.2041]	[0.0794, 0.2372]	[0.0416, 0.1288]	[0.0849, 0.2121]	[0.0923, 0.1919]	[0.0356, 0.0933]	[0.0871, 0.2048]	[0.0358, 0.1567]
V_{12}	[0.0973, 0.2265]	[0.0311, 0.1211]	[0.0636, 0.1809]	[0.0586, 0.1796]	[0.0911, 0.2142]	[0.0932, 0.2245]	[0.0983, 0.2015]	[0.0573, 0.1700]	[0.0275, 0.1093]	[0.0648, 0.1430]	[0.0687, 0.1894]	[0.0623, 0.1575]
V_{13}	[0.0743, 0.2039]	[0.0733, 0.2017]	[0.0205, 0.1111]	[0.0648, 0.1799]	[0.0695, 0.2015]	[0.0251, 0.1236]	[0.0679, 0.1747]	[0.0711, 0.2016]	[0.0183, 0.0886]	[0.0147, 0.0549]	[0.0403, 0.1221]	[0.0192, 0.0958]
V_{14}	[0.086, 0.2099]	[0.1111, 0.2226]	[0.0729, 0.2063]	[0.0275, 0.1221]	[0.0996, 0.2372]	[0.0939, 0.2623]	[0.0943, 0.1962]	[0.1109, 0.2332]	[0.0771, 0.1963]	[0.0932, 0.0834]	[0.0845, 0.1991]	[0.0815, 0.2228]
V_{21}	[0.0213, 0.0931]	[0.0429, 0.1161]	[0.0626, 0.1721]	[0.0369, 0.1058]	[0.0162, 0.0786]	[0.0408, 0.1167]	[0.0643, 0.1650]	[0.0168, 0.0814]	[0.0361, 0.0966]	[0.0328, 0.0817]	[0.0104, 0.0550]	[0.0394, 0.1039]
V_{22}	[0.0725, 0.2121]	[0.0218, 0.1035]	[0.0313, 0.1585]	[0.0599, 0.1652]	[0.0697, 0.2069]	[0.0281, 0.1316]	[0.0181, 0.0936]	[0.0460, 0.1439]	[0.0901, 0.2051]	[0.0248, 0.0978]	[0.0402, 0.1197]	[0.0681, 0.1698]
V_{31}	[0.1112, 0.2372]	[0.128, 0.2449]	[0.0725, 0.2036]	[0.0694, 0.2032]	[0.0331, 0.1358]	[0.0634, 0.1929]	[0.0278, 0.1059]	[0.0792, 0.2101]	[0.0713, 0.1935]	[0.0205, 0.0651]	[0.0258, 0.1087]	[0.0987, 0.2107]
V_{32}	[0.1033, 0.1217]	[0.0954, 0.1724]	[0.0695, 0.1781]	[0.0674, 0.1769]	[0.0550, 0.1422]	[0.0901, 0.1902]	[0.0256, 0.0862]	[0.027, 0.0959]	[0.0470, 0.1111]	[0.0417, 0.0840]	[0.0230, 0.1006]	[0.0458, 0.1194]
V_{33}	[0.0774, 0.2014]	[0.0582, 0.1453]	[0.0655, 0.1776]	[0.0172, 0.0890]	[0.0477, 0.1437]	[0.0997, 0.2366]	[0.0417, 0.1148]	[0.0469, 0.1363]	[0.0193, 0.0837]	[0.0120, 0.0532]	[0.0407, 0.1147]	[0.0920, 0.2057]
V_{41}	[0.0752, 0.2081]	[0.0263, 0.1109]	[0.0698, 0.2070]	[0.0308, 0.1248]	[0.0927, 0.2002]	[0.0467, 0.1504]	[0.091, 0.2067]	[0.0706, 0.2046]	[0.0323, 0.1151]	[0.0107, 0.0478]	[0.0255, 0.1009]	[0.0198, 0.0937]
V_{42}	[0.0733, 0.1912]	[0.0432, 0.1316]	[0.0644, 0.1813]	[0.0164, 0.0828]	[0.0449, 0.1324]	[0.0832, 0.1836]	[0.0141, 0.0702]	[0.0912, 0.1829]	[0.0295, 0.0961]	[0.0107, 0.0465]	[0.0137, 0.0711]	[0.0395, 0.1092]
V_{43}	[0.0706, 0.1780]	[0.0629, 0.1655]	[0.0150, 0.0844]	[0.0142, 0.0764]	[0.0438, 0.1268]	[0.0928, 0.2136]	[0.0387, 0.1035]	[0.0415, 0.1178]	[0.0178, 0.0751]	[0.0347, 0.0838]	[0.0256, 0.0923]	[0.0156, 0.0732]

4.1.2.3 计算中心度

区间数小微企业信用风险综合影响矩阵的每一行之和为

$$QR_j = \sum_{i=1}^{n} q_{ij} = \sum_{i=1}^{n} \left[q_{ij}^-, q_{ij}^+ \right] = \left[\sum_{i=1}^{n} q_{ij}^-, \sum_{i=1}^{n} q_{ij}^+ \right], \ (j = 1, \cdots, n)$$

$$(4-7)$$

每列之和为

$$QR_i = \sum_{j=1}^{n} q_{ij} = \sum_{j=1}^{n} \left[q_{ij}^-, q_{ij}^+ \right] = \left[\sum_{j=1}^{n} q_{ij}^-, \sum_{j=1}^{n} q_{ij}^+ \right], \ (i = 1, \cdots, n)$$

$$(4-8)$$

中心度公式为

$$QZ = QR_j + QR_i = \left[QR_j^- + QR_i^-, \ QR_j^+ + QR_i^+ \right] \quad (4-9)$$

根据以上公式计算得出区间数小微企业信用风险中心度，如表 4 - 9 所示。

表 4 - 9　　　　　　　　区间数小微企业信用风险中心度

影响因素	V_{11}	V_{12}	V_{13}	V_{14}	V_{21}	V_{22}	V_{31}	V_{32}	V_{33}	V_{41}	V_{42}	V_{43}
中心度	[1.5242, 4.0433]	[1.1554, 3.2896]	[1.4070, 4.0709]	[1.4243, 3.7587]	[1.4342, 3.5685]	[1.1769, 3.2644]	[0.9876, 2.7047]	[1.0096, 2.9573]	[1.0909, 3.1088]	[1.5242, 4.0433]	[1.1554, 3.2896]	[1.4070, 4.0709]

4.1.3 区间数综合影响度计算

由于小微企业信用风险中心度的值是区间数，利用可能度排序对其区间数进行处理，区间数小微企业信用风险综合影响度的可能度值通过文献（徐泽水等，2001）给出的式（4 - 10）。

$$\hat{p}(\hat{a} \geqslant \hat{b}) = \frac{\min\{L(\hat{a}) + L(\hat{b}), \ \max(\hat{a}^+ - \hat{b}^-, 0)\}}{L(\hat{a}) + L(\hat{b})} \quad (4-10)$$

称 $\hat{p}(\hat{a} \geqslant \hat{b})$ 为 $\hat{a} \geqslant \hat{b}$ 的可能度，其中 $\hat{a} = [\hat{a}^-, \hat{a}^+]$，$\hat{b} = [\hat{b}^-, \hat{b}^+]$ 为区间数，令 $L(\hat{a}) = \hat{a}^+ - \hat{a}^-$，$L(\hat{b}) = \hat{b}^+ - \hat{b}^-$。

利用 MATLAB 运算得出结果，可建立两两比较的小微企业信用风险中心度可能度矩阵，如表 4 - 10 所示。

表 4 – 10　　　　　　　　小微企业信用风险因素中心度的可能度矩阵

影响因素	V_{11}	V_{12}	V_{13}	V_{14}	V_{21}	V_{22}	V_{31}	V_{32}	V_{33}	V_{41}	V_{42}	V_{43}
V_{11}	0.5000	0.6206	0.5086	0.5396	0.5607	0.6236	0.7213	0.6792	0.6507	0.5000	0.6206	0.5086
V_{12}	0.3794	0.5000	0.3924	0.4174	0.4347	0.5016	0.5977	0.5586	0.5295	0.3794	0.5000	0.3924
V_{13}	0.4914	0.6076	0.5000	0.5295	0.5495	0.6104	0.7038	0.6638	0.6365	0.4914	0.6076	0.5000
V_{14}	0.4604	0.5826	0.4705	0.5000	0.5202	0.5852	0.6840	0.6420	0.6130	0.4604	0.5826	0.4705
V_{21}	0.4393	0.5653	0.4505	0.4798	0.5000	0.5678	0.6701	0.6269	0.5967	0.4393	0.5653	0.4505
V_{22}	0.3764	0.4984	0.3896	0.4148	0.4322	0.5000	0.5974	0.5577	0.5283	0.3764	0.4984	0.3896
V_{31}	0.2787	0.4023	0.2962	0.3160	0.3299	0.4026	0.5000	0.4625	0.4321	0.2787	0.4023	0.2962
V_{32}	0.3208	0.4414	0.3362	0.3580	0.3731	0.4423	0.5375	0.5000	0.4706	0.3208	0.4414	0.3362
V_{33}	0.3493	0.4705	0.3635	0.3870	0.4033	0.4717	0.5679	0.5294	0.5000	0.3493	0.4705	0.3635
V_{41}	0.5000	0.6206	0.5086	0.5396	0.5607	0.6236	0.7213	0.6792	0.6507	0.5000	0.6206	0.5086
V_{42}	0.3794	0.5000	0.3924	0.4174	0.4347	0.5016	0.5977	0.5586	0.5295	0.3794	0.5000	0.3924
V_{43}	0.4914	0.6076	0.5000	0.5295	0.5495	0.6104	0.7038	0.6638	0.6365	0.4914	0.6076	0.5000

设小微企业信用风险影响因素中心度的可能度矩阵为 $\hat{P}$，$\hat{P} = (\hat{p}_{ij})_{n \times n}$，其中 $\hat{p}_{ij} = P(\hat{a} \geqslant \hat{b})$（$i, j = 1, 2, 3, \cdots, n$），再利用文献（徐泽水等，2001）中给出的式（4 – 11），求解排序向量，得出小微企业信用风险因素中心度的可能度值，结果如表 4 – 11 所示。

$$\hat{p}w_i = \frac{\sum_{j=1}^{n} \hat{p}_{ij} + \frac{n}{2} - 1}{n(n-1)}, \quad (i = 1, 2, 3, \cdots, n) \qquad (4 - 11)$$

表 4 – 11　　　　　　　　小微企业信用风险因素中心度的可能度值

影响因素	V_{11}	V_{12}	V_{13}	V_{14}	V_{21}	V_{22}	V_{31}	V_{32}	V_{33}	V_{41}	V_{42}	V_{43}
中心度的可能度值	0.0755	0.0865	0.0771	0.0790	0.0807	0.0867	0.0955	0.0918	0.0892	0.0755	0.0865	0.0766

基于改进的 AHP 法和区间数 DEMATEL 法的结果，计算中心度的可能度值与二级指标各权重的乘积，得出银行在线借贷模式下小微企业信用风险各综合影响因素中心度的可能度值，命名为综合影响度，其计算结果如表 4 – 12 所示。

表 4 – 12　　　　　　　　小微企业信用风险综合影响度

影响因素	V_{11}	V_{12}	V_{13}	V_{14}	V_{21}	V_{22}	V_{31}	V_{32}	V_{33}	V_{41}	V_{42}	V_{43}
综合影响度值	0.0021	0.0045	0.0052	0.0021	0.0172	0.0182	0.0056	0.0050	0.0133	0.0048	0.0038	0.0026

根据表 4 – 12 的银行在线借贷模式下小微企业信用风险综合影响度结果可知：政府监管力度、宏观经济形势、收益共享率等信用风险因素对小微企业信用风险影响程度较大；企业素质、产业链上下游企业状况、速动比率、资产负债率影响程度处于低层次水平。

本书运用改进 AHP 方法得出 $C. R.$ 值比传统的 AHP 法得出 $C. R.$ 值具有更优的一致性检验效果，在一定层面上验证王学东等（2013）、石艳霞等（2009）指出的指数比较标度法更为合理的结论。传统的信用风险测度方法往往不适合描述小微企业信用风险因素间复杂的影响关系，利用区间数能更有效地描述系统因素间复杂的现象，减少评价结果的主观性。鉴于此，本书构建基于改进区间数 DEMATEL 的信用风险测度模型在一定程度上解决银行在线借贷下信用风险系统因素间存在复杂影响关系、信用风险因素的识别难度大、专家直接给出"精确数"存在一定失真性等问题。

4.2　基于改进 DEMATEL 法的电商网络融资模式下信用风险测度研究

4.2.1　基于 ANN-GRA-DEMATEL 法的网络信用融资模式下信用风险测度模型

网络信用融资模式下的信用风险指标评价存在如下问题：第一，较难客观体现评价者的主观意愿；第二，信用风险因素关联程度模糊且不能准确反映数据信息。本书针对电商融资模式下小微企业信用风险的特征，鉴于 ANN 法具有的自适应能力，能对信用风险因素综合评价问题给出客观评价的优点，GRA 方法可得到信用风险因素的直接关联矩阵，降低获取直接关联矩阵的难度，利用 ANN 结合 GRA-DEMATEL 方法，提出 ANN-GRA-DE-MATEL 的改进 DEMATEL 法，并对信用风险进行测度，有效缓解网络信用融资模式下信用风险因素关联程度复杂与模糊的现象，化解信用风险因素的直接关联矩阵难以准确获得等难题，进而避免主观因素对信用风险因素选取干扰的问题。

4.2.1.1　网络信用融资模式下基于 ANN 的信用风险因素权重确定

人工神经网络（ANN）用权重来测量目标与变量之间的一种非线性关系的模型，它是多事物分析与判断并经过网络训练的过程，并对人脑行为做相关简化分析、抽象分析、模拟分析（孙会君等，2001；冯岑明等，2006）。ANN 有效的网络算法训练、较高的自主映射能力，实现了多层神经网络设想，可对不完全数据进行较为有效的处理，并寻找出比较优化的解。

（1）测度指标体系。

上文 4.1.1 小节选择的小微企业中，从存在网络信用融资违约行为的小微企业中有代表性选取 39 家，对这 39 家小微企业进行调研①这 39 家小微企业主要涉及信息传输业、物流管理、批发业、软件和信息技术行业、农产品加工行业等。根据调研结果，确定网络信用融资模式下小微企业信用风险的二级指标，如图 4-2 所示，归类为技术因素、个人因素、监管因素、市场因素、信用状况因素五个一级指标。感知信誉是感知主体受感知对象的相关信息刺激时，感知主体产生的主观评价与判断，一般受产品质量、产品服务与安全、产品可靠性、信用分、客户反馈等影响，其他指标较好理解，不再做解释，具体指标如图 4-2 所示。

---

① 在相关文献（Harris，2015；Ojala et al.，2018；Nyfeler，2000；Qi et al.，2018；Zhang et al.，2017；Liang et al.，2017）的研究基础上设计了调查问卷，调查问卷见附录 2 中表 2。

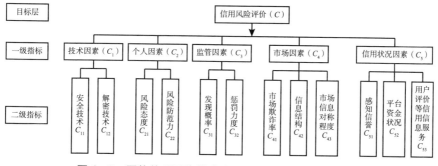

图 4-2　网络信用融资模式小微企业信用风险评价指标

（2）测度指标体系的 ANN 结构分析。

为了有效获得各测度指标权重，采用 ANN 方法对小微企业信用风险测度指标体系的网络参数进行确定。设隐含层的神经元数目为 sk，输入层神经元数目 si_1，输出层神经元数目 sj_1，根据式（4-12）的规则确定隐含层的神经元数目：

$$\frac{si_1 + sj_1}{2} < sk < si_1 + sj_1 \qquad (4-12)$$

各 ANN 的具体参数如表 4-13 所示。

表 4-13　网络信用融资模式下信用风险测度指标体系的网络参数　单位：个

模型参数	隐含层个数	输入层神经元数目	输出层神经元数目	隐含层的神经元数目
信用风险神经网络	1	12	1	7

（3）网络训练。

网络结构建立以后需要对网络进行训练，由于样本的数值波动较大，通过指标隶属度方法对样本进行初始化分析（Chi et al., 2019；Terry et al., 2013），具体步骤如下：

①计算第 i 个实测指标 cp_i 的平均值 $\overline{cp_i}$ 为

$$\overline{cp_i} = \frac{\sum\limits_{i=1}^{m} x_{ij}}{m}, \quad (i=1, 2, \cdots, m; j=1, 2, 3, \cdots, n) \qquad (4-13)$$

②计算指标中间变量 N_{ij}

$$\text{当 } x_{ij} \leqslant \overline{A}, \text{ 则 } N_{ij} = \frac{x_{ij} - \overline{A}}{|\overline{A}|} \tag{4-14}$$

$$\text{当 } x_{ij} \geqslant \overline{B}, \text{ 则 } N_{ij} = \frac{\overline{B} - x_{ij}}{|\overline{B}|} \tag{4-15}$$

式（4-14）中的 $\overline{A}$ 为区间型指标的最佳上界，式（4-15）中的 $\overline{B}$ 为区间型指标的最佳下界，N_{ij} 反映了 x_{ij} 与其平均值的偏离程度。

③计算指标转化到 -1 ~ 1 区间，隶属度函数值 Z_{ij} 为

$$Z_{ij} = (1 - e^{-Ni}) / (1 + e^{-Ni}) \tag{4-16}$$

根据一般选择方法对 35 个样本进行 ANN 训练，具体学习算法步骤如下（刘敏等，2006）：

①设 θ 为 $-\dfrac{2}{m} \sim \dfrac{2}{m}$ 之间的随机值（$i = 1, 2, 3, \cdots, m$；$j = 1, 2, 3, \cdots, n$），此时可以初始化网络及学习参数，设各连接权系数为 w_{ij}，θ_j 为阈值。

②d_p 为提供的网络，随机选取模式 $X_p = \{x_{p1}, x_{p2}, \cdots, x_{pm}\}$。

③各隐含单元的输出：

$$o_{pj} = f(net_{pj}) = f\left(\sum_{i=1}^{m} w_{ij}x_{pi} - \theta_j\right) \tag{4-17}$$

$$o_{pj} = f(net_{pj}) = \frac{1}{1 + \exp\left[-\sum_{i=1}^{m}(w_{ij}x_{pi} - \theta_j)\right]} \tag{4-18}$$

其中，$i = 1, 2, 3, \cdots, m$；$j = 1, 2, 3, \cdots, n$。

④用学习样本数据与上面算出的输出数据之差（$sd_j - o_{pj}$）来调整权系数 w，调整量为

$$\Delta w_{ij} = \lambda \Phi_j x_j \tag{4-19}$$

其中，λ 为学习率（$0 \leqslant \lambda \leqslant 1$），$sd_j$ 为学习样本数据，x_j 为隐节点网络输入，Φ_j 为输出偏差的相关值。

$$\Phi_j = \begin{cases} \lambda_i(1 - op_j)(sd_j - op_j), & \text{（对于输出点的算法）} \\ x_j(1 - x_j)\sum_k \Phi_k w_{jk}, & \text{（对于隐节点的算法）} \end{cases} \tag{4-20}$$

式（4-20）的 k 为输出层的全部节点。

各层神经元调整后的权值为

$$w_{ij}(st) = w_{ij}(st-1) + \Delta w_{ij} \qquad (4-21)$$

其中，w_{ij} 为输入层神经元到隐含层神经元之间的权重系数，st 为学习次数。

⑤提供给网络训练并随机选取下一个学习模式，然后再返回步骤③，直至对所有模式全部训练完。

⑥每个学习模式中重新随机选取一个相关的模式，然后再返回步骤③，进行网络训练，直至满足学习要求。

通过上面步骤的网络训练，网络经过85次训练后，达到收敛，最终得出ANN的训练结果如表4-14所示。

表4-14　网络信用融资模式下信用风险神经网络各神经元权值系数

隐含层单元	输入层单元												输出层单元
	1	2	3	4	5	6	7	8	9	10	11	12	
1	0.867	0.886	0.252	0.318	0.867	0.296	0.133	0.879	0.998	0.786	0.199	0.238	0.784
2	0.514	0.089	0.698	0.342	0.998	0.457	0.284	0.980	0.564	0.409	0.268	0.169	-0.223
3	0.765	0.813	0.475	0.809	0.678	0.568	0.767	0.856	0.232	0.218	0.667	0.596	-0.291
4	0.786	0.352	0.259	0.287	0.853	0.992	0.514	0.089	0.608	0.742	0.098	0.073	4.358
5	0.376	0.568	0.689	0.675	0.595	0.387	0.243	0.095	0.283	0.185	0.786	0.463	0.201
6	0.678	0.392	0.998	0.457	0.568	0.589	0.475	0.535	0.798	0.477	0.254	0.984	1.121
7	0.976	0.766	0.654	0.997	0.531	0.076	0.287	0.342	0.162	0.588	0.693	0.684	0.847

要想得到输入层单元对于输出层单元的对应关系，对各神经元之间的权重加以处理分析，利用以下的算法得出输入层单元对于输出层单元之间真实关系。具体步骤如下：

①相关显著性系数计算：

$$sr_{ij} = \dfrac{\sum\limits_{k'=1}^{p} w_{k'i}(1 - e^{-w_{jk'}})}{1 + e^{-w_{jk'}}} \qquad (4-22)$$

②相关指数计算：

$$SR_{ij} = \left| \frac{1 - e^{-sr_{ij}}}{1 + e^{-sr_{ij}}} \right| \tag{4-23}$$

③绝对影响系数计算：

$$SS_{ij} = \frac{SR_{ij}}{\sum\limits_{i=1}^{m} SR_{ij}} \tag{4-24}$$

其中，k' 为神经网络的隐含单元，i 为神经网络输入单元，j 为神经网络输出单元，$w_{jk'}$ 为输出层神经元到隐含层神经元之间的权重系数。

根据式（4-22）~式（4-24），再利用 MATLAB 计算得出小微企业信用风险测度二级指标权重如表 4-15 所示。

表 4-15　　　　　　　　　小微企业信用风险测度指标权重

目标层	一级指标（占总指标权重）	二级指标（占总指标权重）
小微企业信用风险评价（C）	技术因素（C_1）0.1986	安全技术（C_{11}）0.1193
		解密技术（C_{12}）0.0793
	个人因素（C_2）0.1322	风险态度（C_{21}）0.0770
		风险防范力（C_{22}）0.0552
	监管因素（C_3）0.2364	发现概率（C_{31}）0.1186
		惩罚力度（C_{32}）0.1178
	市场因素（C_4）0.2342	市场欺诈率（C_{41}）0.0676
		信息结构（C_{42}）0.0474
		市场信息对称程度（C_{43}）0.1192
	信用状况因素（C_5）0.1986	感知信誉（C_{51}）0.1118
		平台资金状况（C_{52}）0.0260
		用户评价等信用信息服务（C_{53}）0.0608

4.2.1.2　基于改进 DEMATEL 方法的小微企业信用风险因素分析

（1）基于 GRA-DEMATEL 综合影响矩阵计算。

灰色关联分析（grey relational analysis，GRA）是分析系统因素之间的关联程度的一种较为科学的方法。本书利用 GRA 确定信用风险因素之间的直接关联矩阵（Fan et al.，2009；Jadhav，2018），然后结合 DEMATEL 方法对网络信用融资模式下信用风险进行分析，提出 GRA-DEMATEL 法。利用 GRA-DEMATEL 法降低获取直接关联矩阵的难度，减少信用风险因素系统之间的相互影响程度，也减少信息不对称带来的结果失真，在一定程度上使测度指标与测度结果更为客观性、精确性，具体步骤如下：

①根据专家打分。结合研究进程可实施性、合理性，涉及专家有相关领域的教授或者研究员 8 名，副教授或者副研究员 5 名，博士或博士生 4 名，其他专家 3 名。用取值范围 0、2、4、6、8、10 分别表示"没有影响""很弱影响""弱影响""一般影响""强影响""很强影响"；1、3、5、7、9 分别介于上述影响程度之间。根据此次专家打分，剔除 20 位专家每次对 12 种因素两两比较的最高分和最低分，再采用算术平均法对其进行计算，得出小微企业信用风险因素原始矩阵。

②消除量纲。对小微企业信用风险因素原始矩阵中数据进行初始值化处理，消除量纲，使各信用风险因素之间具有可比性。

③求差异化信息系列。找出小微企业信用风险因素的初值化矩阵中极大值与极小值。设 $\Delta_{0i}(q) = |x_0(q) - x_i(q)|$，其中 $q = 1, 2, \cdots, 12$，$i = 1, 2, \cdots, 12$

$$\Delta_{\min} = \min_i \min_q |x_0(q) - x_i(q)| \tag{4-25}$$

$$\Delta_{\max} = \max_i \max_q |x_0(q) - x_i(q)| \tag{4-26}$$

④求关联系数，得出直接影响矩阵。取 $\rho = 0.5$，则

$$\ell_i(q) = \frac{\Delta_{\min} + \rho \times \Delta_{\max}}{\Delta_{0i}(q) + \rho \times \Delta_{\max}}, \quad (q = 1, 2, \cdots, 12) \tag{4-27}$$

当 $i = 1$ 时，得出 $\ell_i(1)$，$\ell_i(2)$，$\cdots$，$\ell_i(12)$ 的值；同理，分别求出当 $i = 2, 3, \cdots, 12$ 时的关联系数，最终得到小微企业信用风险因素之间的直接影响矩阵如表 4-16 所示。

表 4-16　　　　小微企业信用风险因素之间的直接影响矩阵

因素	C_{11}	C_{12}	C_{21}	C_{22}	C_{31}	C_{32}	C_{41}	C_{42}	C_{43}	C_{51}	C_{52}	C_{53}
C_{11}	0.0000	0.8467	0.7600	0.7533	0.0561	0.2367	0.0720	0.4357	0.5873	0.6033	0.1600	0.7867
C_{12}	0.3453	0.0000	0.3250	0.5436	0.1333	0.3453	0.2743	0.5408	0.4048	0.4892	0.4373	0.0000

因素	C_{11}	C_{12}	C_{21}	C_{22}	C_{31}	C_{32}	C_{41}	C_{42}	C_{43}	C_{51}	C_{52}	C_{53}
C_{21}	0.1374	0.5873	0.0000	0.7958	0.1876	0.1374	0.1569	0.4833	0.7971	0.6544	0.7899	0.3453
C_{22}	0.2414	0.4043	0.3453	0.0000	0.5873	0.2414	0.3586	0.3453	0.7867	0.4543	0.6000	0.1374
C_{31}	0.4048	0.7871	0.1374	0.2743	0.0000	0.4048	0.4833	0.1374	0.6544	0.7871	0.3386	0.2414
C_{32}	0.2186	0.2667	0.2414	0.0810	0.7971	0.0000	0.7600	0.2414	0.7643	0.6000	0.5733	0.4048
C_{41}	0.1569	0.6444	0.4048	0.7944	0.2667	0.4386	0.0000	0.4048	0.3776	0.3467	0.0986	0.2186
C_{42}	0.2186	0.7643	0.2186	0.7643	0.6544	0.5733	0.4267	0.0000	0.4592	0.2386	0.5467	0.5408
C_{43}	0.8267	0.7136	0.7667	0.7842	0.7600	0.7386	0.6543	0.7048	0.0000	0.6108	0.7267	0.7136
C_{51}	0.2936	0.1569	0.4980	0.4708	0.3453	0.2743	0.5408	0.4048	0.4708	0.0000	0.2933	0.1929
C_{52}	0.5700	0.5408	0.4048	0.4833	0.1374	0.4708	0.0810	0.4267	0.4833	0.6033	0.0000	0.7867
C_{53}	0.4533	0.0000	0.2643	0.5408	0.4048	0.4833	0.1374	0.3453	0.2743	0.5408	0.4048	0.0000

⑤构造综合影响矩阵。设小微企业信用风险因素之间的直接影响矩阵为 G，$G = (g_{ij})_{n \times n}$，对直接影响矩阵 G 进行标准化处理，得到标准化的直接矩阵 $\hat{G}$。

$$\kappa = \frac{1}{\max_{1 \le i \le n} \sum_{j=1}^{n} g_{ij}} , \quad \hat{G} = \kappa G \quad (4-28)$$

然后再构造综合影响矩阵 H，公式如下：

$$H = \hat{G}(I - \hat{G})^{-1} \quad (4-29)$$

利用 MATLBA 软件进行矩阵计算，得到综合影响矩阵如表 4 - 17 所示。

表 4 - 17 　　　　　　　　　**小微企业信用风险的综合影响矩阵**

因素	C_{11}	C_{12}	C_{21}	C_{22}	C_{31}	C_{32}	C_{41}	C_{42}	C_{43}	C_{51}	C_{52}	C_{53}
C_{11}	0.0732	0.196	0.171	0.2033	0.0896	0.1078	0.0825	0.1379	0.1784	0.1769	0.1175	0.1679
C_{12}	0.0957	0.0785	0.1012	0.1498	0.0792	0.1015	0.0901	0.1274	0.1317	0.1366	0.1227	0.0621
C_{21}	0.093	0.1681	0.0816	0.2047	0.1044	0.0981	0.0927	0.1419	0.1997	0.1807	0.1863	0.1201
C_{22}	0.0976	0.142	0.115	0.1009	0.1416	0.1028	0.1105	0.1167	0.1885	0.1499	0.1535	0.0894

因素	C_{11}	C_{12}	C_{21}	C_{22}	C_{31}	C_{32}	C_{41}	C_{42}	C_{43}	C_{51}	C_{52}	C_{53}
C_{31}	0. 1146	0. 1811	0. 0923	0. 1333	0. 0709	0. 1198	0. 1256	0. 0934	0. 1718	0. 1862	0. 1205	0. 0973
C_{32}	0. 0994	0. 1315	0. 1076	0. 1189	0. 1706	0. 0795	0. 1625	0. 1088	0. 1911	0. 1736	0. 1527	0. 1243
C_{41}	0. 0757	0. 1557	0. 1112	0. 1812	0. 0991	0. 1147	0. 0611	0. 1145	0. 1337	0. 125	0. 0889	0. 0846
C_{42}	0. 1019	0. 1914	0. 1065	0. 1998	0. 1604	0. 1497	0. 1271	0. 0834	0. 1656	0. 1384	0. 1584	0. 1409
C_{43}	0. 2022	0. 2342	0. 2079	0. 2569	0. 2064	0. 2028	0. 1844	0. 2039	0. 163	0. 2296	0. 2203	0. 1995
C_{51}	0. 091	0. 1011	0. 122	0. 1447	0. 1048	0. 0952	0. 1218	0. 1128	0. 1412	0. 082	0. 1075	0. 0849
C_{52}	0. 1373	0. 1559	0. 1263	0. 164	0. 0948	0. 1313	0. 0802	0. 1304	0. 1599	0. 1717	0. 0887	0. 1677
C_{53}	0. 108	0. 077	0. 0926	0. 1453	0. 1102	0. 116	0. 0737	0. 1016	0. 1166	0. 1439	0. 1168	0. 0606

⑥对综合影响矩阵进行分析。矩阵 H 中元素按行相加得到影响度 YD_i，表示小微企业信用风险因素行因素对其他所有因素的综合影响值。矩阵 H 中元素按列相加得到被影响度 YR_i，表示小微企业信用风险因素列因素受其他所有因素的综合影响值，公式如下：

$$YD_i = \sum_{j=1}^{n} t_{ij}, \quad (i = 1, 2, \cdots, n) \tag{4-30}$$

$$YR_i = \sum_{j=1}^{n} t_{ji}, \quad (i = 1, 2, \cdots, n) \tag{4-31}$$

中心度表示影响度和被影响度之和，设为 ym_i，反映小微企业各信用风险因素的重要程度；原因度表示影响度和被影响度之差，设为 yn_i，反映小微企业信用风险各影响因素之间的因果关系。

若原因度大于 0，表示该因素对其他因素的作用程度大，称为原因因素；若原因度小于 0，表示该因素受其他因素影响程度大，称为结果因素。中心度与原因度的公式分别如下所示：

$$ym_i = YD_i + YR_i, \quad (i = 1, 2, \cdots, n) \tag{4-32}$$

$$yn_i = YD_i - YR_i, \quad (i = 1, 2, \cdots, n) \tag{4-33}$$

根据以上分析，利用式（4-30）~式（4-33）得出影响度、被影响度、中心度、原因度，具体结果如表 4-18 所示。

表 4 – 18　　　　　小微企业信用风险的综合影响矩阵分析

序号	C_{11}	C_{12}	C_{21}	C_{22}	C_{31}	C_{32}	C_{41}	C_{42}	C_{43}	C_{51}	C_{52}
影响度	1. 2896	1. 8124	1. 4353	2. 0026	1. 4318	1. 4193	1. 3121	1. 9411	1. 8944	1. 6336	1. 3991
被影响度	1. 7019	1. 2764	1. 6712	1. 5085	1. 5067	1. 6204	1. 3454	2. 511	1. 3089	1. 6081	1. 2623
中心度	2. 9916	3. 0888	3. 1065	3. 5111	2. 9385	3. 0397	2. 6575	4. 4521	3. 2033	3. 2417	2. 6614
原因度	0. 4123	− 0. 5360	0. 236	− 0. 4941	0. 0748	0. 2011	0. 0333	0. 5698	− 0. 5855	− 0. 0256	− 0. 1368

根据中心度、原因度的值作出如图 4 – 3 所示的因果关系图。

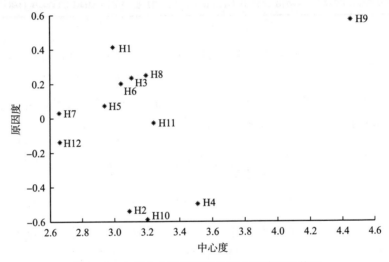

图 4 – 3　小微企业信用风险的综合影响因果关系

从图 4 – 3 可知，市场信息对称程度、风险防范力、平台资金状况、感知信誉这几个信用风险因素的中心度较大，数值都超过了 3. 2。原因度指标有正负，作用方向相反，对信用风险的影响特征有所区别。原因因素按从大到小排列依次是市场信息对称程度、安全技术、信息结构、风险态度、惩罚力度、发现概率，这些风险因素对网络信用融资模式下小微企业信用问题起到有效推动作用，应予以高度重视。

（2）综合影响度计算。

基于 ANN-GRA-DEMATEL 法的结果，计算中心度值与二级指标各权重的乘积，然后进行归一化处理，得出小微企业信用风险各综合影响度，综合影响度可准确描述出各信用风险因素的重要性，可降低 ANN 和 DEMATEL 法的主观片面性，具体公式如下：

$$z_i = \frac{ym_i \times w_i}{\sum\limits_{j=1}^{n} ym_j \times w_j} \ , \ (i = 1, \ 2, \ \cdots, \ 12) \qquad (4-34)$$

其中，w_i 为上文利用 ANN 方法得出的小微企业信用风险测度二级指标权重值。

其计算结果如表 4 – 19 所示。

表 4 – 19　　　　　网络信用融资模式下小微企业信用风险综合影响度

影响因素	C_{11}	C_{12}	C_{21}	C_{22}	C_{31}	C_{32}	C_{41}	C_{42}	C_{43}	C_{51}	C_{52}	C_{53}
$ym_i \times w_i$	0.3569	0.2449	0.2392	0.1938	0.3485	0.3580	0.1800	0.1515	0.5307	0.3581	0.0843	0.1618
z_i	0.1113	0.0763	0.0746	0.0604	0.1086	0.1116	0.0561	0.0472	0.1654	0.1116	0.0263	0.0504
排名	4	6	7	8	5	2	9	11	1	2	12	10

（3）基于 Logistic 回归模型的验证。

①样本数据。

为了对网络信用融资模式下小微企业信用风险测度结果的有效检验，重新选择一批专家进行调研验证。研究团队于 2020 年 1 ~ 5 月访问了相关专家，调查问卷（见附录 3）发放 300 份，问卷返回 265 份，返回率为 88.33%，经过仔细筛选研究，选出有效问卷 205 份，基本满足统计分析需求。

②模型构建。

利用 0 – 1 型解释变量，以小微企业信用程度为被解释变量（完全存在信用风险，即违约，设其值为 0；不存在信用风险，即不违约，设其值为 1），假设 $y_d = 1$ 的概率为 p_d，则 y_d 的分布函数为

$$f(Y_d) = p_d^{y_d}(1 - p_d)^{1 - y_d}, \ y_d = 0 \text{ 或 } 1 \qquad (4-35)$$

小微企业信用程度属于二类变量，从而建立二分类 Logistic 回归模型，利用最大似然估计法对其参数进行估计运算，二分类 Logistic 回归的基本模型如式（4 – 36）所示：

$$p_i = F(\beta_0 + \beta_1 X_{\bar{i}1} + \cdots + \beta_j X_{\bar{i}\bar{j}} + \cdots + \beta_{\bar{k}} X_{\bar{i}\bar{k}} + u_d)$$

$$= \frac{1}{1 + \exp\left[-(\beta_0 + \beta_1 X_{\bar{i}1} + \cdots + \beta_j X_{\bar{i}\bar{j}} + \cdots + \beta_{\bar{k}} X_{\bar{i}\bar{k}} + u_d)\right]} \quad (4-36)$$

式（4-35）中 p_d 为小微企业完全信用（不违约）的概率，式（4-36）β_j 表示影响因素的回归系数，$\bar{i}$ 表示小微企业企业编号，$\bar{j}$ 为影响因素的编号，$\bar{k}$ 为影响因素的个数，u_d 为误差项。

本书的基本回归模型假设如下：F[小微企业完全信用（不违约）]=f[安全技术（C_{11}），解密技术（C_{12}），风险态度（C_{21}），风险防范力（C_{22}），发现概率（C_{31}），惩罚力度（C_{32}），市场欺诈率（C_{41}），信息结构（C_{42}），市场信息对称程度（C_{43}），感知信誉（C_{51}），平台资金状况（C_{52}），用户评价等信用信息服务（C_{53}）+随机扰动项]

③实证结果。

根据 SPSS 23.0 软件，对模型进行回归分析。首先对回归模型进行显著性检验，然后再采用参数估计后退法，得到回归模型如表4-20所示。

表4-20　　　网络信用融资模式下信用程度二分类 Logistic 回归模型

变量名称（变量代码）	系数	Wald 值	显著性	exp(B)
常数项	5.334 ***	21.368	0.000	100.682
安全技术（C_{11}）	0.592 ***	0.118	0.000	1.158
解密技术（C_{12}）	0.529 **	3.677	0.039	0.976
风险态度（C_{21}）	0.493 ***	1.012	0.003	0.349
风险防范力（C_{22}）	0.723 ***	0.260	0.000	1.198
发现概率（C_{31}）	0.685 ***	1.213	0.001	2.154
惩罚力度（C_{32}）	0.428 **	3.050	0.045	0.787
市场欺诈率（C_{41}）	-0.449 ***	4.230	0.002	2.368
信息结构（C_{42}）	0.387 *	0.034	0.069	1.434
市场信息对称程度（C_{43}）	0.992 ***	2.025	0.000	0.559
感知信誉（C_{51}）	0.898 *	0.253	0.112	0.922
平台资金状况（C_{52}）	-0.138 ***	1.013	0.000	0.638

变量名称（变量代码）	系数	Wald 值	显著性	$exp(B)$
用户评价等信用信息服务（C_{53}）	0.417*	8.014	0.092	0.952
预测准确值	96%			
−2 对数似然值	534.598			
Nagelkerke R^2	0.128			
显著性 P 值	0.000			

注：*、**、*** 分别为 0.10、0.05、0.01 的显著性水平。

显著性 P 值为 0.000 表明模型的模拟情况比较好，预测准确值为 96% 表明模型准确性较高，因此小微企业信用程度二分类 Logistic 回归模型表示为

$$y_x = \text{logit}(P_x) = \ln\left(\frac{p_x}{1-p_x}\right) = 5.334 + 0.592 \times C_{11} + 0.529 \times C_{12} + 0.493 \times C_{21}$$
$$+ 0.723 \times C_{22} + 0.685 \times C_{31} + 0.428 \times C_{32} - 0.449$$
$$\times C_{41} + 0.387 \times C_{42} + 0.992 \times C_{43} + 0.898 \times C_{51}$$
$$- 0.138 \times C_{52} + 0.417 \times C_{53} \qquad (4-37)$$

根据网络信用融资下小微企业信用风险测度结果可知：第一，市场信息对称程度、风险防范力、平台资金状况、感知信誉这几个信用风险因素的中心度较高，原因因素按从大到小排列依次是市场信息对称程度、安全技术、信息结构、风险态度、惩罚力度、发现概率。这些因素对小微企业信用起到推动作用，应予以高度重视。第二，原因度小于 0 的有感知信誉、解密技术、风险防范力、用户评价等信用信息服务、平台资金状况，这些因素受其他因素作用程度较大。第三，市场信息对称程度、惩罚力度、感知信誉、安全技术等风险因素对我国小微企业信用风险影响程度较大。平台资金状况、信息结构、信用信息服务、市场欺诈率等影响程度处于低层次水平，对小微企业信用风险影响程度较小。第四，市场欺诈率、平台资金状况等因素与小微企业信用程度呈现负相关。第五，利用基于二分类 Logistic 回归模型的信用风险验证结果与改进 DEMATEL 模型得到影响因素的重要程度结果基本一致，说明了基于 ANN 法和 GRA-DEMATEL 法的测度模型具有一定可行性。

利用 ANN-GRA-DEMATEL 方法，对网络信用融资模式下信用风险进行测

度，解决信用风险因素关联程度复杂与模糊等问题，较准确地描述出各信用风险因素的重要性，减少了人为因素影响，降低单纯利用 ANN 和 DEMATEL 方法的主观片面性，从而发挥了该方法优势。

4.2.2 基于改进 DEMATEL 法的电商供应链金融模式下信用风险测度模型

电商供应链金融模式目前发展迅速，其信用风险测度方法也逐步成熟。通过偏差离差最大化、变异系数法进行组合分析，确定电商供应链金融模式下信用评价指标的组合权重分析模型（Lee et al.，2017）。徐勇戈等（2018）在电商供应链金融模式下利用支持向量机分析信用风险体系。戴昕琦（2018）利用 C-SMOTE、SMOTE-RF 与 Logistic 方法构建了互联网电商供应链金融下信用风险测度模型。毛茜等（2017）在电商供应链金融下从创新视角构建了 Logistic-BP 组合模型，并进行了实证分析。韩贺洋等（2017）对电商供应链金融模式整体运行机制进行了全面研究，提出了有关金融性政策支持方案。何昇轩等（2016）对互联网电商供应链金融风险进行研究，构建互联网电商供应链金融的风险评价模型，并通过 AHP 与 Fuzzy-CEM 方法对互联网电商供应链金融进行信用风险评价。综上所述，电商供应链金融模式下信用风险测度方法主要集中在变异系数法、支持向量机、Logistic、AHP 等。

上述方法对电商供应链金融模式下信用风险评价起到重要作用，本书鉴于每位专家对信用风险评价都有各自专业特长，不同专家对于不同属性指标较难赋予科学、合理的权重；再考虑到小微企业信用风险特点，指标权重的可区分度、可解释性等，利用 Borda 序值、范数灰关联度、RS，结合 ITFN-DE-MATEL 方法对电商供应链金融下信用风险进行测度，来规避单纯利用 DEMA-TEL 方法的弊端。上文第 4.1.1 小节选择的小微企业中，从存在电商供应链金融违约行为的小微企业中有代表性选取 45 家，对这 45 家小微企业进行调研①

---

① 根据李健等（2020）对过去、现在与未来的供应链金融的述评与前沿研究，电商供应链金融模式下信用风险等特点，并在相关文献（李健等，2020；李媛媛、马玉国，2014；Pratama et al.，2017；Wang et al，2016；Shi et al.，2016；Govindan and Fattahi，2017；Zhu et al.，2017；Huang et al.，2018；Zhu et al.，2019；Delmerico et al.，2018；宋华、杨璇，2018；邓爱民等，2016；Wetzel and Hofmann，2019）的研究基础上设计了调查问卷，调查问卷见附录 2 中表 3。

这 45 家小微企业主要涉及零售业、信息传输业、物流管理、批发业、软件和信息技术行业等。根据调研结果，确定电商供应链金融模式下小微企业信用风险测度的二级指标，如表 4 – 21 所示，归类为小微企业自身特点、核心企业资质、监管因素、外部环境四个一级指标。小微企业要提升供应链竞争地位，需要不断降低其运作成本，提高供应链"黏着力"，加快运作效率。供应链竞争地位是指小微企业在供应链市场中所占据的位置。其他指标较好理解，不再另做解释，具体指标如表 4 – 21 所示。

表 4 – 21　　　　电商供应链金融下小微企业信用风险测度指标体系

目标层	一级指标	二级指标
小微企业信用风险测度（A）	小微企业自身特点（A_1）	经营能力（A_{11}）
		企业规模（A_{12}）
		管理制度（A_{13}）
		信用等级（A_{14}）
	核心企业资质（A_2）	核心企业担保收费（A_{21}）
		核心企业的潜力（A_{22}）
		核心企业违约率（A_{23}）
	监管因素（A_3）	监管力度（A_{31}）
		监管收益（A_{32}）
		监管成本（A_{33}）
	外部环境（A_4）	供应链竞争地位（A_{41}）
		行业环境（A_{42}）
		经营共享环境（A_{43}）

4.2.2.1　基于 Borda 序值法的信用风险测度

结合电商供应链金融下小微企业信用风险的特点，利用 Borda 序值法识别小微企业各种信用风险因素，Borda 序值法主要是利用信用风险矩阵对风险等级偏好排序的一种常用方法。采用专家访谈与问卷调查法相结合的方法，对电商供应链金融下小微企业"信用风险概率""信用风险影响"的值进行确定，调查相关专家或行业人员 18 人，发出问卷 18 份，有效问卷 17 份，有效率为 94.44%，获得如表 4-22 所示的电商供应链金融下小微企业信用风险矩阵。

表 4-22　　　　　　　　电商供应链金融下小微企业信用风险矩阵

序号	风险测度指标	风险影响	风险等级	风险发生概率（%）
1	经营能力（A_{11}）	关键	中	31~60
2	企业规模（A_{12}）	微小	低	0~10
3	管理制度（A_{13}）	一般	中	0~10
4	信用等级（A_{14}）	严重	高	91~100
5	核心企业担保收费（A_{21}）	关键	高	31~60
6	核心企业的潜力（A_{22}）	一般	中	0~10
7	核心企业违约率（A_{23}）	严重	高	61~90
8	监管力度（A_{31}）	严重	高	91~100
9	监管收益（A_{32}）	关键	中	11~30
10	监管成本（A_{33}）	关键	高	61~90
11	供应链竞争地位（A_{41}）	关键	中	31~60
12	行业环境（A_{42}）	微小	低	11~30
13	经营共享环境（A_{43}）	关键	中	11~30

　　为了将信用风险区分得更细化，本书引入 Borda 序值法，将信用风险的序值等级进行排序，设 Bx_n 为信用风险总个数，Bx_k 为某一准则，Bx_i 为某一特定风险。$Bx_k = 1$ 表示信用风险影响值，$Bx_k = 2$ 表示信用风险概率值，$Bx_{r_{ik}}$ 表示信用风险 Bx_i 在准则 Bx_k 下信用风险等级，信用风险的 Borda 值法的计算公式如下：

$$Bx_{b_i} = \sum (Bx_n - Bx_{r_{ik}}) \tag{4-38}$$

　　由式（4-38）和 Borda 序值的定义分别得出 Borda 值与 Borda 序值如表 4-23 所示。

表4-23　　　　　电商供应链金融下小微企业信用风险Borda序值

序号	风险测度指标	风险影响	风险等级	风险发生概率（%）	Borda值	Borda序值
1	经营能力（A_{11}）	关键	中	31～60	22	2
2	企业规模（A_{12}）	微小	低	0～10	19	5
3	管理制度（A_{13}）	一般	中	0～10	20	4
4	信用等级（A_{14}）	严重	高	91～100	24	0
5	核心企业担保收费（A_{21}）	关键	高	31～60	23	1
6	核心企业的潜力（A_{22}）	一般	中	0～10	21	3
7	核心企业违约率（A_{23}）	严重	高	61～90	23	1
8	监管力度（A_{31}）	严重	高	91～100	24	0
9	监管收益（A_{32}）	关键	中	11～30	22	2
10	监管成本（A_{33}）	关键	高	61～90	23	1
11	供应链竞争地位（A_{41}）	关键	中	31～60	22	2
12	行业环境（A_{42}）	微小	低	11～30	18	6
13	经营共享环境（A_{43}）	关键	中	11～30	22	2

由Borda序值可知电商供应链金融下小微企业信用风险主要指标为：监管力度、信用等级、核心企业违约率、核心企业担保收费、监管成本等因素。根据Borda序值进行权重赋值，Borda序值为0～6，依次赋值为10、9、8、7、6、5、4。并对其进行权重的归一化处理：

$$Aw_i = \frac{AW_i}{\sum_{i=1}^{13} AW_i} \tag{4-39}$$

根据式（4-39）可得信用风险指标的一级指标权重和二级指标权重分别如表4-24与表4-25所示。

表4-24　　　　Borda序值下小微企业信用风险测度一级指标权重

一级指标	小微企业自身特（A_1）	核心企业资质（A_2）	监管因素（A_3）	外部环境（A_4）
权重系数	0.2871	0.2475	0.2673	0.1980

表 4 – 25 **Borda 序值下小微企业信用风险测度二级指标权重**

二级指标	经营能力	企业规模	管理制度	信用等级	核心企业担保收费	核心企业的潜力	核心企业违约率	监管力度	监管收益	监管成本	供应链竞争地位	行业环境	经营共享环境
权重系数	0.0792	0.0495	0.0594	0.0990	0.0891	0.0693	0.0891	0.0990	0.0792	0.0891	0.0792	0.0396	0.0792

4.2.2.2 基于 RS 的信用风险测度

（1）RS 的基本概念。

一个信息表知识表达系统 S^w 可表示为 $S^w = (U, R^w, V^w, f^w)$，其中 $R^w = P^w \cup D$ 是属性集合，子集 P^w 和 D 分别表示条件属性和结果属性，$V^w = \bigcup_{r \in R^w} V^w_r$ 是属性值的集合，V^w_r 表示属性 $r \in R^w$ 的属性值的范围。$\phi \in P^w$，$\psi \in D$ 则决策规则可表示为：$\phi \to \psi$，其中 ϕ 和 ψ 分别称为规则中的条件属性和决策属性。$P^w \cap D$ 是属性的非空有限集合，$P^w \cap D = \Phi$，$a \in A^w$，V^w_a 是属性 a 的值域。$f: U^w \times A \to V^w$ 是一个信息函数，$f_x: A \to V^w$，$x \in U$ 反映了对象 x 在 S^w 中的完全信息，则有 $f_x(a) = f_x(x, a)$。

ind(A) 为不可分辨二元关系，则有

$$\text{ind}(A) = \{(x, y) \mid (x, y) \in U^2, \ \forall b \in B[b(x) = b(y)]\} \qquad (4-40)$$

设 R^w、Q 分别为条件属性 P^w 和决策属性 D 的一个子集，设 $\gamma_{R^w}(Q)$ 为决策近似度，则有

$$\gamma_{R^w}(Q) = \frac{|\text{pos}(Q)|}{|U|} \qquad (4-41)$$

属性 $P^w_i \subseteq P^w$ 关于 D 的重要度设为 $\text{sig}_D(P^w_i)$，则有

$$\text{sig}_D(P^w_i) = \gamma_{P^w}(D) - \gamma_{P^w - P^w_i}(D) \qquad (4-42)$$

（2）基于 RS 的信用风险测度模型。

对 ind(A) 的不可分辨二元关系进行划分可得：

$$U/\text{ind}(A) = (\{1\}, \{2\}, \{3\}, \{4\}, \{5\}, \{6\}, \{7\}, \{8\},$$
$$\{9\}, \{10\}, \{11\}, \{12\}, \{13\}) \qquad (4-43)$$

询问上述 18 位专家，对电商供应链金融下小微企业信用风险相应指标体系进行打分，依次去掉一个条件属性等价为：

$$U/\mathrm{ind}(A - A_1) = (\{1\},\ \{2\text{、}5\},\ \{3\},\ \{4\},\ \{6\},\ \{7\text{、}11\},$$
$$\{8\},\ \{9\},\ \{10\},\ \{12\},\ \{13\}) \qquad (4-44)$$

$$U/\mathrm{ind}(A - A_2) = (\{1\text{、}3\},\ \{2\text{、}6\},\ \{4\},\ \{5\},\ \{7\},\ \{8\},$$
$$\{9\text{、}11\text{、}13\},\ \{10\},\ \{12\}) \qquad (4-45)$$

$$U/\mathrm{ind}(A - A_3) = (\{1\},\ \{2\},\ \{3\text{、}8\},\ \{4\},\ \{5\},\ \{6\},\ \{7\},$$
$$\{9\text{、}10\text{、}12\},\ \{11\},\ \{13\}) \qquad (4-46)$$

$$U/\mathrm{ind}(A - A_4) = (\{1\},\ \{2\},\ \{3\},\ \{4\text{、}6\},\ \{5\},\ \{7\text{、}11\},$$
$$\{8\},\ \{9\},\ \{10\},\ \{12\},\ \{13\}) \qquad (4-47)$$

各条件属性下决策属性的正域如下：

$$\mathrm{pos}_A(D) = \{1,\ 2,\ 3,\ 4,\ 5,\ 6,\ 7,\ 8,\ 9,\ 10,\ 11,\ 12,\ 13\}$$
$$(4-48)$$

$$\mathrm{pos}_{A-A_1}(D) = \{1,\ 3,\ 4,\ 6,\ 8,\ 9,\ 10,\ 11,\ 12,\ 13\} \qquad (4-49)$$

$$\mathrm{pos}_{A-A_2}(D) = \{2,\ 3,\ 4,\ 5,\ 7,\ 8,\ 10,\ 11,\ 12\} \qquad (4-50)$$

$$\mathrm{pos}_{A-A_3}(D) = \{1,\ 2,\ 4,\ 5,\ 6,\ 7,\ 9,\ 11,\ 13\} \qquad (4-51)$$

$$\mathrm{pos}_{A-A_4}(D) = \{1,\ 2,\ 3,\ 5,\ 6,\ 8,\ 9,\ 10,\ 11,\ 12,\ 13\} \qquad (4-52)$$

各属性的近似准确度计算如下：

$$\gamma_A(D) = \frac{|\mathrm{pos}_A(D)|}{|U|} = \frac{13}{13} = 1 \qquad (4-53)$$

$$\gamma_{A-A_1}(D) = \frac{|\mathrm{pos}_{A-A_1}(D)|}{|U|} = \frac{10}{13} \qquad (4-54)$$

$$\gamma_{A-A_2}(D) = \frac{|\mathrm{pos}_{A-A_2}(D)|}{|U|} = \frac{9}{13} \qquad (4-55)$$

$$\gamma_{A-A_3}(D) = \frac{|\mathrm{pos}_{A-A_3}(D)|}{|U|} = \frac{9}{13} \qquad (4-56)$$

$$\gamma_{A-A_4}(D) = \frac{|\mathrm{pos}_{A-A_4}(D)|}{|U|} = \frac{11}{13} \qquad (4-57)$$

A_i 的客观权重：

$$\mathrm{sig}_D(A_1) = \gamma_A(D) - \gamma_{A-A_1}(D) = 1 - \frac{10}{13} = \frac{3}{13} = 0.2308 \qquad (4-58)$$

$$\mathrm{sig}_D(A_2) = \gamma_A(D) - \gamma_{A-A_2}(D) = 1 - \frac{9}{13} = \frac{4}{13} = 0.3077 \qquad (4-59)$$

$$sig_D(A_3) = \gamma_A(D) - \gamma_{A-A_3}(D) = 1 - \frac{9}{13} = \frac{4}{13} = 0.3077 \quad (4-60)$$

$$sig_D(A_4) = \gamma_A(D) - \gamma_{A-A_4}(D) = 1 - \frac{11}{13} = \frac{2}{13} = 0.1538 \quad (4-61)$$

（3）基于 RS 的信用风险测度结果。

由以上可知，小微企业自身特点、核心企业资质、监管因素、外部环境的权重分别为 0.2308、0.3077、0.3077、0.1538。运用 RS 计算方法同理可得，二级指标权重分别为：$A_{11}=0.0643$，$A_{12}=0.0392$，$A_{13}=0.0482$，$A_{14}=0.0813$，$A_{21}=0.1090$，$A_{22}=0.0862$，$A_{23}=0.1121$，$A_{31}=0.1140$，$A_{32}=0.0912$，$A_{33}=0.1022$，$A_{41}=0.0635$，$A_{42}=0.0308$，$A_{43}=0.0586$。

4.2.2.3 基于范数灰关联度的信用风险权重测度

选取 6 家具有典型代表的小微企业，这 6 家小微企业在电商供应链金融模式下进行融资，根据电商供应链金融下信用风险一级、二级指标体系，收集了这 6 家小微企业相关指标体系的数据。范数灰关联是一种客观的综合评价方法，它是充分利用现有数据的指标值与参考值的差异情况。本书利用范数灰关联分析，通过一致化处理、无量纲化处理、指标权重的确定等步骤得出结果，其具体计算方法如下：

（1）一致化处理。

①对于小微企业相关指标的逆指标：

$$h_{x'} = h_M - h_x \quad (4-62)$$

其中，h_M 为指标 h_x 的一个上界，或

$$h_{x'} = \frac{1}{h_x}$$

②对于小微企业相关指标的居中型指标：

$$h_{x'} = \begin{cases} h_x - m, & jm \leqslant x \leqslant ja \\ h_x, & h_x = ja \\ h_M - h_x, & ja < h_x \leqslant h_M \end{cases} \quad (4-63)$$

其中，h_M 为指标 h_x 的一个上界，jm 为指标 h_x 的一个下界，ja 为固定值。

③对于小微企业相关指标的区间指标：

$$h_{x'} = \begin{cases} 1 - \dfrac{zq_1 - h_x}{\max\{zq_1 - jm,\ h_M - zq_2\}}, & h_x < zq_1 \\ 1, & zq_1 \leqslant h_x \leqslant zq_2 \\ 1 - \dfrac{zq_1 - h_x}{\max\{zq_1 - jm,\ h_M - zq_2\}}, & h_x > zq_2 \end{cases} \qquad (4-64)$$

其中，$zq_1 \leqslant h_x \leqslant zq_2$ 为指标 h_x 的最佳稳定区间，h_M 为指标 h_x 的一个上界，jm 为指标 h_x 的一个下界。

（2）无量纲化处理。

$$wz_{ij} = \frac{h_{x_{il_j}}}{h_{x_{0l_j}}} \qquad (4-65)$$

其中，$h_{x_{0l_j}}$ 为第 l_j 个指标的参照值，如果指标没有确定的参照值，则 $h_{x_{0l_j}} = \max(h_{x_{il_j}})$。规范化处理后的数据如表 4-26 所示。

表 4-26　　　　　　　　　经过规范化后的各项指标数据

企业\指标	A_{11}	A_{12}	A_{13}	A_{14}	A_{21}	A_{22}	A_{23}	A_{31}	A_{32}	A_{33}	A_{41}	A_{42}	A_{43}
1	0.6703	0.9853	0.7527	0.5607	0.7910	0.5977	0.5586	0.5295	0.5977	04970	0.3698	0.0343	0.0668
2	0.4705	0.5653	0.4505	0.4347	0.5000	0.7038	0.6638	0.6365	0.7038	0.4393	0.5653	0.4505	0.4174
3	0.4505	0.5000	0.5000	0.4706	0.3208	0.4414	0.5000	0.4706	0.6840	0.3794	0.5000	0.3924	0.5295
4	0.3896	0.5826	0.5294	0.5000	0.3493	0.4705	0.5294	0.5000	0.6701	0.4604	0.5826	0.4705	0.5000
5	0.2962	0.4705	0.6792	0.6507	0.5000	0.6206	0.6792	0.6507	0.5000	0.3493	0.4705	0.3635	0.3493
6	0.3362	0.5000	0.5586	0.5295	0.3794	0.5000	0.5586	0.5295	0.5295	0.3794	0.5000	0.3924	0.3794

（3）指标权重的确定。

本书以指标 l_k 的指标值序列为参考序列，以指标 l_j 的指标序列为比较序列，求得指标 l_j 相对于其他指标 l_k 的范数灰关联度 $\rho_{l_j l_k}(1 \leqslant l_j \leqslant n,\ 1 \leqslant l_k \leqslant n)$，其中 $\rho_{l_j l_k} = 1$，即指标和自身的关联度最大。

$$\rho = \begin{bmatrix} 1 & \rho_{12} & \cdots & \rho_{1n} \\ \rho_{21} & 1 & \cdots & \rho_{n1} \\ \vdots & \vdots & & \vdots \\ \rho_{n1} & \rho_{n2} & \cdots & 1 \end{bmatrix}$$

其中，$\rho_{l_j l_k}$ 表示第 l_j 个指标与第 l_k 个指标的范数灰关联度。

关联系数正理想列：

$$\rho^+ = \{\max h_{x_{l_j}} \mid 1 \leq l_j \leq n, \ 1 \leq l_k \leq n\} = \{\rho^+(l_k) \mid, \ 1 \leq l_k \leq n\} \quad (4-66)$$

关联系数负理想列：

$$\rho^- = \{\min h_{x_{l_j}} \mid 1 \leq l_j \leq n, \ 1 \leq l_k \leq n\} = \{\rho^-(l_k) \mid, \ 1 \leq l_k \leq n\} \quad (4-67)$$

第 l_j 个指标序列的范数灰关联度系数列 $(\rho_{l_1}, \rho_{l_2}, \cdots, \rho_{l_j})$ 的两个范数定义为

$$d_j^+ = \sqrt{\sum_{l_k=1}^{n} \left[(\rho_{l_j})_n - \rho^+(l_k) \right]^2} \quad (4-68)$$

$$d_j^- = \sqrt{\sum_{l_k=1}^{n} \left[(\rho_{l_j})_n - \rho^-(l_k) \right]^2} \quad (4-69)$$

小微企业相关指标 l_j 的范数灰关联度为

$$\rho_{l_j} = \frac{d_j^-}{d_j^+ + d_j^-} \quad (4-70)$$

小微企业相关指标的权重系数为

$$z\omega_{l_j} = \frac{\rho_{l_j}}{\sum\limits_{l_j=1}^{n} \rho_{l_j}} \quad (4-71)$$

根据式（4-66）~式（4-71）的运算，得出各二级指标的权重系数如表 4-27 所示。

表 4-27　　范数灰关联度下小微企业信用风险二级指标权重系数

指标	A_{11}	A_{12}	A_{13}	A_{14}	A_{21}	A_{22}	A_{23}	A_{31}	A_{32}	A_{33}	A_{41}	A_{42}	A_{43}
权重系数	0.0683	0.0353	0.0517	0.0796	0.1120	0.1058	0.1131	0.0997	0.0640	0.1023	0.0689	0.0327	0.0666

4.2.2.4　三种方法的兼容度与差异度分析

Borda 序值、RS 和范数灰关联度这三种方法对小微企业信用风险测度的效果无法准确地判断，但兼容度与差异度可较好地对相关方法优劣进行排名比较，因此引入了兼容度与差异度的计算。兼容度的计算公式如下：

$$f_{r_y} = \sum_{f_j=1}^{f_h} w_{f_j} v_{y_{f_j}} \qquad (4-72)$$

当 $f_{r_y} = \sum_{f_j=1}^{f_h} w_{f_j} = 1$ 时，评价方法的兼容度值越大，表明该方法的代表性越强，越具有可靠性。

然而差异度跟兼容度正好相反，差异度越大，评价方法越差。差异度计算公式如下：

$$\varepsilon c_e = \frac{\varepsilon \sigma_{e_q}}{\bar{x}_{e_q}}, \ (e_q = 1, \ 2, \ 3) \qquad (4-73)$$

其中，$\varepsilon \sigma_{e_q} = \big[\sum_{f_i=1}^{n} (x_{f_{ie_q}} - \bar{x}_{e_q})^2 / n \big]^{\frac{1}{2}}$。

综合评价方法的公式如下：

$$d_{f_j} = \sum_{f_i=1}^{2} w_{f_i} d_{f_i f_j} \qquad (4-74)$$

其中，$d_{1_{f_j}}$ 是第 f_j 个评价方法在兼容度下的排名，$d_{2_{f_j}}$ 是第 f_j 个评价方法在差异度下的排名，其中 $0 \leqslant w_{f_i} \leqslant 1$，$\sum_{f_i=1}^{2} w_{f_i} = 1$。

兼顾统筹与全局排序，取 $w_{f_1} = \frac{3}{5}$，$w_{f_2} = \frac{2}{5}$，计算出三种方法的差异度与兼容度排序名次与综合排名如表 4-28 所示。

表 4-28　　　　　　　　　三种方法的兼容度和差异度

方法	兼容度		差异度		综合排名
	系数	排名	系数	排名	
Borda 序值	0.6508	3	0.75	2	3
RS 法	0.8705	2	0.75	2	2
范数灰关联度法	0.9505	1	0.45	1	1

4.2.2.5 信用风险的组合赋权

兼顾权重的可区分度、可解释性，基于 Borda 序值、RS 和范数灰关联度的组合赋权公式为

$$Aw_z' = \alpha Aw_i + \beta Aw_i^{\xi} + \gamma zw_{f_i} \qquad (4-75)$$

其中，Aw_i 为基于 Borda 序值的信用风险指标权重系数，Aw_i^{ξ} 为基于 RS 方法的信用风险指标权重系数，zw_{f_i} 为基于范数灰关联度的信用风险指标权重系数，考虑指标权重的科学性和可操作性，兼容性与差异度的综合排名，再经过上述 18 位专家的一致性讨论的结果，得出：$\alpha = 0.25$，$\beta = 0.35$，$\gamma = 0.40$。从而得到小微企业信用风险一级指标权重系数、二级指标权重系数分别如表 4-29、表 4-30 所示。

表 4-29　　　　　　　　小微企业信用风险一级指标权重系数

指标	A_1	A_2	A_3	A_4
权重系数	0.2472	0.3018	0.2808	0.1704

表 4-30　　　　　　　　小微企业信用风险二级指标权重系数

指标	A_{11}	A_{12}	A_{13}	A_{14}	A_{21}	A_{22}	A_{23}	A_{31}	A_{32}	A_{33}	A_{41}	A_{42}	A_{43}
权重系数	0.0696	0.0402	0.0524	0.0850	0.1052	0.0898	0.1068	0.1045	0.0773	0.0990	0.0696	0.0338	0.0670
排名	8	12	11	6	2	5	1	3	7	4	8	13	10

4.2.3　基于 ITFN-DEMATEL 的综合影响矩阵计算

由于信用风险因素的复杂性，专家往往很难给出明确的判断，为了剔除过高或过低的专家测度值，从而减少直接影响矩阵中存在随机数值的影响，本书利用区间三角模糊数（ITFN）方法，ITFN 可处理信用风险测度过程中的层次不确定性问题，减少电商供应链金融模式下信用风险指标体系测度过程中难以判断、模糊性等问题。根据 ITFN 的运算步骤（张琦等，2019），再对 DEMATEL 方法进行改进处理，构建 ITFN-DEMATEL 方法，具体步骤如下：

1. 小微企业信用风险因素确定。

确定小微企业信用风险因素集合 H'，有 13 项待评的信用风险因素，$H' = \{h_1, h_1, \cdots, h_{13}\}$，然后确定专家风险评估的权重向量为 w^q。

2. 构建专家直觉评分集。

专家对各小微企业信用风险因素之间的影响程度进行最小与最大可能影响程度的判定，ITFN 转化的十级语言评价如表 4 – 31 所示，专家评价结果通过德尔菲法获得，建立的专家直觉评分集 $R^{R'}$ 见表 4 – 32。

表 4 – 31   梯形模糊数转化的十级语言评价集

模糊语言等级	模糊语言表示（影响程度）	梯形模糊数（十级语言评价）
s0	无	$(0, 0, 0, 0)$
s1	极小	$(0, 0, 0, 1/9)$
s2	微小	$(0, 0, 1/9, 2/9)$
s3	偏小	$(0, 1/9, 2/9, 3/9)$
s4	较差	$(1/9, 2/9, 3/9, 4/9)$
s5	一般	$(2/9, 3/9, 4/9, 5/9)$
s6	较好	$(3/9, 4/9, 5/9, 6/9)$
s7	偏大	$(4/9, 5/9, 6/9, 7/9)$
s8	很大	$(5/9, 6/9, 7/9, 8/9)$
s9	极大	$(6/9, 7/9, 8/9, 1)$

3. 将专家直觉评分集进行模糊化处理。

专家直觉评分集 $R^{R'}$ 在模糊化后，可表示为梯形直觉模糊数 $dT_{ij}^{k} = \{[(su_{ij}^{k})_a, (su_{ij}^{k})_b, (su_{ij}^{k})_c, (su_{ij}^{k})_d], [(sv_{ij}^{k})_a, (sv_{ij}^{k})_b, (sv_{ij}^{k})_c, (sv_{ij}^{k})_d]\}$，将 $R^{R'}$ 进行模糊化处理后，结合梯形直觉模糊算法，利用专家组的权重向量计算得到专家组的直接关系影响矩阵为 $b\hat{X}'$。

4. 构建直接关系模糊影响矩阵。

为专家组的各专家赋予信用风险权重 $wq = (wq_1, wq_2, \cdots, dL, \cdots, wq_m)$，专家组的决策向量为 $dT_{\widetilde{ij}} = [dT_{ij}^1, dT_{ij}^2, \cdots, dL, \cdots, dT_{ij}^m]$，小微企业信用风险因素的单个梯形直觉模糊数为

小微企业信用风险因素的专家直觉评分集

表4－32

因素	A_{11}	A_{12}	A_{13}	A_{14}	A_{21}	A_{22}	A_{23}	A_{31}	A_{32}	A_{33}	A_{41}	A_{42}	A_{43}
经营能力 (A_{11})	{[s3, s3], s1, s3], [s3, s3], s0, s2]}	{[s5, s9], s6, s8], [s6, s8]}	{[s0, s3], s5, s4], [s5, s3]}	{[s6, s7], s7, s5], [s9, s6]}	{[s0, s2], s3, s0], [s3, s0]}	{[s0, s2], s1, s0], [s0, s0]}	{[s2, s5], s4, s3], [s2, s6]}	{[s0, s2], s2, s3], [s4, s2]}	{[s3, s3], s4, s8], [s7, s4]}	{[s0, s2], s1, s4], [s2, s3]}	{[s2, s2], s0, s3], [s4, s4]}	{[s4, s3], s4, s6], [s7, s7]}	{[s0, s0], s0, s0], [s0, s0]}
企业规模 (A_{12})	{[s3, s2], s1, s1], [s3, s3], s0, s2]}	{[s4, s5], s6, s8], [s5, s7], s5, s6]}	{[s5, s2], s1, s4], [s3, s2]}	{[s5, s7], s9, s9], [s6, s8], s9, s8]}	{[s2, s0], s4, s0], [s4, s4], s2, s1]}	{[s1, s0], s2, s0], [s1, s0], s0, s2]}	{[s3, s6], s5, s4], [s4, s7], s5, s4]}	{[s3, s6], s3, s4], [s0, s3], s0, s3]}	{[s6, s6], s5, s4], [s7, s8], s2, s6]}	{[s2, s4], s3, s7], [s1, s2], s2, s6]}	{[s0, s0], s1, s1], [s2, s3], s3, s1]}	{[s5, s6], s4, s7], [s8, s6], s4, s7]}	{[s0, s0], s0, s0], [s0, s0], s0, s0]}
管理制度 (A_{13})	{[s3, s3], s2, s0], [s3, s4], s0, s2]}	{[s5, s7], s5, s6], [s8, s7], s4, s8]}	{[s2, s0], s5, s7], [s6, s4], s3, s3]}	{[s8, s8], s7, s6], [s7, s6], s5, s9]}	{[s3, s4], s4, s0], [s0, s1], s3, s0]}	{[s1, s0], s2, s0], [s0, s0], s0, s2]}	{[s4, s6], s2, s3], [s2, s5], s4, s4]}	{[s2, s0], s2, s0], [s0, s4], s0, s3]}	{[s3, s5], s4, s4], [s5, s8], s3, s6]}	{[s2, s4], s3, s7], [s1, s2], s2, s6]}	{[s0, s2], s1, s2], [s2, s3], s3, s1]}	{[s5, s8], s6, s5], [s6, s6], s3, s7]}	{[s0, s0], s0, s0], [s0, s0], s0, s0]}
信用等级 (A_{14})	{[s2, s3], s3, s3], [s3, s4], s2, s3]}	{[s5, s7], s5, s6], [s8, s8], s6, s8]}	{[s5, s2], s1, s1], [s6, s4], s5, s3]}	{[s6, s7], s9, s9], [s8, s8], s5, s9]}	{[s1, s3], s4, s0], [s0, s0], s2, s1]}	{[s1, s0], s2, s0], [s0, s0], s2, s2]}	{[s3, s5], s2, s3], [s5, s3], s4, s4]}	{[s5, s5], s4, s2], [s2, s0], s4, s4]}	{[s3, s5], s4, s4], [s5, s4], s6, s4]}	{[s1, s1], s0, s1], [s3, s0], s3, s3]}	{[s1, s2], s1, s1], [s2, s3], s1, s1]}	{[s5, s7], s6, s6], [s6, s7], s6, s7]}	{[s0, s0], s0, s0], [s0, s0], s0, s0]}
核心企业担保收费 (A_{21})	{[s2, s3], s3, s2], [s3, s4], s2, s3]}	{[s5, s5], s6, s7], [s8, s8], s6, s6]}	{[s5, s2], s2, s6], [s6, s4], s5, s3]}	{[s6, s7], s9, s9], [s4, s8], s6, s9]}	{[s2, s0], s3, s3], [s3, s2], s2, s2]}	{[s3, s0], s2, s0], [s2, s0], s0, s1]}	{[s2, s5], s3, s3], [s4, s6], s5, s2]}	{[s0, s2], s4, s2], [s2, s4], s4, s1]}	{[s4, s5], s4, s5], [s5, s4], s6, s6]}	{[s1, s1], s0, s1], [s3, s0], s6, s3]}	{[s3, s2], s1, s2], [s2, s0], s0, s4]}	{[s5, s7], s6, s6], [s6, s7], s7, s5]}	{[s0, s0], s0, s0], [s0, s0], s0, s0]}
核心企业的潜力 (A_{22})	{[s3, s0], s2, s0], [s2, s0], s0, s2]}	{[s4, s5], s6, s8], [s5, s7], s5, s6]}	{[s2, s4], s0, s4], [s6, s3], s5, s3]}	{[s5, s7], s6, s8], [s6, s6], s5, s9]}	{[s3, s4], s3, s2], [s3, s2], s2, s2]}	{[s0, s2], s1, s0], [s0, s0], s0, s1]}	{[s2, s5], s3, s3], [s4, s6], s2, s2]}	{[s0, s3], s4, s2], [s3, s3], s4, s2]}	{[s3, s5], s4, s8], [s5, s4], s6, s4]}	{[s2, s4], s3, s7], [s1, s2], s2, s6]}	{[s2, s2], s0, s1], [s3, s2], s4, s4]}	{[s5, s6], s4, s7], [s8, s6], s4, s7]}	{[s0, s0], s0, s0], [s0, s0], s0, s0]}

因素	A_{11}	A_{12}	A_{13}	A_{14}	A_{21}	A_{22}	A_{23}	A_{31}	A_{32}	A_{33}	A_{41}	A_{42}	A_{43}
核心企业违约率 (A_{23})	{[s3, s2], [s1, s3], [s3, s3], [s3, s2]}	{[s5, s7], [s6, s7], [s8, s7], [s6, s8]}	{[s3, s3], [s2, s4], [s2, s6], [s3, s3]}	{[s8, s9], [s7, s6], [s7, s6], [s5, s9]}	{[s2, s0], [s1, s3], [s3, s0]}	{[s1, s0], [s0, s2], [s0, s1]}	{[s3, s3], [s2, s5], [s4, s3], [s5, s3]}	{[s3, s3], [s3, s4], [s0, s2], [s0, s3]}	{[s3, s3], [s4, s4], [s5, s4], [s3, s6]}	{[s0, s2], [s1, s4], [s2, s2], [s1, s3]}	{[s1, s2], [s2, s2], [s2, s0], [s3, s0]}	{[s5, s8], [s6, s5], [s5, s4], [s3, s7]}	{[s0, s0], [s0, s0], [s0, s0], [s0, s0]}
监管力度 (A_{31})	{[s0, s4], [s3, s3], [s1, s3], [s0, s2]}	{[s5, s4], [s6, s1], [s6, s5], [s4, s8]}	{[s0, s0], [s5, s6], [s6, s2], [s5, s4]}	{[s6, s9], [s5, s9], [s8, s7], [s9, s8]}	{[s0, s2], [s3, s0], [s3, s1], [s3, s0]}	{[s0, s2], [s1, s0], [s2, s0], [s0, s1]}	{[s2, s5], [s4, s3], [s5, s3], [s5, s6]}	{[s0, s5], [s4, s3], [s0, s2], [s0, s3]}	{[s3, s3], [s4, s6], [s3, s8], [s7, s4]}	{[s2, s2], [s1, s1], [s2, s3], [s2, s1]}	{[s2, s2], [s0, s3], [s4, s0], [s3, s4]}	{[s5, s6], [s4, s5], [s8, s6], [s4, s7]}	{[s0, s0], [s0, s0], [s0, s0], [s0, s0]}
监管收益 (A_{32})	{[s3, s3], [s2, s0], [s3, s4], [s0, s2]}	{[s4, s5], [s6, s8], [s5, s7], [s5, s6]}	{[s5, s2], [s1, s2], [s2, s4], [s3, s2]}	{[s6, s7], [s4, s5], [s4, s8], [s9, s6]}	{[s3, s4], [s3, s2], [s2, s2]}	{[s1, s0], [s2, s0], [s0, s1]}	{[s3, s6], [s5, s4], [s4, s7], [s4, s4]}	{[s3, s3], [s3, s2], [s0, s3], [s0, s0]}	{[s3, s5], [s3, s5], [s3, s5], [s7, s4]}	{[s2, s4], [s2, s1], [s3, s3], [s2, s6]}	{[s1, s2], [s2, s1], [s0, s0], [s2, s0]}	{[s5, s6], [s4, s7], [s8, s6], [s4, s7]}	{[s0, s0], [s0, s0], [s0, s0], [s0, s0]}
监管成本 (A_{33})	{[s0, s2], [s3, s3], [s1, s3], [s0, s2]}	{[s5, s5], [s9, s8], [s6, s7], [s6, s8]}	{[s3, s2], [s5, s7], [s6, s2], [s5, s4]}	{[s8, s8], [s7, s6], [s7, s6], [s5, s9]}	{[s0, s0], [s4, s3], [s0, s0]}	{[s1, s0], [s0, s2], [s0, s1]}	{[s4, s3], [s2, s2], [s2, s2], [s4, s2]}	{[s2, s0], [s0, s2], [s0, s0]}	{[s3, s5], [s3, s5], [s4, s3], [s6, s3]}	{[s0, s2], [s1, s1], [s2, s2], [s1, s1]}	{[s0, s0], [s1, s1], [s2, s2], [s4, s1]}	{[s5, s7], [s6, s6], [s6, s7], [s7, s5]}	{[s0, s0], [s0, s0], [s0, s0], [s0, s0]}
供应链竞争地位 (A_{41})	{[s3, s2], [s1, s3], [s3, s3], [s3, s2]}	{[s5, s7], [s6, s7], [s8, s8], [s6, s6]}	{[s2, s0], [s4, s4], [s3, s4]}	{[s9, s8], [s8, s7], [s6, s6], [s9, s8]}	{[s1, s3], [s4, s0], [s2, s0]}	{[s1, s0], [s0, s0], [s0, s0]}	{[s5, s7], [s4, s4], [s4, s4], [s5, s4]}	{[s2, s0], [s3, s2], [s0, s4]}	{[s4, s5], [s3, s3], [s5, s3], [s4, s3]}	{[s0, s2], [s2, s1], [s2, s1], [s3, s6]}	{[s2, s2], [s1, s1], [s0, s2], [s3, s1]}	{[s5, s7], [s6, s6], [s6, s7], [s5, s5]}	{[s0, s0], [s0, s0], [s0, s0], [s0, s0]}
行业环境 (A_{42})	{[s0, s2], [s3, s3], [s1, s3], [s0, s2]}	{[s5, s4], [s9, s8], [s6, s5], [s4, s8]}	{[s2, s0], [s4, s4], [s3, s4]}	{[s8, s9], [s9, s9], [s6, s8], [s9, s8]}	{[s1, s3], [s4, s0], [s2, s2]}	{[s1, s0], [s0, s0], [s0, s1]}	{[s3, s3], [s4, s7], [s5, s2], [s4, s3]}	{[s3, s2], [s0, s4], [s0, s4]}	{[s3, s5], [s3, s5], [s4, s4], [s4, s8]}	{[s0, s2], [s1, s1], [s2, s2], [s2, s6]}	{[s0, s0], [s2, s3], [s0, s1]}	{[s5, s6], [s4, s7], [s8, s6], [s7, s5]}	{[s0, s0], [s0, s0], [s0, s0], [s0, s0]}
经营共享环境 (A_{43})	{[s3, s3], [s4, s0], [s2, s2], [s3, s1]}	{[s5, s4], [s9, s8], [s6, s7], [s6, s8]}	{[s3, s2], [s5, s5], [s3, s4], [s5, s4]}	{[s8, s9], [s7, s6], [s6, s6], [s5, s9]}	{[s2, s0], [s3, s3], [s0, s0]}	{[s1, s0], [s0, s0], [s0, s1]}	{[s5, s3], [s2, s2], [s5, s3], [s4, s3]}	{[s4, s5], [s4, s3], [s6, s4], [s5, s4]}	{[s3, s5], [s3, s3], [s4, s4], [s4, s8]}	{[s1, s1], [s2, s1], [s1, s1], [s2, s6]}	{[s1, s2], [s2, s2], [s0, s0], [s2, s0]}	{[s5, s3], [s4, s7], [s4, s6], [s7, s5]}	{[s0, s0], [s0, s0], [s0, s0], [s0, s0]}

$$d\hat{T}_{ij} = \{[(s\hat{u}_{ij}^a), (s\hat{u}_{ij}^b), (s\hat{u}_{ij}^c), (s\hat{u}_{ij}^d)], [(s\hat{v}_{ij}^a), (s\hat{v}_{ij}^b), (s\hat{v}_{ij}^c), (s\hat{v}_{ij}^d)]\}$$

$$(4-76)$$

其直接关系模糊影响矩阵为

$$b\hat{X} = (d\hat{T}_{ij})_{13 \times 13}, \ (i, j = 1, 2, \cdots, dL, \cdots, 13) \qquad (4-77)$$

5. 根据小微企业信用风险因素将直接关系模糊影响矩阵 $b\hat{X}$ 进行标准化计算，得到标准化模糊影响矩阵 $b\overline{X}$ 为

$$b\overline{X} = \left\{ \begin{array}{l} \{[s\hat{u}_{ij}^a]_{13 \times 13}, \ [s\hat{u}_{ij}^b]_{13 \times 13}, \ [s\hat{u}_{ij}^c]_{13 \times 13}, \ [s\hat{u}_{ij}^d]_{13 \times 13}\} \\ \{[s\hat{v}_{ij}^a]_{13 \times 13}, \ [s\hat{v}_{ij}^b]_{13 \times 13}, \ [s\hat{v}_{ij}^c]_{13 \times 13}, \ [s\hat{v}_{ij}^d]_{13 \times 13}\} \end{array} \right\} \quad (4-78)$$

6. 计算综合关系模糊影响矩阵。

设综合关系模糊影响矩阵 $b\breve{X}$，$b\breve{X}$ 计算形式如下：

$$[s\hat{u}_{ij}^\cup]_{13 \times 13} = [s\hat{u}_{ij}^\cup]_{13 \times 13} \times \{[E - s\hat{u}_{ij}^\cup]_{13 \times 13}\}^{-1} \qquad (4-79)$$

其中，$1 \leqslant i, j \leqslant 13$，$\cup = a, b, c, d$。

$$[s\hat{v}_{ij}^\cup]_{13 \times 13} = [s\hat{v}_{ij}^\cup]_{13 \times 13} \times \{[E - s\hat{v}_{ij}^\cup]_{13 \times 13}\}^{-1} \qquad (4-80)$$

其中，$1 \leqslant i, j \leqslant 13$，$\cup = a, b, c, d$。

7. 计算综合关系影响矩阵。

根据对综合关系模糊影响矩阵进行清晰化处理，得到综合关系影响矩阵 $b\breve{X}$，则 $b\breve{X}$ 计算公式为

$$b\breve{X} = [s\breve{v}_{ij}]_{13 \times 13} \qquad (4-81)$$

其中，$s\breve{v}_{ij} = \sum_{\cup=a}^{d} \dfrac{s\breve{v}_{ij}^{\cup 0}}{4}$，$1 \leqslant i, j \leqslant 13$；$s\breve{u}_{ij} = \dfrac{1}{4}\sum_{\cap=a}^{d} \left[\dfrac{s\breve{v}_{ij}^{\cup 0}}{s\breve{v}_{ij}^{\cup 0} + s\breve{v}_{ij}^{\cap 0}} \right]$，$1 \leqslant i, j \leqslant 13$

8. 计算各信用风险因素的影响度、被影响度、中心度、原因度。

根据电商供应链金融模式下小微企业信用风险因素的综合影响矩阵计算得出中心度（$L\alpha_i$）、原因度（$L\beta_i$），其中 Gq_i 为影响度、Ge_i 为被影响度，计算公式如式（4-82）~式（4-84），结合 ITFN-DEMATEL 方法，并利用 MATLBA 软件进行综合影响矩阵计算，计算结果如表4-33、表4-34所示。

$$\begin{cases} Gq_i = \sum\limits_{j=1}^{n} s\breve{u}_{ij}, (i = 1, 2, \cdots, 13) \\ Ge_i = \sum\limits_{j=1}^{n} s\breve{u}_{ji}, (i = 1, 2, \cdots, 13) \end{cases} \qquad (4-82)$$

$$L\alpha_i = Gq_i + Ge_i, \ (i = 1, 2, \cdots, 13) \qquad (4-83)$$

$$L\beta_i = Gq_i - Ge_i, \quad (i = 1, 2, \cdots, 13) \tag{4-84}$$

表4-33　　　　　　　小微企业信用风险因素影响度、被影响度

序号	A_{11}	A_{12}	A_{13}	A_{14}	A_{21}	A_{22}	A_{23}	A_{31}	A_{32}	A_{33}	A_{41}	A_{42}	A_{43}
影响度	3.5726	4.3942	4.4909	5.6951	7.5364	4.3906	6.4059	7.1014	5.2914	6.7364	4.4063	5.9160	4.3509
被影响度	6.6341	3.6862	4.3017	4.4228	5.7950	6.6142	7.0615	5.1815	3.7917	5.4107	4.5701	4.2423	6.4941

表4-34　　　　　　　小微企业信用风险因素中心度、原因度

序号	A_{11}	A_{12}	A_{13}	A_{14}	A_{21}	A_{22}	A_{23}	A_{31}	A_{32}	A_{33}	A_{41}	A_{42}	A_{43}
中心度	10.2067	8.0804	8.7926	10.1179	13.3314	11.0048	13.4674	12.2829	9.0831	12.1471	8.9764	10.1583	10.8450
原因度	-3.0615	0.708	0.1892	1.2723	1.7414	-2.2236	-0.6556	1.9199	1.4997	1.3257	-0.1638	1.6737	-2.1432

根据中心度、原因度的值做出如图4-4所示的因果关系图。

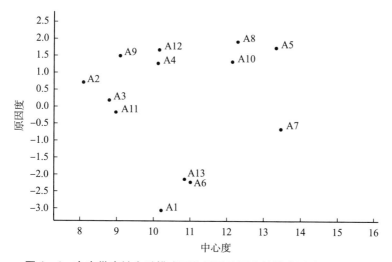

图4-4　电商供应链金融模式下信用风险因素的综合影响因果关系

基于 ITFN-DEMATEL 法的中心度计算结果与 Borda 序值、范数灰关联度、RS 相结合方法得出组合权重排序的结果基本一致，说明改进的 DEMATEL 方法可行，并验证电商供应链金融下信用风险测度模型具有一定可行性。

然后计算中心度值与小微企业信用风险指标各权重的乘积，得出小微企业信用风险因素各综合影响度，可准确描述出各小微企业信用风险因素的重要性，降低单独利用 Borda 序值、范数灰关联度、RS、ITFN-DEMATEL 法的主观片面性，综合影响度计算公式如下：

$$z_\hbar = L\alpha_\hbar \times w_\hbar,(\hbar = 1, 2, \cdots, 13) \tag{4-85}$$

其中，$w_\hbar$ 为 Borda 序值 – 范数灰关联度 – RS 下的小微企业信用风险测度指标权重值，其计算结果如表 4-35 所示。

表 4-35 电商供应链金融下小微企业信用风险因素综合影响度

影响因素	A_{11}	A_{12}	A_{13}	A_{14}	A_{21}	A_{22}	A_{23}	A_{31}	A_{32}	A_{33}	A_{41}	A_{42}	A_{43}
$z_\hbar$	0.7104	0.3248	0.4607	0.8600	1.4025	0.9882	1.4383	1.2836	0.7021	1.2026	0.6248	0.3434	0.7266
排名	8	13	11	6	2	5	1	3	9	4	10	12	7

从电商供应链金融模式下信用风险测度模型可知：核心企业违约率、核心企业担保收费、监管力度、监管成本、核心企业的潜力、信用等级是小微企业主要信用风险因素，核心企业与政府监管在供应链金融融资模式中占据重要地位。

4.3　模型应用举例

在实际中，由于小微企业规模相对较小，也缺少抵押资产，因此贷款方通常是依据借款方（小微企业）信用风险的状况提供贷款，可对信誉高、信用风险小的小微企业给予高额贷款。本书构建银行介入的网络融资模式下信用风险测度模型，该模型的实际应用举例如下：

现实中随机选取 3 家小微企业，来自不同地区，处于不同的环境，具体为：杭州 A 公司、台州 B 公司、诸暨 C 公司；分别设为 QY1、QY2、QY3。贷款方依据这 3 家小微企业的信用风险状况提供贷款。

根据上述银行介入的网络融资模式下信用风险测度模型结果，建立信贷评价指标的信用评分值（信用分值总分设为 1000 分）。对这 3 家小微企业信用评价依据银行介入的网络融资模式下信用风险指标评价与指标权重（银行在线借贷模式、网络信用融资模式、电商供应链金融模式分别以表 4 - 12、表 4 - 19 和表 4 - 35 的权重为准）；根据打分结果（信用风险越小，信用分越高的原则），确定贷款方是否放贷及贷款额度等。贷款方邀请相关领域专家，根据小微企业指标评价体系的实际情况进行打分（信用分），得出银行介入的网络融资模式下 3 家小微企业信贷评价结果，如表 4 - 36 ~ 表 4 - 38 所示。

表 4 - 36   银行在线借贷模式下 3 家小微企业信贷评价结果

指标评价	信用分值	QY1（信用分）	QY2（信用分）	QY3（信用分）
企业素质（V_{11}）	25	20	18	15
财务状况（V_{12}）	53	44	47	42
商业信用记录（V_{13}）	62	58	54	59
产业链上下游企业状况（V_{14}）	25	19	21	22
宏观经济形势（V_{21}）	204	156	148	149
政府监管力度（V_{22}）	216	168	190	200
销售净利润率（V_{31}）	66	46	42	49
净资产收益率（V_{32}）	59	55	43	52
收益共享率（V_{33}）	158	124	122	128
发展创新能力（V_{41}）	57	45	39	38
资产负债率（V_{42}）	45	37	36	33
速动比率（V_{43}）	30	28	21	26
汇总	1000	800	781	813

表 4 – 37　　　　网络信用融资模式下 3 家小微企业信贷评价结果

指标评价	分值	QY1（信用分）	QY2（信用分）	QY3（信用分）
安全技术（C_{11}）	116	102	98	95
解密技术（C_{12}）	76	65	63	59
风险态度（C_{21}）	75	61	63	68
风险防范力（C_{22}）	60	50	48	53
发现概率（C_{31}）	109	87	85	89
惩罚力度（C_{32}）	112	80	77	85
市场欺诈率（C_{41}）	56	42	41	39
信息结构（C_{42}）	47	38	40	41
市场信息对称程度（C_{43}）	165	145	138	130
感知信誉（C_{51}）	112	88	89	92
平台资金状况（C_{52}）	26	21	18	17
用户评价等信用信息服务（C_{53}）	50	38	40	39
汇总	1000	817	800	807

表 4 – 38　　　　电商供应链金融模式下 3 家小微企业信贷评价结果

指标评价	分值	QY1（信用分）	QY2（信用分）	QY3（信用分）
经营能力（A_{11}）	64	54	52	50
企业规模（A_{12}）	29	22	24	23
管理制度（A_{13}）	42	32	35	36
信用等级（A_{14}）	78	65	61	58
核心企业担保收费（A_{21}）	127	104	98	102
核心企业的潜力（A_{22}）	89	75	80	79
核心企业违约率（A_{23}）	130	102	114	108
监管力度（A_{31}）	116	89	95	99
监管收益（A_{32}）	63	43	48	56
监管成本（A_{33}）	109	85	88	79
供应链竞争地位（A_{41}）	56	39	42	48
行业环境（A_{42}）	31	25	26	25
经营共享环境（A_{43}）	66	45	47	47
汇总	1000	780	810	810

假设不考虑其他外部因素，贷款方根据小微企业信贷评价的信用分高低来决定贷款额度，在一定程度上，信用分越高给予小微企业贷款额度越高；信用分较低的小微企业，不给予贷款或给予少量贷款。

由上述结果可知：根据银行在线借贷模式下3家小微企业信贷评价结果，如果小微企业利用银行在线借贷模式进行贷款，贷款方给QY3的贷款额度最高，在贷款方资金有限的情况下，也会优先贷款给QY3，因为贷款方对其评价信用分达到813分；根据网络信用融资模式下3家小微企业信贷评价结果，贷款方给QY1的贷款额度最高，因为贷款方对其评价信用分达到817分；根据电商供应链金融模式下3家小微企业信贷评价结果，贷款方给QY2或QY3的贷款额度最高，因为贷款方对它们评价信用分都达到810分。

贷款方为了控制资金回收的风险，需要对申请贷款的小微企业信用状况进行评估；银行介入的网络融资模式下小微企业信用风险测度模型构建，不仅对小微企业信用风险进行有效的量化评价，为测度模型与真实情节的对接提供现实依据，也为贷款方提供信贷策略。

4.4 本章小结

本章构建适用于银行介入的网络融资模式下基于改进DEMATEL的信用风险测度模型，在一定程度上解决小微企业信用风险测度难题，具体如下：

（1）在现实信用风险测度中，小微企业信用风险因素间的关系存在复杂性和难以精确化等特点，传统的信用风险测度方法对信用风险因素间关系的评价仅限于实数域内，往往不适合描述小微企业信用风险特征及其信用风险因素间复杂性和模糊性的影响关系。鉴于区间数可用来描述信用风险因素间复杂关系的一种工具，具有能更客观描述复杂的现象、能较好处理不确定性评价等优点。本章构建改进AHP结合区间数DEMATEL方法来解决银行在线借贷下信用风险系统因素间存在复杂影响关系、信用风险因素的识别难度大等评价问题。

（2）信用风险指标评价问题很难给出客观评价，信用风险因素关联程度模糊不能准确反映数据信息，无法客观体现评价者的主观意愿。鉴于 ANN 法具有自适应能力，能对信用风险因素综合评价问题给出一个客观评价，利用 GRA 方法降低获取直接关联矩阵的难度。本章利用 ANN 结合 GRA-DEMATEL 方法，对网络信用融资模式下信用风险进行测度，解决信用风险因素关联程度复杂、模糊和信用风险的直接关联矩阵难以准确获得等问题，进而也避免主观因素对信用风险因素选取干扰等问题。

（3）鉴于传统的信用风险测度方法很难准确反映数据信息、无法客观体现评价者的主观意愿，不同的专家对于不同的属性较难赋予科学的、合理的权重等问题，本章运用 Borda 序值、范数灰关联度、RS，并结合 ITFN-DE-MATEL 方法对电商供应链金融下信用风险进行测度，来规避单纯利用 DE-MATEL 方法的弊端，减少了直接影响矩阵中存在随机数值的影响，并进一步确定通过该方法对解决信用风险测度问题具有显著的效果。

（4）针对小微企业信用风险量化评价较难等问题，通过银行介入的网络融资模式下信用风险测度模型对小微企业信用风险进行量化评价，并为贷款方提供了信贷策略。

银行介入的网络融资模式下信用风险测度模型的可行性主要体现为：第一，利用改进的 AHP 比传统的 AHP 有更好的一致性检验效果，从而验证改进的 AHP 方法的可行性；第二，利用基于二分类 Logistic 回归模型的信用风险验证结果说明基于 ANN 法和 GRA-DEMATEL 法的网络信用融资模式下信用风险测度模型的可行性；第三，基于 ITFN-DEMATEL 法的中心度计算结果与 Borda 序值、范数灰关联度、RS 相结合方法得出组合权重排序的结果基本一致，验证电商供应链金融下信用风险测度模型具有一定可行性。

本章提出的信用风险测度模型延伸和拓展了 DEMATEL 方法，更加客观地描述了各信用风险因素的重要程度。同时为第 5 章组合赋权法中的主观赋权运用提供参考依据，部分信用风险测度难题也将在下一章得到进一步解决与验证。

第5章 非银行介入的网络融资模式下信用风险测度研究

非银行介入的新型网络融资模式有资金运作便捷性、信息变化适应程度高等优点，信用审批环节比银行介入的网络融资模式更为简单。但由于非银行介入的融资没有接入银行征信系统，准入门槛低，缺乏信息共享机制、清收机制；行业规范低，信任度不高，环境多变，缺乏成熟的信用风险评价和测度工具，对网络融资下的信用风险控制力不强。因此非银行介入与银行介入的网络融资模式在信用风险测度模型构建上有一定的区别。

非银行介入的新型网络融资模式下信用风险指标体系较复杂，具有非平稳、非线性等特征，相关专家很难评价非银行介入的新型网络融资模式的指标体系。首先，需要优化指标体系，对冗余的指标进行删除。其次，非银行介入的网络融资模式下信用风险度量较为复杂，它的信用风险结果验证也较为困难，纯粹利用主观赋权，则由于过分依赖于个人经验，可能产生不确定性等问题；纯粹利用客观赋权，则由于机械地依赖数据，可能失去结果的合理性，加上客观数据较难获得，且搜集或者挖掘到的客观数据较少、客观数据不全，因此单纯利用某一种方法都难以达到准确评估的效果。

本章利用主观赋权与客观赋权相结合方法，该评价方法具有较好解释性，还具有较强的稳定性与过程可视性；不仅组合了专家意见，突出了主观赋权法中考虑并表达专家主观真实意向、经验的优点，也展现客观赋权法中信用风险评价的客观性、精度高等优点。

本章信用风险测度模型构建主要站在贷款方的角度，针对借款方（小微企业）的信用风险进行研究。

5.1　基于组合赋权法的 P2P 网络借贷模式下信用风险测度研究

国外 P2P 平台有 Lending Club、LendUp、Funding Circle、Future Finance、Social Finance-SoFi 等；国内 P2P 网络借贷平台由于行业监管不到位及市场的投机属性，已经于 2020 年 11 月中旬全部清退，但其对我国商业银行、小微企业信用机制建设的借鉴价值不容忽视；本章对 P2P 网络借贷的研究时间及相关研究数据都介于 2017 年 9 月~2020 年 6 月之间。

P2P 网络借贷模式存在一系列借贷市场风险，每种借贷市场的风险都可能产生一定的信用风险，我国 P2P 借贷市场的风险有如下几种，如图 5 - 1 所示。

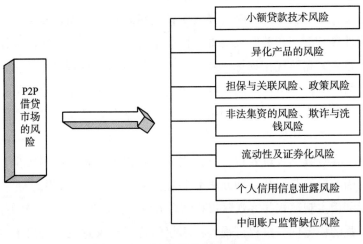

图 5 - 1　P2P 借贷市场的风险种类

对 P2P 风险评价方法的相关文献较多，如崔炎炎等（2020）利用 SVM 与随机森林模型等大数据工具对 P2P 网络借贷平台进行风险评价。王力召等（2020）研究了 P2P 平台发展，并利用结构熵权法与灰色关联综合评价法对 P2P 平台的财务风险进行评价分析，进而提出了平台如何均衡协调发展等建议。古定威等（2020）分别研究并比较了优质与劣质的 P2P 平台，分析 P2P 平台与借贷方之间的信号显示，并构建了借款人、投资人、P2P 平台的三方博弈模型。汪灏（2016）构建了信用风险的评价指标体系，并利用 AHP 对 P2P 平台风险问题进行定量评价。张文等（2018）利用对 P2P 平台数据进行实证分析，提出了一种基于 $SVM^{K-Means}$ 与支持向量机的评价方法。目前 P2P 网络融资模式下信用风险测度还有较多难题需要解决，例如：传统的测度方法对信用风险因素间关系的评价仅限于实数域内的问题；信用风险的因素存在模糊性、复杂性，单纯利用调查问卷与专家打分来测度信用风险因素直接关联关系存在一定局限性；单独利用主观权重、客观权重评价不能对信用风险指标进行精准的权重测定等一系列复杂问题。

由于 P2P 借贷市场的风险种类多而复杂，信用风险程度高，传统测度方法对信用风险因素之间关系的有无及强弱很难进行客观测度，为了有效解决传统信用风险测度模型对于信用风险指标间存在相关影响等复杂关系而测度不够客观的问题，本书结合 F-AHP 法与 CRITIC 法的优势，提出基于 F-AHP 法与 CRITIC 法的主客观组合赋权来避免单独利用主观权重或者客观权重都很难达到满意评价的弊端，再利用软集合方法对 P2P 借贷模式下信用风险测度结果进行验证，将复杂的非线性信用风险测度问题转换为简单的线性信用风险测度问题，进而解决信用风险结果验证困难等问题。

本书通过集搜客网络爬虫等技术手段从第三方征信的网贷平台获得 5152 家小微企业的信贷数据，其中 387 家小微企业有 P2P 网络借贷违约记录（已逾期记录）；由于本书重点分析的是小微企业信用风险影响因素，综合考虑到企业所处的地域、行业特征、行业平衡性等方面，本书从 387 家存在 P2P 网络借贷违约记录的小微企业中有代表性选取 54 家进行调研。[①] 这 54 家小微企业主要涉及物流管理、批发业、软件和信息技术行业、农产品加工行业等行业。

为了保证获取数据权威性和可操作性，再利用专家访谈法，访谈了 13 位相关领域专家，其中包括相关领域的教授或者研究员 4 名，副教授或者副研

---

① 根据 P2P 网络借贷模式下信用风险等特点，并在文献（Freedman and Jin，2017；田秀娟、张智颖，2018；邹辉霞、刘义，2015；王会娟、廖理，2014；李朝辉，2015；Dorfleitner et al.，钱金叶、杨飞，2012；李悦雷等，2013）的研究基础上设计了调查问卷，调查问卷见附录 2－4。

究员 4 名，博士生 3 名，行业专家 2 名，总共发放总问卷 67 份，收回 62 份，回收率 92.54%，问卷调查技术路线分析如图 5-2 所示。

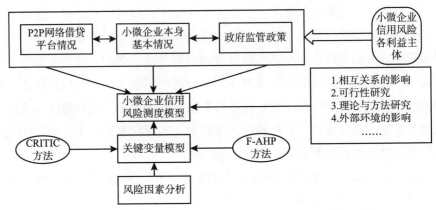

图 5-2　P2P 网络借贷模式下信用风险因素问卷调查技术路线

根据问卷调查分析、专家访谈的结果，海选出如表 5-1 所示的 20 个二级指标，归类为 P2P 网络借贷平台、小微企业基本情况、小微企业信用状况、小微企业与 P2P 平台信用信息对称状况 4 个一级指标。偿债能力是指小微企业贷款到期时偿还债务的还款能力与承受能力，其他指标的概念较好理解，不再另做解释，P2P 网络借贷模式下小微企业信用风险指标如表 5-1 所示。

表 5-1　　P2P 网络借贷模式下小微企业信用风险的海选测度指标体系

目标层	一级指标	二级指标
小微企业信用风险测度指标（B）	P2P 网络借贷平台（B_1）	平台影响力（B_{11}）
		违约程度（B_{12}）
		平台泄漏信息风险（B_{13}）
		风控水平（B_{14}）
		网络风险（B_{15}）
		标的的质量（B_{16}）

目标层	一级指标	二级指标
小微企业信用风险测度指标（B）	小微企业基本情况（B_2）	营运能力（B_{21}）
		平台背景（B_{22}）
		逾期次数（B_{23}）
		所处地域（B_{24}）
		注册资本（B_{25}）
		逾期金额（B_{26}）
	小微企业信用状况（B_3）	风险规避能力（B_{31}）
		信用等级（B_{32}）
		资金保障模式（B_{33}）
		偿债能力（B_{34}）
	小微企业与P2P平台信用信息对称状况（B_4）	信用信息政府监管力度（B_{41}）
		信用信息公开度（B_{42}）
		信用信息披露（B_{43}）
		信用信息共享度（B_{44}）

对上述冗余的指标进行删选，本书利用主成分分析法，它是一种规范的分析方法，可挖掘指标属性的关联性。其优点在于：删除关联性较高的指标，消除信用风险测度指标之间的相关影响，减少信用风险指标选择的工作量。信用风险指标的主成分分析实质是小微企业信用风险观测指标的线性组合，其具体步骤为：

步骤1：计算任意两个信用风险指标之间的相关系数，并求出相关系数矩阵函数 $L_{n \times n}$。

步骤2：计算信用风险指标的方差贡献率 L^{w_g}。设 L^{λ_g} 为相关系数矩阵 $L_{n \times n}$ 的特征值，L^{λ_g} 表示第 g 个信用风险指标主成分 $L \sim F_g$ 所对应的原始信用风险指标数据的方差，L^{λ_g} 对应的特征向量，则主成分 $L \sim F_g$ 对原始指标数据的方差贡献率 L^{w_g}，其公式如下：

$$L^{w_g} = \frac{L^{\lambda_g}}{\sum_{g=1}^{k} L^{\lambda_g}} \qquad (5-1)$$

步骤3：确定信用风险主成分个数 k 和因子负载 $L^{b_{ig}}$。将其特征值 L^{λ_g} 按从大到小的顺序排列，$L^{\alpha_{ig}}$ 表示指标 X 在主成分 $L \sim F_g$ 上的系数，则 $L \sim G(k)$ 和 $L^{b_{ig}}$ 的计算公式分别如下：

$$L \sim G(k) = \frac{\sum_{j=1}^{k} L^{\lambda_g}}{\sum_{j=1}^{n} L^{\lambda_g}} \qquad (5-2)$$

$$L^{b_{ig}} = L^{\alpha_{ig}} \sqrt{\lambda_j} \qquad (5-3)$$

通过式（5-1）~式（5-3）得出信用风险指标主成分分析与方差贡献率的结果，并构造信用风险指标的主成分综合评价函数。

P2P 网络借贷模式下小微企业信用风险的主成分分析的数据来自国泰安金融经济数据库、万得资讯数据，由主成分综合评价函数得出各指标得分。根据综合评价函数计算指标得分，并计算出其平均值，得到平均值为21.1402。P2P 网络借贷模式下的指标得分如果小于平均值，则说明其对小微企业信用风险的影响不显著，予以删除；反之，则予以保留该指标。P2P 网络借贷模式下小微企业信用风险的主成分分析的删除结果，如表 5-2 所示。

表 5-2　　　P2P 网络借贷模式下小微企业信用风险的主成分分析删除结果

一级指标	二级指标	指标得分	筛选结果
P2P 网络借贷平台（B_1）	平台影响力（B_{11}）	26.8764	保留
	违约程度（B_{12}）	22.6578	保留
	平台泄漏信息风险（B_{13}）	20.0213	删除
	风控水平（B_{14}）	23.5688	保留
	网络风险（B_{15}）	19.8865	删除
	标的的质量（B_{16}）	21.9824	保留
小微企业基本情况（B_2）	营运能力（B_{21}）	23.7895	保留
	平台背景（B_{22}）	19.8798	删除
	逾期次数（B_{23}）	24.5795	保留
	所处地域（B_{24}）	18.8754	删除
	注册资本（B_{25}）	16.9876	删除
	逾期金额（B_{26}）	22.3654	保留

一级指标	二级指标	指标得分	筛选结果
小微企业信用状况（B_3）	风险规避能力（B_{31}）	24.0534	保留
	信用等级（B_{32}）	24.2231	保留
	资金保障模式（B_{33}）	19.2256	删除
	偿债能力（B_{34}）	23.4231	保留
小微企业与P2P平台信用信息对称状况（B_4）	信用信息政府监管力度（B_{41}）	25.4781	保留
	信用信息公开度（B_{42}）	22.1578	保留
	信用信息披露（B_{43}）	20.1232	删除
	信用信息共享度（B_{44}）	21.1543	保留

　　根据表5－2的结果，形成最终的P2P网络借贷模式下小微企业信用风险的测度指标体系，如表5－3所示。

表5－3　　P2P网络借贷模式下小微企业信用风险的测度指标体系

目标层	一级指标	二级指标
小微企业信用风险测度指标（B）	P2P网络借贷平台（B_1）	平台影响力（B_{11}）
		违约程度（B_{12}）
		风控水平（B_{13}）
		标的的质量（B_{14}）
	小微企业基本情况（B_2）	营运能力（B_{21}）
		逾期次数（B_{22}）
		逾期金额（B_{23}）
	小微企业信用状况（B_3）	风险规避能力（B_{31}）
		信用等级（B_{32}）
		偿债能力（B_{33}）
	小微企业与P2P平台信用信息对称状况（B_4）	信用信息政府监管力度（B_{41}）
		信用信息公开度（B_{42}）
		信用信息共享度（B_{43}）

5.1.1 F-AHP 法计算主观权重

F-AHP 法是模糊层次分析法，它是一种结合定性与定量研究的评价方法，能够通过专家评价进行量化分析，在逐层分解的基础上将定性问题逐步转化为定量研究，进而提高小微企业评价的可靠度。

步骤 1：根据小微企业信用风险测度指标，再考虑专家对 n（$n=13$）项信用风险测度指标的主观偏好，并结合表 5-4 的 F-AHP 法对指标相对重要性赋值，构建 $n \times n$ 的模糊判断矩阵 $B = (b_{ij})_{n \times n}$。

表 5-4　　　　　　　　　　　F-AHP 法对指标相对重要性赋值

标度	含义
0.5	两个要素相比较，它们具有同等重要性
0.6	两个要素相比较，一个比另一个稍微重要一些
0.7	两个要素相比较，一个比另一个明显重要
0.8	两个要素相比较，一个比另一个强烈重要
0.9	两个要素相比较，一个比另一个极端重要
0.1, 0.2, 0.3, 0.4	反比较，$b_{ij} + b_{ji} = 1$，$j = 1, 2, 3, \cdots, n$

步骤 2：针对模糊矩阵满意一致性和次序一致性，在矩阵 B 的基础上构建出模糊一致性矩阵 $F = (f_{ij})_{n \times n}$，其中

$$f_{ij} = \frac{\sum_{j=1}^{n} b_{ij} - b_{ij}}{2n} + 0.5 \tag{5-4}$$

步骤 3：计算主观权重 $\chi = (\chi_1, \chi_2, \chi_3, \cdots, \chi_n)$，其中 χ_j 为第 j 个信用风险指标对应的权重，则有

$$c_j = \frac{2 \sum_{i=1}^{n} f_{ji} - 1}{n(n-1)} \tag{5-5}$$

$$\chi_j = \frac{c_j}{\sum_{j=1}^{n} c_j} \tag{5-6}$$

5.1.2 CRITIC 法计算客观权重

CRITIC 法是一种客观赋权方法，它不仅考虑了指标信息量大小，还考虑指标之间对比程度，可较准确、客观地计算出指标权重，也可进行有效的信用风险评价。

步骤 1：将小微企业信用风险指标进行相对化处理，高优指标采用式（5-7）进行转化。

$$g_{ij} = \frac{y_{ij} - \min y_{ij}}{\max y_{ij} - \min y_{ij}} \qquad (5-7)$$

低优指标采用式（5-8）进行转化。

$$g_{ij} = \frac{\max y_{ij} - y_{ij}}{\max y_{ij} - \min y_{ij}} \qquad (5-8)$$

其中，y_{ij} 表示第 i 次 P2P 借贷的实际方案中第 j 个信用风险指标的取值。低优指标主要是：违约程度、逾期金额、逾期次数。

步骤 2：如出现负向指标，将负向指标转化为正向指标，需要进行指标同向化处理，具体转化方法如式（5-9）所示：

$$y'_{ij} = \frac{1}{\eta + \max |Y_j| + y_{ij}} \qquad (5-9)$$

其中，$\max |Y_j|$ 为第 j 个信用风险指标的最大值，即矩阵 Y 第 j 行的最大值，η 为协调系数，一般 $\eta = 0.1$，经过处理得到正向化矩阵 Y'。

步骤 3：无量纲化处理，具体转化方法如式（5-10）所示：

$$y''_{ij} = \frac{y'_{ij}}{\sqrt{\sum_{i=1}^{n} (y'_{ij})^2}}, \quad (i = 1, 2, 3, \cdots, n) \qquad (5-10)$$

其中，n 为每个方案的信用风险指标，由式（5-10）可得出无量纲化处理后标准矩阵 Y''。

步骤 4：信用风险指标客观权重的计算。由无量纲化处理后的标准矩阵 Y'' 得出各信用风险指标的标准差 σ_j 和指标间的相关系数 κ_{ij}，其公式分别如下：

$$\sigma_j = \sqrt{\frac{1}{n} \sum_{i=1}^{n} (y''_{ij} - \bar{y}''_j)^2} \qquad (5-11)$$

$$\kappa_{ij} = \frac{\mathrm{cov}(Y_j'', \ Y_i'')}{\sigma_i \sigma_j} \tag{5-12}$$

其中，$\bar{y}_j''$ 为第 j 个信用风险指标的均值，$\mathrm{cov}(Y_j'', Y_i'')$ 为标准矩阵 Y'' 的第 j 行与第 i 行的协方差。

各小微企业信用风险指标的信息量为 R_j，计算方法如下列公式：

$$R_j = \sigma_j \sum_{i=1}^{n'} (1 - \kappa_{ij}), \ (i = 1, 2, 3, \cdots, n') \tag{5-13}$$

其中，$\sum\limits_{i=1}^{n'} (1 - \kappa_{ij})$ 为第 j 个信用风险指标与其他信用风险指标的冲突性量化指标，R_j 越大，信用风险指标赋权越大。

客观权重 w_j 计算方法如式（5-14）所示：

$$w_j = \frac{R_j}{\sum\limits_{i=1}^{m} R_j}, \ (j = 1, 2, 3, \cdots, n) \tag{5-14}$$

5.1.3 组合赋权的权重确定方法

通过 F-AHP 法得到测度指标的主观权重 $\chi = (\chi_1, \chi_2, \chi_3, \cdots, \chi_n)$，通过 CRITIC 法得到测度指标的客观权重 $w = (w_1, w_2, w_3, \cdots, w_n)$。其中，$\sum\limits_{j=1}^{n} \chi_j = 1$，$0 \leqslant \chi_j \leqslant 1$；$\sum\limits_{j=1}^{n} w_j = 1$，$0 \leqslant w_j \leqslant 1$。

设信用风险指标的组合权重为 W_h，$W_h = c_1 w + c_2 \chi$，其中 $c_1 + c_2 = 1$，$c_1 \geqslant 0$，$c_2 \geqslant 0$。设小微企业信用风险加权测度值为 FD_{ij}，d_{ij} 为第 i 个方案的第 j 项风险指标的标准值。则有

$$\max FD_{ij} = \sum_{i=1}^{m} \sum_{j=1}^{n} \left[(c_1 w_j + c_2 \chi_j) \times d_{ij} \right]^2 \tag{5-15}$$

其中，$c_1 + c_2 = 1$，$c_1 \geqslant 0$，$c_2 \geqslant 0$。

根据式（5-15），构建 lagrange 乘子函数：

$$K(c_1, c_2, c_3) = \sum_{i=1}^{m} \sum_{j=1}^{n} \left[(c_1 w_j + c_2 \chi_j) \times d \right]^2 + c_3 (c_1 + c_2 - 1) \tag{5-16}$$

对式（5-16）关于 c_1，c_2，c_3 求偏导数可得

$$\begin{cases} \dfrac{\partial K(c_1,\ c_2,\ c_3)}{\partial c_1} = 2\sum_{i=1}^{m}\sum_{j=1}^{n}\big[\,(c_1 w_j + c_2\chi_j)\times d_{ij}\,\big]\times w_j d_{ij} + c_3 \\[2mm] \dfrac{\partial K(c_1,\ c_2,\ c_3)}{\partial c_2} = 2\sum_{i=1}^{m}\sum_{j=1}^{n}\big[\,(c_1 w_j + c_2\chi_j)\times d_{ij}\,\big]\times \chi_j d_{ij} + c_3 \\[2mm] \dfrac{\partial K(c_1,\ c_2,\ c_3)}{\partial c_3} = c_1 + c_2 - 1 \end{cases}$$

$$(5-17)$$

由式（5－17）解出：

$$\begin{cases} c_1 = \dfrac{\displaystyle\sum_{i=1}^{m}\sum_{j=1}^{n}\big[\,(\chi_j^2 - \chi_j w_j)\times d_{ij}^2\,\big]}{\displaystyle\sum_{i=1}^{m}\sum_{j=1}^{n}\big[\,(\chi_j^2 - \chi_j w_j)\times d_{ij}^2\,\big] + \sum_{i=1}^{m}\sum_{j=1}^{n}\big[\,(w_j^2 - \chi_j w_j)\times d_{ij}^2\,\big]} \\[6mm] c_2 = \dfrac{\displaystyle\sum_{i=1}^{m}\sum_{j=1}^{n}\big[\,(w_j^2 - \chi_j w_j)\times d_{ij}^2\,\big]}{\displaystyle\sum_{i=1}^{m}\sum_{j=1}^{n}\big[\,(\chi_j^2 - \chi_j w_j)\times d_{ij}^2\,\big] + \sum_{i=1}^{m}\sum_{j=1}^{n}\big[\,(w_j^2 - \chi_j w_j)\times d_{ij}^2\,\big]} \end{cases}$$

$$(5-18)$$

接着把影响 P2P 网络借贷模式下小微企业信用风险因素的第二轮调查问卷（见附录 2 中表 5）发给上述 13 位相关领域的专家。第二轮发放总问卷 13 份，有效收回 12 份，回收率 92.31%，让专家对每个信用风险指标的具体情况进行分析。再利用相关文献（王力召、蒋致远，2020；古定威等，2020；李焰等，2014；谭中明等，2018）的数据进行研究，采用 F-AHP 法确定各项信用风险指标的权重，利用 CRITIC 法计算小微企业各项信用风险指标客观权重。单纯利用 F-AHP 法主观赋权会产生较大主观性，单纯利用 CRITIC 法客观赋权由于没有表达决策者的主观意向，因此利用组合权重 $W_h = c_1 w + c_2\chi$ 进行权重分析。对 c_1，c_2 的值的确定，首先对每位专家的回答进行汇总并更新，统计专家组意见，再将结果反馈给专家组，经过专家不断修正，并进行循环往复的操作，达成权重一致的意见，得出 $c_1 = 0.4$，$c_2 = 0.6$，最终根据小微企业各项信用风险指标组合权重计算过程，利用 MATLAB 运算得到如表 5－5 所示组合权重系数。

表 5 – 5　　　　　　　小微企业信用风险的测度指标体系的组合权重

一级指标	二级指标	主观权重	客观权重	组合权重
P2P 网络借贷平台（B_1）	平台影响力（B_{11}）	0.0912	0.1220	0.1097
	违约程度（B_{12}）	0.0521	0.0323	0.0402
	风控水平（B_{13}）	0.0623	0.0567	0.0589
	标的的质量（B_{14}）	0.0334	0.0321	0.0326
小微企业基本情况（B_2）	营运能力（B_{21}）	0.0389	0.0495	0.0453
	逾期次数（B_{22}）	0.0578	0.0701	0.0652
	逾期金额（B_{23}）	0.0313	0.0386	0.0357
小微企业信用状况（B_3）	风险规避能力（B_{31}）	0.0521	0.0345	0.0415
	信用等级（B_{32}）	0.0832	0.0654	0.0725
	偿债能力（B_{33}）	0.0325	0.0387	0.0362
小微企业与 P2P 平台信用信息对称状况（B_4）	信用信息政府监管力度（B_{41}）	0.0809	0.0711	0.0750
	信用信息公开度（B_{42}）	0.2129	0.2276	0.2217
	信用信息共享度（B_{43}）	0.1714	0.1614	0.1654

5.1.4　基于软集合的小微企业信用风险测度模型的验证

5.1.4.1　软集合下的小微企业信用测度模型

莫洛多索夫（Molodsov）在 1999 年提出软集合理论的基本概念，软集合理论（刘子君，2005；肖智等，2001）基本理论及定理如下：设 U 是初始论域，E 是论域上参数集，当且仅当 F 是 E 到 U 的所有子集的一个映射时，称（F，E）是 U 上的一个软集合。在进行 P2P 网络借贷模式下小微企业信用风险信息评价时，设 $\{x_1, x_2, \cdots, x_n\}$ 为小微企业评价集，建立软集合，如表 5 – 6 所示。

表 5 – 6　　　　P2P 网络借贷模式下小微企业信用风险评价软集合

U	e_1	e_2	$\cdots$	e_m
x_1	$\cdots$	$\cdots$	$\cdots$	$\cdots$
$\cdots$	$\cdots$	$\cdots$	$\cdots$	$\cdots$
x_n	$\cdots$	$\cdots$	$\cdots$	$\cdots$

其中，

$$e_{ij} = \begin{cases} 0, & e_i \notin F(\varepsilon) \\ 1, & e_i \in F(\varepsilon) \end{cases} \qquad (5-19)$$

在确定小微企业信用风险评价 c_i 值时，除考虑 e_{ij} 外，还应考虑信用风险指标的权重，信用风险指标权重的计算公式如下：

$$c_i = \sum_{j=1}^m w_j e_{ij} \qquad (5-20)$$

其中，w_j 表示每个指标在小微企业信用风险评价指标中的权重，原则上 $\sum_{j=1}^m w_j = 1$，$c_i = \sum_{j=1}^m w_j e_{ij} \in [0, 1]$，在小微企业信用风险评价中，为了运算简化，剔除上述 P2P 网络借贷模式下小微企业信用风险中每个二级指标权重排名最后的指标，确定其参数集如下：

$\{E, i = 1, 2, 3, 4\} = \{$P2P 网络借贷平台，小微企业基本情况，小微企业信用状况，小微企业与 P2P 平台信用信息对称状况$\}$

$E_1 = \{$平台影响力（e_1），违约程度（e_2），风控水平（e_3）$\}$

$E_2 = \{$营运能力（e_4），逾期次数（e_5）$\}$

$E_3 = \{$风险规避能力（e_6），信用等级（e_7）$\}$

$E_4 = \{$信用信息公开度（e_8），信用信息共享度（e_9）$\}$

且（F_i，E_i）是（F，E）的软子集，相关文献（古定威、赵曦，2020；汪灏，2016；张文等，2018；Freedman and Jin，2017）提供了 6 家小微企业的信用信息优劣情况，运用软集合理论对 6 家小微企业信用风险进行评价，假设 $U = \{x_1, x_2, x_3, x_4, x_5, x_6\}$ 是初始论域，即是 6 家需要评价小微企业的信用风险，设：

$F_1 = \{$平台影响力（e_1）$\} = \{x_1, x_6\}$

$F_1 = \{$违约程度（e_2）$\} = \{x_2, x_3, x_5\}$

$F_1 = \{$风控水平（e_3）$\} = \{x_4\}$

$F_2 = \{$营运能力（e_4）$\} = \{x_1, x_2, x_3\}$

$F_2 = \{$逾期次数（e_5）$\} = \{x_4, x_5, x_6\}$

$F_3 = \{$风险规避能力（e_6）$\} = \{x_1, x_2, x_3, x_4\}$

$F_3 = \{$信用等级（e_7）$\} = \{x_5, x_6\}$

$F_4 = \{$信用信息公开度（e_8）$\} = \{x_1, x_3, x_6\}$

$F_4 = \{$信用信息共享度（e_9）$\} = \{x_2, x_4, x_5\}$

由以上信用信息可得出 6 家小微企业初始信用风险信息表，如表 5 - 7 所示。

表 5 - 7　　　　P2P 网络借贷模式下 6 家小微企业初始信用风险信息

序号	e_1	e_2	e_3	e_4	e_5	e_6	e_7	e_8	e_9
x_1	1	0	0	1	0	1	0	1	0
x_2	0	1	0	1	0	1	0	0	1
x_3	0	1	0	1	0	1	0	1	0
x_4	0	0	1	0	1	1	0	0	1
x_5	0	1	0	0	1	0	1	0	1
x_6	1	0	0	0	1	0	1	1	0

根据 5.1.3 小节中的 13 位专家访谈讨论整理与统计分析，最终得出一致结果，$w_j(j = 1, 2, \cdots, 9)$ 分别为 0.20、0.05、0.10、0.11、0.07、0.09、0.09、0.13、0.16，再根据式（5 - 20）计算得出 c_i 值，如表 5 - 8 所示。

表 5 - 8　　　　P2P 网络借贷模式下 6 家小微企业初始信用风险评价

序号	e_1, w_1	e_2, w_2	e_3, w_3	e_4, w_4	e_5, w_5	e_6, w_6	e_7, w_7	e_8, w_8	e_9, w_9	c_i
x_1	1	0	0	1	0	1	0	1	0	0.53
x_2	0	1	0	1	0	1	0	0	1	0.41
x_3	0	1	0	1	0	1	0	1	0	0.38
x_4	0	0	1	0	1	1	0	0	1	0.42
x_5	0	1	0	0	1	0	1	0	1	0.37
x_6	1	0	0	0	1	0	1	1	0	0.49

5.1.4.2　双射软集合下的小微企业信用测度模型

双射软集合定义：设 U 是初始论域，（F，B）是论域 U 的软集合，其中 F 为 B 到 $P(U)$ 的映射，$P(U)$ 为 U 的幂集，当且仅当 $\underset{e \in B}{U} F(e) = U$，并对任意参数 $e_i, e_j \in B$，$e_i \neq e_j$，有 $F(e_i) \cap F(e_j) = \phi$，称（$F$，$B$）为双射软集合。

双射软集合是一种特殊软集合，能将非线性分析转化为线性分析，可以将复杂问题简单化。

对双射软集合决策系统的参数进行约减，构造双射软集合决策系统 $[\tilde{\cup}_{i=1}^{3}(F_i, E_i), (F_4, E_4), U]$，其中 (F_4, E_4) 描述小微企业与 P2P 平台信用信息对称状况。

依赖度为 κ，根据两个双射软集合依赖度公式如下：

$$\kappa = \gamma[(F, E), (D, C)] = \frac{\left| \underset{e \in C}{\cup} (F, E) \underset{\sim}{\wedge} D(e) \right|}{|U|} \qquad (5-21)$$

其中，$(F, E) \underset{\sim}{\wedge} X = \underset{e \in E}{\cup} \{F(e): F(e) \subseteq X\}$，根据式（5-18）可得出

$$\gamma[(F_1, E_1), (F_4, E_4)] = \frac{\left| (F_1, E_1) \underset{\sim}{\wedge} F_4(e_8) \cap (F_1, E_1) \underset{\sim}{\wedge} F_4(e_9) \right|}{|U|}$$

$$= \frac{3}{6} = \frac{1}{2}$$

$$\gamma[(F_2, E_2), (F_4, E_4)] = \frac{\left| (F_2, E_2) \underset{\sim}{\wedge} F_4(e_8) \cap (F_2, E_2) \underset{\sim}{\wedge} F_4(e_9) \right|}{|U|} = 0$$

设 $(H_1, C_1) = (F_3, F_3) \wedge (F_1, E_1)$

$$\gamma[(F_3, F_3) \wedge (F_1, E_1), (F_4, E_4)] = \frac{\left| (H_1, C_1) \underset{\sim}{\wedge} F_4(e_8) \cap (H_1, C_1) \underset{\sim}{\wedge} F_4(e_9) \right|}{|U|} = \frac{2}{3}$$

设 $(H_2, C_2) = (F_2, F_2) \wedge (F_1, E_1)$

$$\gamma[(F_2, F_2) \wedge (F_1, E_1), (F_4, E_4)] = \frac{\left| (H_2, C_2) \underset{\sim}{\wedge} F_4(e_8) \cap (H_2, C_2) \underset{\sim}{\wedge} F_4(e_9) \right|}{|U|} = \frac{2}{3}$$

$(F_2, F_2) \tilde{\cup} (F_1, E_1)$ 与 $(F_3, F_3) \tilde{\cup} (F_1, E_1)$ 是 $[\tilde{\cup}_{i=1}^{3}(F_i, E_i), (F_4, E_4), U]$ 的两个约减。

不同小微企业代表性不同，本书对元素权重进行依赖度分析，根据表 5-8 得出的 6 家小微企业初始信用风险评价表中评价值为 $\{0.53, 0.41, 0.38, 0.42, 0.37, 0.49\}$，并进行权重的归一化处理，如式（5-22）所示：

$$\overline{w}_i = \frac{c_i}{\sum \overline{w}_i}, \quad (i = 1, 2, \cdots, 6) \qquad (5-22)$$

其中，$\sum \overline{w}_i = 2.6 (i = 1, 2, \cdots, 6)$。根据式（5-22）可得出

$$\overline{w}_1 = \frac{0.53}{2.6} = 0.2038$$

$$\overline{w}_2 = \frac{0.41}{2.6} = 0.1577$$

$$\overline{w}_3 = \frac{0.38}{2.6} = 0.1462$$

$$\overline{w}_4 = \frac{0.42}{2.6} = 0.1615$$

$$\overline{w}_5 = \frac{0.37}{2.6} = 0.1423$$

$$\overline{w}_6 = \frac{0.49}{2.6} = 0.1885$$

根据各元素权重的两个双射软集合依赖度公式，如式（5-23）所示：

$$\kappa w = \gamma w [(F, E), (D, C)] = \sum_{x \in P, e \in E} \varepsilon_x e \times w_x \qquad (5-23)$$

其中，$P = \bigcup_{e \in C} (F, E) \underset{\sim}{\bigwedge} D(e)$，$w_x$ 为元素 x 所对应的权重。根据式（5-23）可计算出

$$P = \bigcup_{e \in C} (F, E) \underset{\sim}{\bigwedge} D(e) = (F_1, E_1) \underset{\sim}{\bigwedge} F_4(e_8) \cup (F_1, E_1) \underset{\sim}{\bigwedge} F_4(e_9) = \{x_1, x_4, x_6\}$$

$$\gamma w [(F_1, E_1), (F_4, E_4)] = \sum_{x \in P, e \in E} \varepsilon_x e \times w_x = 0.2038 + 0.1615 + 0.1885$$

$$= 0.5538$$

$$\gamma w [(F_2, E_2), (F_4, E_4)] = 0$$

$$\gamma w [(F_3, E_3), (F_4, E_4)] = 0$$

$$\gamma w [(F_3, F_3) \wedge (F_1, E_1), (F_4, E_4)] = 0.2038 + 0.1885 + 0.1615$$
$$+ 0.1423 = 0.6961$$

$$\gamma w [(F_2, E_2), (F_4, E_4)] = 0.2038 + 0.1885 + 0.1615 + 0.1423 = 0.6961$$

根据考虑元素权重双射软集合系统的依赖度公式，如式（5-24）：

$$\kappa w = \gamma w [\bigwedge_{i=1}^{n} (F_i, E_i), (G, B)] \qquad (5-24)$$

根据式（5-24）得出双射软集合决策系统

$$[\underset{i=1}{\overset{3}{\widetilde{\bigcup}}} (F_i, E_i), (F_4, E_4), U] = 0.6961$$

同理可得

$$[\underset{i=1}{\overset{3}{\widetilde{\bigcup}}} (F_i, E_i), (F_3, E_3), U] = 0.3532$$

$$\left[\overset{\sim}{\underset{i=1}{\cup}}^{3} (F_i, E_i), (F_2, E_2), U \right] = 0.2430$$
$$\left[\overset{\sim}{\underset{i=1}{\cup}}^{3} (F_i, E_i), (F_1, E_1), U \right] = 0.2278$$

P2P 网络借贷模式下信用风险对小微企业与 P2P 平台信用信息对称状况、基础信用风险、交易信用风险、产品信用风险依赖度分别为 0.6961、0.3532、0.2430、0.2278。从上述可知：对小微企业信用的影响最关键因素是小微企业与 P2P 平台信用信息对称状况，该结果对 P2P 网络借贷模式下信用风险测度模型结论得到较好的验证。

根据表 5 – 5 的小微企业信用风险的测度指标体系各权重可知：信用信息公开度、信用信息共享度、平台影响力、信用信息政府监管力度、信用等级等以上信用风险因素的中心度较高，这些信用风险因素对小微企业信用起到推动的作用，应予以高度重视。从基于双射软集合的小微企业信用风险测度分析，可知小微企业与 P2P 平台信用信息对称状况是产生信用风险的关键因素。

面向 P2P 网络借贷模式下的信用风险测度问题，考虑双射软集合系统的依赖度，提出基于软集合和双射软集合的小微企业信用风险测度模型，得出了 P2P 网络借贷模式下小微企业与 P2P 平台信用信息对称状况的依赖度值，进而验证基于 F-AHP 法与 CRITIC 法的信用风险测度模型有效性。

5.2 基于组合赋权的网络众筹模式下信用风险测度研究

网络融资模式下小微企业信用风险指标具有非平稳性、复杂性等特征，较难形象地描述专家判断过程，本书结合三角模糊数、语义转化对网络众筹模式下信用风险指标进行标准化、清晰化处理，得到综合评价决策矩阵，将不同专家的决策思维进行集成，避免评价主观性，进而揭示影响信用风险的关键因素。

岳中刚等（2016）认为众筹平台具有一定信息挖掘能力，筹资人的信用评价和网络上真实信息有效地揭示了信用风险，众筹平台在信用风险揭示上可以有效降低筹资人的信息噪声。邵飞飞等（2017）把众筹分为股权众筹、债券众筹、捐赠众筹、回报众筹，对其在发展中所面临的风险问题进行探究，并提出了众筹风险的特点及其建议。陈秀梅（2014）从众筹平台和融资项目两个方面对众筹融资的有关信用风险进行研究，从平台环境、经营环境、政策环境这三个方面建立众筹风险管理机制。曾燕（2017）认为股权众筹在一定条件，投资方与融资方都能到达最优策略，但最优策略也受预期回报率、项目成功概率、边际收益等因素等方面的影响。杨疏影（2017）从群体智慧理论角度提出了构建开放性股权交流平台，并完善了相关的监管制度以及对策。

利用熵权法、改进层次分析与经验模态分解法、改进直觉模糊法等相结合的组合赋权法，建立基于组合赋权法的信用风险测度模型，进一步强调并准确刻画出信用风险测度指标的模糊性以及难以用数字化表达等客观属性，将定性分析和定量研究有效结合，更加能使信用风险测度结果符合真实性。

本书第5.1节选择的小微企业中，从存在网络众筹违约记录的小微企业中有代表性选取36家小微企业进行调研①。这36家小微企业主要涉及零售业、信息传输业、软件和信息技术行业、农产品加工行业等。根据调研结果，海选出如表5-9所示的14个二级指标，归类为贷款方、小微企业、众筹平台三个一级指标。贷款方认知能力是指贷款方对小微企业的信息提取、存储，业务发展方向、发展动力的把握能力与理解能力，从而让贷款方作出更理性的决策。其他指标较好理解，不再另做解释，具体指标如表5-9所示。

表5-9　　　　网络众筹模式下小微企业信用风险测度指标体系

目标层	一级指标	二级指标
信用风险测度指标体系（D）	贷款方（或投资者，统称贷款方）（D_1）	贷款方认知能力（D_{11}）
		贷款方监管能力（D_{12}）
		领投人的投资判断能力（D_{13}）
	小微企业（D_2）	筹资时长范围（D_{21}）
		对项目估值（D_{22}）
		与贷款方创新合作程度（D_{23}）
		与筹资平台信息不对称程度（D_{24}）
		与贷款方信息不对称程度（D_{25}）
		退出难易程度（D_{26}）

① 在文献（Twesige, 2015；Ahmed, 2017；Miao et al., 2017；Jean et al., 2020；田歆等，2019；Chen et al., 2019；Nambisan et al., 2019；Herzog and Yang, 2018；宫建华、周远祎，20199）的研究基础上设计了调查问卷，调查问卷见附录2中表6。

目标层	一级指标	二级指标
信用风险测度指标体系（D）	众筹平台（D_3）	保证金比例（D_{31}）
		服务费比例（D_{32}）
		监管力度（D_{33}）
		资金的擅自挪作他用（D_{34}）
		媒体报道数（D_{35}）

为了表达有用信息最大限度的独立性，优化计算过程，对上述冗余的指标进行删除，本书应用 Rough 方法对网络众筹模式下的小微企业信用风险指标进行属性约简并删除具有重复量的信用风险指标。选取行业专家 10 位，利用专家进行打分，分别为 1~11 分，分值大小表示指标的重要程度。

$$U = \{1, 2, 3, 4, 5, 6, 7, 8, 9, 10, 11\},$$
$$D = \{D_1, D_2, D_3\}, \quad D_1 = \{D_{11}, D_{12}, D_{13}\}$$

其中，U 为目标集，D 为属性集。

①设 $a \in D$，若 $R_D^w = R_{D \setminus \{a\}}^w$，则称属性 a 是多余的。

②若在系统中没有多余属性，则称 D 是独立的。

③子集 $B^w \subseteq D$ 称为是 D 的约简。若 $R_D^w = R_{B^w}^w$ 且 B^w 中没有多余属性，常记为 D 的全体约简。属性约简表示为 $B^w N_b(x) = \overline{R}^w(x) - \underline{R}^w(x)$。

对于一级指标不可辨关系计算：$U/\mathrm{ind}(D_1) = \{1, 2, (3, 8), 4, 5, 6, 7, 8, 9, 10, 11\}$

依次计算 $U/\mathrm{ind}(D_1 - D_{1i})$，（$i \in [1, 3]$），计算结果如下：

$U/\mathrm{ind}(D_1 - D_{11}) = \{1, 2, (3, 8), 4, 5, \{6, 9\}7, 8, 10, 11\}$

$U/\mathrm{ind}(D_1 - D_{12}) = \{1, 2, (3, 8), 4, 5, \{6, 9\}7, \{8, 10, 11\}\}$

$U/\mathrm{ind}(D_1 - D_{13}) = \{1, 2, (3, 8), 4, 5, 6, 7, 8, 9, 10, 11\}$

$U/\mathrm{ind}(D_1) = U/\mathrm{ind}(D_1 - D_{13})$

$U/\mathrm{ind}(D_1) \neq U/\mathrm{ind}(D_1 - D_{11}) \neq U/\mathrm{ind}(D_1 - D_{12})$，根据 Rough 方法，删除 D_1 指标 D_{13}。

对于一级指标 D_2 同理可得：

$$U/\mathrm{ind}(D_2) = U/\mathrm{ind}(D_2 - D_{22})$$

$U/\text{ind}(D_2) \neq U/\text{ind}(D_2 - D_{21}) \neq U/\text{ind}(D_2 - D_{23}) \neq U/\text{ind}(D_2 - D_{24}) \neq U/\text{ind}(D_2 - D_{25})$，因此删除 D_2 指标 D_{22}。

对于一级指标 B_3 同理可得：

$$U/\text{ind}(D_3) = U/\text{ind}(D_3 - D_{34})$$

$U/\text{ind}(D_3) \neq U/\text{ind}(D_3 - D_{31}) \neq U/\text{ind}(D_3 - D_{32}) \neq U/\text{ind}(D_3 - D_{33}) \neq U/\text{ind}(D_3 - D_{35})$，因此删除 D_3 指标 D_{34}。

根据 Rough 理论，删除了指标 D_{13}、D_{22}、D_{34}。网络众筹模式下小微企业信用风险属性约简后的指标体系如表 5 – 10 所示。

表 5 – 10　　　　网络众筹模式下小微企业信用风险约简后指标体系

目标层	一级指标	二级指标
信用风险测度指标体系（D）	贷款方（D_1）	贷款方认知能力（D_{11}）
		贷款方监管能力（D_{12}）
	小微企业（D_2）	筹资时长范围（D_{21}）
		与贷款方创新合作程度（D_{22}）
		与筹资平台信息不对称程度（D_{23}）
		与贷款方信息不对称程度（D_{24}）
		退出难易程度（D_{25}）
	众筹平台（D_3）	保证金比例（D_{31}）
		服务费比例（D_{32}）
		监管力度（D_{33}）
		媒体报道数（D_{34}）

5.2.1　基于熵权法的信用风险测度模型

熵权法针对是无序系统一种比较客观度量方法，当指标的信息熵值越小，其权重系数就越高。假如有一组数据包含 10 个数据，数据在 [0，1] 内，对数据归一化处理。当每个数据都是 0.1 时，这时候信息熵的值最大；当有个数据的值为 1 时，此时信息熵最小，所以当信息熵数据越小时，数据差异程度越大，反之则越平均。熵权法客观性较强，能够更好地解释所得到结果，并可对各个指标权重进行测定。

对 11 个指标进行评分，发给上述 10 位专家指标列表，按照步骤反复操作、填写，每个专家对网络众筹下小微企业信用风险指标进行标记打分，信用风险指标评分值域为 $[0, 10]$，得到表 5 - 11 的专家打分表。

表 5 - 11　　　　　　　　　　　熵权法专家打分表

序号	D_{11}	D_{12}	D_{21}	D_{22}	D_{23}	D_{24}	D_{25}	D_{31}	D_{32}	D_{33}	D_{34}
专家 p_1	6	5	7	5	4	4	5	3	7	4	3
专家 p_2	6	5	6	4	3	4	6	4	3	4	5
专家 p_3	7	4	5	6	2	3	5	6	2	3	4
专家 p_4	4	6	6	6	3	3	6	6	3	3	8
专家 p_5	7	2	7	6	4	6	4	3	4	5	6
专家 p_6	5	5	6	4	5	6	2	5	5	5	5
专家 p_7	6	6	6	5	3	9	6	3	3	3	7
专家 p_8	7	6	7	6	4	4	7	6	4	4	5
专家 p_9	6	6	6	3	5	6	7	3	5	9
专家 p_{10}	7	6	7	5	5	3	7	5	5	3	7

对网络众筹下小微企业信用风险指标进行评价，利用熵权法确定指标权重的步骤：

步骤 1：对原始数据进行标准化处理。

假设有 p^h 个专家参与指标的评选，有 q^h 个评价指标，从而构成原始数据评价矩阵 $Z' = (z'_{ij})_{p^h \times q^h}$，其中 z'_{ij} 表示第 i 个专家对第 j 个指标的评价。

对矩阵 Y' 的 j 列指标进行标准化处理：

$$z_{ij} = \frac{z'_{ij} - \min(z'_{ij})}{\max(z'_{ij}) - \min(z'_{ij})} \tag{5-25}$$

式中，z_{ij} 称为第 i 个评价对象对第 j 个指标的评价值，且属于闭区间，由此得到新的矩阵 $z' = (z_{ij})_{p^h \times q^h}$。

步骤 2：计算指标 j 的熵值。

用 X^{S_j} 表示信息熵：

$$X^{S_j} = -k^h \sum_{i=1}^{m} nf_{ij} \ln nf_{ij} \qquad (5-26)$$

其中，$i = 1, 2, 3, \cdots, m$，$j = 1, 2, 3, \cdots, n$。

$nf_{ij} = \dfrac{z_{ij}}{\sum\limits_{i=1}^{m} z_{ij}}$，$k^h = \dfrac{1}{\ln m}$，此处假定 $nf_{ij} = 0$ 时对应的 $nf_{ij} \ln nf_{ij} = 0$。

步骤3：计算指标 j 的权重。

X^{S_j} 值越小，表明信用风险指标的效用价值越高，在评价体系中所起的作用越大，其权重也就越高，指标 j 的权重为

$$w_j = \frac{1 - X^{S_j}}{n - \sum\limits_{j=1}^{n} X^{S_j}} \qquad (5-27)$$

其中，$0 \leqslant w_j \leqslant 1$，$\sum\limits_{j=1}^{n} w_j = 1$。

根据以上步骤可得出表 5-12 的权重系数。

表 5-12   信用风险测度指标体系权重系数

指标	D_{11}	D_{12}	D_{21}	D_{22}	D_{23}	D_{24}	D_{25}	D_{31}	D_{32}	D_{33}	D_{34}
权重系数	0.0518	0.0424	0.0919	0.0943	0.0665	0.1924	0.0426	0.0718	0.0927	0.1822	0.0714

5.2.2 基于改进层次分析与经验模态分解的信用风险测度模型

熵权法给予的权重比较客观，但是缺乏对信用风险指标之间的横向比较，考虑到信用风险指标非平稳性、非线性，很难形象地描述专家判断过程等特点，对网络众筹下小微企业信用风险指标进行评价时，利用改进层次分析与经验模态分解法确定指标权重，其步骤如下：

步骤1：构建三角模糊数标度。

将现有上述行业专家 10 名，对他们进行编号 $\{z^{h_1}, z^{h_2}, \cdots, z^{h_{10}}\}$，专家的评价采用三角模糊数如表 5-13 所示。

表 5 – 13   **三角模糊数标度比较**

a 与 b 的重要程度比较	说明	三角模糊数
同等重要	两个要素相比较，它们具有同等重要性	(1, 1, 1)
势均重要	两个要素相比较，一个比另一个重要一点	(1/2, 1, 2)
稍微重要	两个要素相比较，一个比另一个重要一些	(2, 3, 4)
明显重要	两个要素相比较，一个明显比另一个重要	(4, 5, 6)
强烈重要	两个要素相比较，一个比另一个重要得多	(6, 7, 8)
极端重要	两个要素相比较，一个绝对比另一个重要	(8, 9, 9)
反比较	倒数表示两个相比较要素的不重要程度	对应倒数值

专家 z^{h_1} 给出的模糊判断矩阵如表 5 – 14 所示。由于篇幅过大，其他专家给出的模糊判断矩阵省略。

步骤 2：计算专家评价值。

根据 LFPP 目标规划模型：

$$目标函数：\min \varsigma = (1 - \vartheta)^2 + M_a \sum_{i=1}^{n-1} \sum_{j=i+1}^{n} \left[\varphi_{ij}^2 + (\curvearrowright_{ij}^g)^2 \right] \quad (5-28)$$

$$约束条件：\begin{cases} \ln w_i - \ln w_j - \vartheta \ln \left[\dfrac{(b^m)_{ij}}{(d^l)_{ij}} \right] + \varphi_{ij} \geq \ln (d^l)_{ij} \\ -\ln w_i + \ln w_j - \vartheta \ln \left(\dfrac{u_{ij}^g}{m_{ij}} \right) + \curvearrowright_{ij}^g \geq -\ln u_{ij}^g \\ \vartheta \geq 0, \quad \ln w_j \geq 0, \quad (i = 1, \cdots, n) \\ \varphi_{ij} \geq 0, \quad \curvearrowright_{ij}^g \geq 0, \quad (i = 1, \cdots, n-1; j = i+1, \cdots, n) \end{cases}$$

$$(5-29)$$

三角模糊数为 (d^l, u^g, b^m)，d^l 与 b^m 分别是三角模糊函数的左右端点，其中 $\vartheta = \min u_{ij}^g \left[\ln \left(\dfrac{w_i}{w_j} \right) \right]$，$\varphi_{ij}$ 和 $\curvearrowright_{ij}^g$ 表示上述约束条件偏差变量，w_i 为专家的评价值，一般 $M_a = 10^{11}$。采用 MATLAB 求解出 z^{h_1} 专家的评价值分别为 2.5654、2.6681、3.8762、3.9592、2.7873、4.9469、2.2217、2.4568、2.8763、4.5768、2.8764。

其他专家采用相同的解法，结果如表 5 – 15 所示。

表 5－14　专家 z^{h_1} 的模糊判断矩阵

指标	D_{11}	D_{12}	D_{21}	D_{22}	D_{23}	D_{24}	D_{25}	D_{31}	D_{32}	D_{33}	D_{34}
D_{11}	(1, 1, 1)	(6, 7, 8)	(2, 3, 4)	(1/2, 1, 2)	(2, 3, 4)	(1/9, 1/9, 1/8)	(2, 3, 4)	(8, 9, 9)	(2, 3, 4)	(1/4, 1/3, 1/2)	(2, 3, 4)
D_{12}	(1/8, 1/7, 1/6)	(1, 1, 1)	(6, 7, 8)	(4, 5, 6)	(1/2, 1, 2)	(1/2, 1, 2)	(1/8, 1/7, 1/6)	(1/6, 1/5, 1/4)	(6, 7, 8)	(1/2, 1, 2)	(1/2, 1, 2)
D_{21}	(1/4, 1/3, 1/2)	(1/6, 1/5, 1/4)	(1, 1, 1)	(1/4, 1/3, 1/2)	(8, 9, 9)	(2, 3, 4)	(1/9, 1/9, 1/8)	(1/6, 1/5, 1/4)	(6, 7, 8)	(1/2, 1, 2)	(1/9, 1/9, 1/8)
D_{22}	(1/2, 1, 2)	(1/2, 1, 2)	(2, 3, 4)	(1, 1, 1)	(1/4, 1/3, 1/2)	(4, 5, 6)	(1/4, 1/3, 1/2)	(1/2, 1, 2)	(2, 3, 4)	(1/2, 1, 2)	(2, 3, 4)
D_{23}	(1/4, 1/3, 1/2)	(1/2, 1, 2)	(1/9, 1/9, 1/8)	(2, 3, 4)	(1, 1, 1)	(2, 3, 4)	(1/8, 1/7, 1/6)	(4, 5, 6)	(1/8, 1/7, 1/6)	(1/2, 1, 2)	(6, 7, 8)
D_{24}	(8, 9, 9)	(1/2, 1, 2)	(1/4, 1/3, 1/2)	(1/6, 1/5, 1/4)	(1/4, 1/3, 1/2)	(1, 1, 1)	(4, 5, 6)	(1/8, 1/7, 1/6)	(4, 5, 6)	(1/4, 1/3, 1/2)	(8, 9, 9)
D_{25}	(1/4, 1/3, 1/2)	(6, 7, 8)	(8, 9, 9)	(2, 3, 4)	(6, 7, 8)	(1/6, 1/5, 1/4)	(1, 1, 1)	(8, 9, 9)	(2, 3, 4)	(1/4, 1/3, 1/2)	(1/2, 1, 2)
D_{31}	(1/9, 1/9, 1/8)	(4, 5, 6)	(4, 5, 6)	(1/2, 1, 2)	(1/6, 1/5, 1/4)	(6, 7, 8)	(1/9, 1/9, 1/8)	(1, 1, 1)	(8, 9, 9)	(1/6, 1/5, 1/4)	(6, 7, 8)
D_{32}	(1/4, 1/3, 1/2)	(1/8, 1/7, 1/6)	(1/8, 1/7, 1/6)	(1/4, 1/3, 1/2)	(6, 7, 8)	(1/6, 1/5, 1/4)	(1/4, 1/3, 1/2)	(1/9, 1/9, 1/8)	(1, 1, 1)	(1/6, 1/5, 1/4)	(6, 7, 8)
D_{33}	(2, 3, 4)	(1/2, 1, 2)	(1/2, 1, 2)	(2, 3, 4)	(1/2, 1, 2)	(2, 3, 4)	(2, 3, 4)	(4, 5, 6)	(1, 1, 1)	(1, 1, 1)	(1/2, 1, 2)
D_{34}	(1/4, 1/3, 1/2)	(1/2, 1, 2)	(8, 9, 9)	(1/4, 1/3, 1/2)	(1/8, 1/7, 1/6)	(1/9, 1/9, 1/8)	(1/2, 1, 2)	(1/8, 1/7, 1/6)	(1/8, 1/7, 1/6)	(1/2, 1, 2)	(1, 1, 1)

表 5 – 15　　　　　　　　　　　　专家评价值

序号	D_{11}	D_{12}	D_{21}	D_{22}	D_{23}	D_{24}	D_{25}	D_{31}	D_{32}	D_{33}	D_{34}
专家 z^{h1}	2.5654	2.6681	3.8762	3.9592	2.7873	4.9469	2.2217	2.4568	2.8763	4.5768	2.8764
专家 z^{h2}	2.6703	1.9853	3.7527	3.5607	2.7910	4.5977	2.5586	2.5295	3.5977	4.4970	2.3698
专家 z^{h3}	2.4705	2.5653	3.4505	3.4347	2.5000	4.7038	2.6638	2.6365	3.7038	4.4393	2.5653
专家 z^{h4}	2.4505	2.5000	3.5000	3.4706	2.3208	4.4414	2.5000	2.4706	3.6840	4.3794	2.5000
专家 z^{h5}	2.3896	2.5826	3.5294	3.5000	2.3493	4.4705	2.5294	2.5000	3.6701	4.4604	2.5826
专家 z^{h6}	2.2962	2.4705	3.6792	3.6507	2.5000	4.6206	2.6792	2.6507	3.5000	4.3493	2.4705
专家 z^{h7}	2.3362	2.5000	3.5586	3.5295	3.3794	4.5000	2.5586	2.5295	3.5295	4.3794	2.5000
专家 z^{h8}	2.1374	2.5873	3.0180	3.7958	2.1876	4.1374	2.1569	2.4833	3.7971	4.6544	2.7899
专家 z^{h9}	2.2414	2.4043	3.3453	3.0056	2.5873	4.2414	2.3586	2.3453	3.7867	4.4543	2.6000
专家 z^{h10}	2.4048	2.7871	3.1374	3.2743	2.8700	4.4048	2.4833	2.1374	3.6544	4.7871	2.3386

步骤 3：基于经验模态分解法的分解模型。

经验模态分解法（empirical mode decomposition，EMD）是一种针对非平稳、非线性的指标进行分解的处理方法（Zhu et al.，2017）。首先，将信息系列 w_i 添加 $b^m = 100$ 次高斯白噪声，得到新的 100 组信息序列。其次，对新的信息序列进行 EDM 分解并求出 IMF 分量均值，得到第一分量均值为 $\overline{IMF}_{i1}$，对 EDM 再进行分解，进而得到第 2 个 IMF 分量均值，则有

$$\overline{IMF}_2 = \frac{1}{b^m} \sum_{i=1}^{b^m} E_1 \{ r_1(t) + \lambda_1^g E_1[w(i)] \} \qquad (5-30)$$

重复上述步骤，最终分解直至平均包络线的值为 0，得到分量值：

$$\overline{IMF}_{k+1} = \frac{1}{a^p} \sum_{i=1}^{a^p} E_k \{ r_k(t) + \lambda_1^g E_k[w(i)] \} \qquad (5-31)$$

同理，可求出 11 个指标的残余分量信息序列 $r_i(D_i)$，$i = 1，2，3，\cdots，11$。得出客观趋势权重如下：

$$\overline{w}_i = \frac{\sqrt[b^q]{\prod_{t=1}^{b^q} r_i(D_i)}}{\sum_{j=1}^{b^m} \sqrt[b^q]{\prod_{t=1}^{b^q} r_i(D_i)}} \qquad (5-32)$$

其中，$i = 1, 2, 3, \cdots, 11$。

根据以上步骤运算最终得出表 5 – 16 所示的权重系数。

表 5 – 16　　　　　　　　　　指标体系权重系数

指标	D_{11}	D_{12}	D_{21}	D_{22}	D_{23}	D_{24}	D_{25}	D_{31}	D_{32}	D_{33}	D_{34}
权重系数	0.0412	0.0429	0.0878	0.0956	0.0735	0.2011	0.0459	0.0741	0.0933	0.1724	0.0722

兼顾权重的可区分度，减少主观的随机性，本书构建基于熵权法和改进层次分析与经验模态分解法的组合权重，其公式为

$$w'_{zs} = \alpha w_{zj} + \beta w_{zq} \qquad (5 - 33)$$

其中，w_{zj} 为表 5 – 12 的权重系数，w_{zq} 为表 5 – 16 的权重系数。

对上述 10 位专家利用德尔菲法，对 α、β 的权重系数进行讨论，然后对每位专家的回答进行汇总并修正，统计专家组意见，将结果反馈给专家组，专家不断提出新的看法，此过程循环往复地操作，最后达成一致，得出 $\alpha = 0.4$、$\beta = 0.6$，最后得到网络众筹下小微企业信用风险组合权重系数如表 5 – 17 所示。

表 5 – 17　　　　　　　　　　指标体系组合赋权权重系数

指标	D_{11}	D_{12}	D_{21}	D_{22}	D_{23}	D_{24}	D_{25}	D_{31}	D_{32}	D_{33}	D_{34}
权重系数	0.0454	0.0427	0.0894	0.0951	0.0707	0.1976	0.0446	0.0732	0.0931	0.1763	0.0719

5.2.3　基于改进直觉模糊法的网络众筹模式下信用风险测度模型

为了有效避免信用风险的评价存在不确定性与主观性，利用改进的直觉模糊对信用风险进行分析，将不同专家的决策思维进行集成。通过一致性条件，转化为直觉模糊评价值，构建信用风险评价决策矩阵，进而改善专家权重的片面性。该测度模型利用精密的数学逻辑，进一步准确刻画出信用风险测度指标的模糊性以及难以用数字化表达等客观属性，将定性分析和定量研究有效结合，使信用风险测度过程更符合客观性。

5.2.3.1 基于直觉模糊的指标权重的计算公式确定

设 X_1 是一个非空集合，则称 $A = \{\langle x', g_A(x'), g_A(x') | x' \in X_1 \rangle\}$ 为直觉模糊集，其中其非隶属函数为 $g_A(x')$ 和 $h_A(x')$，$g_A(x')$ 和 $h_A(x')$ 分别为 X_1 中元素 x' 属于 A 的隶属度和非隶属度，$g_A(x') : X_1 \rightarrow [0, 1]$，$x' \in X_1 \rightarrow g_A(x') \in [0, 1]$，$x' \in X_1 \rightarrow h_A(x') \in [0, 1]$，且 $g_A(x') + h_A(x') \in [0, 1]$。

设 X_1 中的任一直觉模糊集，如果 $\chi_A(x') = 1 - g_A(x') - h_A(x')$，$x' \in X_1$，则称 $\chi_A(x')$ 为元素 x' 属于 A 的不确定度或者犹豫度，其中 $0 \leqslant \chi_A(x') \leqslant 1$，$x' \in X_1$。

设 $X_1 = \{x'_1, x'_2, x'_3, x'_4, x'_5, \cdots, x'_n\}$，$A = \{\langle x', g_A(x'), g_A(x') | x' \in X_1 \rangle\}$，则 A 的直觉模糊熵为

$$F(A) = \frac{\min[g_A(x'), h_A(x')] + \chi_A(x')}{\max[g_A(x'), h_A(x')] + \chi_A(x')} \tag{5-34}$$

其中，$F(A) = 1$ 时，当且仅当 $g_A(x') = h_A(x')$；$F(A) = 0$ 时，当且仅当 A 为模糊集；$F(A) \leqslant F(B)$ 时，直觉模糊集 B 比 A 模糊。

由于专家对网络众筹模式下信用风险的研究程度受时间上限制，专家很难给出备选方案 $A = \{A_i | i = 1, 2, \cdots, m\}$，相对于准则 $X_j = \{X_j | j = 1, 2, \cdots, n\}$ 的准确评价值，直觉模糊集合 $\hat{b}_{ij}^k = (g_{ij}^k, h_{ij}^k)$ 是专家 k 给出的方案 A_i 在准则 X_j 的判断有用信息，$\hat{A}^k = [b_{ij}^k]_{m \times n}$ 为直觉模糊集的判断有用信息多属性群决策矩阵，可表示为

$$\hat{A}^k = \begin{bmatrix} [g_{11}^k, h_{11}^k] & [g_{12}^k, h_{12}^k] & \cdots & [g_{1n}^k, h_{1n}^k] \\ [g_{21}^k, h_{11}^k] & [g_{21}^k, h_{11}^k] & \cdots & [g_{2n}^k, h_{2n}^k] \\ \vdots & \vdots & & \vdots \\ [g_{m1}^k, h_{m1}^k] & [g_{m1}^k, h_{m1}^k] & \cdots & [g_{mn}^k, h_{mn}^k] \end{bmatrix} \tag{5-35}$$

准则 X_j 的权重由专家给出，则有

$$\eta_j^k (j = 1, 2, \cdots, n), \quad 0 \leqslant \eta_j^k \leqslant 1, \quad \sum_{j=1}^{m} \eta_j^k = 1$$

改进的直觉模糊法下的专家权重取决于专家判断信息的确定性程度，专家提供的直觉模糊信息越不确定说明专家对网络众筹信用风险评价体系了解较少，则赋予较小的权重；反之，则赋予较大的权重，确定直觉模糊

专家权重

$$\pi_k = (\pi_1, \ \pi_2, \ \pi_3, \ \cdots, \ \pi_k)$$

专家权重的计算公式为

$$\pi_k = \frac{1 - \sum_{j=1}^{n} \eta_j \left(\frac{1}{m} \sum_{i=1}^{m} Fb_{ij}^k \right)}{k - \sum_{k=1}^{k} \left[\sum_{j=1}^{n} \eta_j \left(\frac{1}{m} \sum_{i=1}^{m} Fb_{ij}^k \right) \right]} \tag{5-36}$$

其中,

$$F(b_{ij}^k) = \frac{\min(g_{a_{ij}^k}(x'), \ h_{a_{ij}^k}(x')) + \chi_{a_{ij}^k}(x')}{\max(g_{a_{ij}^k}(x'), \ h_{a_{ij}^k}(x')) + \chi_{a_{ij}^k}(x')} \tag{5-37}$$

易知: $0 \leqslant \sum_{j=1}^{n} \eta_j \left(\frac{1}{m} \sum_{i=1}^{m} Fb_{ij}^k \right) \leqslant 1$, $\sum_{k=1}^{k} \left[\sum_{j=1}^{n} \eta_j \left(\frac{1}{m} \sum_{i=1}^{m} Fb_{ij}^k \right) \right] = 1$ 。

5.2.3.2 改进的直觉模糊法下风险评价决策矩阵确定

邀请专家使用语言算子对信用风险指标的关系进行测度。通过语义表将原始的专家评价转化为模糊数 $\theta_{ij}^r = (c_{1ij}^r, \ c_{2ij}^r, \ c_{3ij}^r, \ c_{4ij}^r)$,信用风险指标的影响程度语义转化如表 5 – 18 所示。

表 5 – 18   直觉模糊语义转化

语义变量	对应的模糊数
无影响	(0, 0, 0, 0)
较弱影响	(0, 0, 0, 0.2)
弱影响	(0, 0, 0.2, 0.4)
一般影响	(0, 0.2, 0.4, 0.6)
强影响	(0.2, 0.4, 0.6, 0.8)
很强影响	(0.4, 0.6, 0.8, 1)

r 个专家对网络众筹模式下信用风险评价指标掌握程度不一样,不同类型的专家在评价时赋予不同程度的权重,如表 5 – 19 所示。

表 5-19　　　　　　　　　不同专家评价权重

专家	模糊数权重
网络众筹行业专家	[0.80, 1]
相关领域专家	[0.42, 0.83]
企业高层管理者	[0.32, 0.67]
企业相关金融管理者	[0.26, 0.65]

对各专家模糊数权重及专家打分的初始值去模糊化，得到 m 阶直接决策矩阵 I，初始值去模糊化包括以下三步。

（1）将模糊数标准化。

$$\Delta_{min}^{max} = \max c_{4ij}^r - \min c_{1ij}^r \tag{5-38}$$

$$xc_{1ij}^r = (c_{1ij}^r - \min c_{1ij}^r)/\Delta_{min}^{max}, \quad xc_{2ij}^r = (c_{2ij}^r - \min c_{1ij}^r)/\Delta_{min}^{max}$$

$$xc_{3ij}^r = (c_{3ij}^r - \min b_{1ij}^r)/\Delta_{min}^{max}, \quad xc_{4ij}^r = (c_{4ij}^r - \min c_{1ij}^r)/\Delta_{min}^{max}$$

（2）计算去模糊化后的清晰值。

$$x_{ij}^r = \frac{xlv_{ij}^r(1 - xlv_{ij}^r) + xrv_{ij}^r xrv_{ij}^r}{1 - xlv_{ij}^r + xrv_{ij}^r} \tag{5-39}$$

$$I_{ij}^r = \min c_{1ij}^r + x_{ij}^r \times \Delta_{min}^{max} \tag{5-40}$$

其中，$xlv_{ij}^r = xc_{3ij}^r/(1 + xc_{3ij}^r - xc_{2ij}^r)$，$xrv_{ij}^r = xc_{3ij}^r/(1 + xc_{4ij}^r - xc_{3ij}^r)$。

（3）计算平均清晰值。

$$I_{ij} = \frac{I_{ij}^1 + I_{ij}^2 + \cdots + I_{ij}^q}{m} \tag{5-41}$$

利用专家访谈法，邀请另外一批的 10 位专家，分别选取网络众筹行业专家（3 位）、相关领域专家（3 位）、企业高层管理者（2 位）、企业相关金融管理专家（2 位）等，给出原始的属性权重 $\eta_j^k (j = 1, 2, \cdots, 11; 0 \leqslant \eta_j^k \leqslant 1)$，对给出的数据进行修正处理，得出模糊型的直接决策矩阵，然后再利用式（5-38）~式（5-41）计算得出改进直觉模糊下的网络众筹信用风险评价决策矩阵，如表 5-20 所示。

表 5-20   改进直觉模糊法下网络众筹信用风险评价决策矩阵

序号	D_{11}	D_{12}	D_{21}	D_{22}	D_{23}	D_{24}	D_{25}	D_{31}	D_{32}	D_{33}	D_{34}
专家1	0.0235	0.1854	0.0522	0.1812	0.0411	0.0204	0.1003	0.0322	0.1311	0.0813	0.0324
专家2	0.0345	0.2113	0.0422	0.1851	0.0323	0.0332	0.0734	0.0441	0.1131	0.0521	0.0323
专家3	0.0422	0.1737	0.0645	0.1772	0.0253	0.0224	0.0543	0.0453	0.1321	0.0612	0.0413
专家4	0.0521	0.1313	0.0843	0.1321	0.0811	0.0422	0.0633	0.0526	0.1076	0.0943	0.0149
专家5	0.0423	0.1646	0.0778	0.1991	0.0587	0.0425	0.0719	0.0322	0.0932	0.0549	0.0290
专家6	0.0513	0.1330	0.0851	0.2240	0.0142	0.0220	0.0443	0.1018	0.0924	0.0427	0.0335
专家7	0.0453	0.1663	0.0422	0.1896	0.0443	0.0324	0.0621	0.0432	0.1315	0.0724	0.0331
专家8	0.0521	0.1532	0.0942	0.2043	0.0452	0.0324	0.0532	0.0621	0.1242	0.0331	0.0563
专家9	0.0323	0.1421	0.0932	0.1543	0.0823	0.0254	0.0832	0.0712	0.0813	0.0665	0.0233
专家10	0.0349	0.1787	0.0381	0.1582	0.0343	0.0317	0.0422	0.0335	0.1537	0.0211	0.0629

根据式（5-35）~式（5-37），利用 MATLAB 计算得出如表 5-21 所示的网络众筹信用风险指标权重系数。

表 5-21   改进直觉模糊法下网络众筹信用风险指标权重系数

指标	D_{11}	D_{12}	D_{21}	D_{22}	D_{23}	D_{24}	D_{25}	D_{31}	D_{32}	D_{33}	D_{34}
权重系数	0.0283	0.0262	0.0833	0.1312	0.0745	0.1813	0.0992	0.0929	0.0998	0.1454	0.0379

兼顾专家权重的合理性，减少随机性的情况，本书构建基于改进直觉模糊法的专家评价组合权重，其公式为

$$w_z' = \alpha_\alpha w_{z^s}' + \beta_\beta v_i \qquad (5-42)$$

其中，w_{z^s}' 为表 5-17 的权重系数，v_i 为表 5-21 的权重系数。

对这 10 位专家再次利用德尔菲法，对 α_α、β_β 的权重系数进行讨论，然后对每位专家的回答进行整理，统计专家组意见，并将结果进行反馈；专家不断提出新的看法，不断修正意见，此过程循环往复地操作，最后达成一致意见，得出 $\alpha_\alpha = 0.6$，$\beta_\beta = 0.4$，得到网络众筹模式下小微企业信用风险指标最终组合权重系数如表 5-22 所示。

根据网络众筹模式下信用风险测度指标体系的组合赋权权重系数可知：贷款方信息不对称程度、监管力度、小微企业与贷款方创新合作程度是网络众筹模式下小微企业信用风险主要影响因素。

表 5-22　　　　　　　　指标体系最终组合赋权权重系数

指标	D_{11}	D_{12}	D_{21}	D_{22}	D_{23}	D_{24}	D_{25}	D_{31}	D_{32}	D_{33}	D_{34}
权重系数	0.0386	0.0361	0.0870	0.1095	0.0722	0.1911	0.0664	0.0811	0.0958	0.1640	0.0583

选取 10 位相关专家，利用附录 4 进行专家访谈验证，通过德尔菲法讨论，确定问题 1 的关键因素排名为：政府监管力度、收益共享率、宏观经济形势、发展创新能力。问题 2 的关键因素排名为：市场信息对策程度、违约的发现概率、安全技术、感知信誉、应对风险态度、风险防范能力。问题 3 的关键因素排名为：监管力度、核心企业违约率、信用等级、核心企业担保收费、供应链竞争地位。问题 4 的关键因素排名为：信息公开度、信誉信息共享度、平台影响力、信用等级、逾期次数。问题 5 的关键因素排名为：监管力度、与贷款方信息不对称程度、与贷款方创新合作程度、保证金比例。银行介入与非银行介入的网络融资模式下小微企业信用风险测度模型的结果，与基于专家访谈的网络融资模式下小微企业信用风险的关键因素的验证结果进行比较研究，信用风险测度模型的结果与专家验证结果的关键因素整体具有较高一致性、较好拟合性（70% ~80% 的相似性）。因此表明，网络融资模式下小微企业信用风险测度模型具有一定可行性。

5.3　模型应用举例

不管是银行介入的网络融资模式，还是非银行介入的网络融资模式，贷款方都会依据小微企业信用状况来提供贷款；在贷款方资金有限的情况下，对信誉高、信用风险小的小微企业优先发放贷款。本书构建非银行介入的网络融资模式下信用风险测度模型，该模型的实际应用举例如下：

按照第4.3节中选取的3家小微企业，还设其为QY1、QY2、QY3，对小微企业信用风险进行的量化评价。

根据非银行介入的新型网络融资模式下信用风险测度模型的结果，建立非银行介入网络融资模式下的信用评分值（为了保障与银行介入的网络融资模式下信用风险测度模型结果统一性，分值总分设为1000分）。对这3家小微企业信用评价依据非银行介入的网络融资模式下信用风险指标评价与指标权重（P2P网络借贷模式、网络众筹模式分别以表5-5、表5-22的权重为准）。贷款方邀请相关领域专家，根据评价体系，对小微企业的实际情况进行打分，得出非银行介入的网络融资模式下3家小微企业信贷评价结果，如表5-23、表5-24所示。

表 5-23　　　　**P2P网络借贷模式下3家小微企业信贷评价结果**

指标评价	分值	QY1（信用分）	QY2（信用分）	QY3（信用分）
平台影响力（B_{11}）	96	76	77	74
违约程度（B_{12}）	38	32	33	30
风控水平（B_{13}）	64	56	58	55
标的的质量（B_{14}）	30	21	25	27
营运能力（B_{21}）	40	28	29	24
逾期次数（B_{22}）	72	62	63	65
逾期金额（B_{23}）	36	30	28	29
风险规避能力（B_{31}）	44	29	31	25
信用等级（B_{32}）	74	51	59	56
偿债能力（B_{33}）	36	28	27	25
信用信息政府监管力度（B_{41}）	74	62	61	58
信用信息公开度（B_{42}）	222	177	179	175
信用信息共享度（B_{43}）	174	149	150	152
汇总	1000	801	820	795

表 5 - 24		网络众筹模式下 3 家小微企业信贷评价结果		
指标评价	分值	QY1（信用分）	QY2（信用分）	QY3（信用分）
贷款方认知能力（D_{11}）	39	32	31	30
贷款方监管能力（D_{12}）	36	28	27	29
筹资时长范围（D_{21}）	87	65	66	64
与贷款方创新合作程度（D_{22}）	110	82	84	85
与筹资平台信息不对称程度（D_{23}）	72	60	61	58
与贷款方信息不对称程度（D_{24}）	191	161	164	161
退出难易程度（D_{25}）	66	54	46	56
保证金比例（D_{31}）	81	58	58	61
服务费比例（D_{32}）	96	75	77	77
监管力度（D_{33}）	164	138	139	143
媒体报道数（D_{34}）	58	45	48	47
汇总	1000	798	801	811

由上述结果可知：根据 P2P 网络借贷模式下 3 家小微企业信贷评价结果，如果小微企业利用 P2P 网络借贷模式进行贷款，贷款方给 QY2 的贷款额度最高，在贷款方资金有限的情况下，也会优先贷款给 QY2，因为贷款方对其评价信用分达到 820 分；根据网络众筹模式下 3 家小微企业信贷评价结果，贷款方给 QY1 的贷款额度最高，因为贷款方对其评价信用分达到 811 分。

5.4 本 章 小 结

本章针对 P2P 网络借贷模式、网络众筹模式等非银行介入下小微企业信用风险问题，构建基于组合赋权法下信用风险测度模型。非银行介入的新型网络融资模式下小微企业信用风险测度模型的构建，在一定程度解决信用风险测度难题，具体如下：

（1）传统测度方法对信用风险因素之间关系的有无及强弱很难进行客观度量，为了有效解决传统信用风险测度模型对于信用风险指标间存在相互关联、相互影响而测度不够客观的问题。首先利用主成分分析法对信用风险指标进行筛选，减少冗余指标，接着提出基于 F-AHP 法与 CRITIC 法的主客观组合赋权来避免单独利用主观权重或者客观权重评价都很难达到满意评价的弊端，对信用风险指标进行精准权重测度，最后利用软集合方法对 P2P 借贷模式下信用风险测度结果进行验证，将复杂的非线性信用风险测度问题转换为简单的线性信用风险测度问题。

（2）由于信用风险影响因素关系的模糊性，结合三角模糊数、语义转化对网络众筹信用风险指标进行标准化、清晰化处理，得到综合评价决策矩阵，将不同专家的决策思维进行集成，避免评价主观性，进而揭示影响信用风险的最关键因素。

（3）考虑到信用风险指标非平稳，较难形象地描述专家判断过程，利用熵权法、改进层次分析与经验模态分解法相结合的组合赋权法，再采用改进直觉模糊法来形象地描述专家判断过程，通过一致性条件，转化为直觉模糊评价值，构建信用风险评价决策矩阵，进而改善专家权重的片面性，保证信用风险测度结果符合真实性。该测度模型利用精密的数学逻辑，进一步强调并准确刻画出信用风险测度指标的模糊性以及难以用数字化表达等客观属性，将定性分析和定量研究有效结合，使信用风险测度过程更符合实际。该组合权重测度方法有效解决网络众筹模式下的信用风险难以精准测度等问题。

银行介入与非银行介入的网络融资下信用风险测度模型对于贷款方的信贷策略来说，具有一定实际应用价值。网络融资模式下小微企业信用风险测度模型的构建为下一章信用风险管控模型的研究提供了依据。

第6章 网络融资模式下小微企业信用风险管控研究

第4章和第5章关于银行介入与非银行介入的网络融资模式下小微企业信用风险测度的研究，为本章的信用风险管控研究提供了实际参考价值。本章分别针对银行介入与非银行介入的网络融资模式下小微企业的信用风险测度结果，构建信用风险管控模型。

银行介入下网络融资模式的信用风险主要管控目标：第一，针对影响信用风险的关键因素，提出信用风险管控模型与防控策略，提高小微企业信用风险管控能力；第二，提高小微企业网络融资能力，降低其机会主义等信用风险。非银行介入下网络融资模式的信用风险主要管控目标是：整体提升小微企业信用风险防控的免疫力水平，提高小微企业风险管控效率，进而促进小微企业的信用水平质的提升。

6.1 银行在线借贷模式下小微企业信用风险管控研究

根据银行在线借贷模式下信用风险测度结果，围绕政府监管力度、宏观经济形势、收益共享率、销售净利润率、商业信用记录等信用风险因素进行小微企业信用风险管控，主要从以下几方面来控制银行在线借贷模式下小微企业信用风险，建立信用风险管控模型。

6.1.1 基于重复博弈的银行在线借贷模式下信用风险管控模型

本书针对宏观经济形势、商业信用记录等银行在线借贷模式下信用风险关键因素，构建基于重复博弈的信用风险管控模型。小微企业与银行如果仅只有一次博弈，往往效率较低，从而导致银行处于信息的劣势方，只有双方进行重复博弈，才能进行长期合作，进而提升小微企业信用度，实现利益共赢。

小微企业需要融资，需要的资金为 a_X，利用银行在线借贷模式进行贷款，预计项目产生的年收益率为 s^b，假设银行对小微企业进行考察，并认为该小微企业比较有发展前景，小微企业与网上银行进行债权融资、信用融资。网上银行的投资模式是一种风险投资，网上银行要求小微企业收到贷款以后进行高质量产品生产，网上银行可获得小微企业一定的收益比例，比例为 t^b，小微企业申请贷款需要各种费用之和为 b_c_1。贷款前网上银行先对小微企业进行审查，设对其信用、资金等情况进行调研、审查的费用为 b_c_2，小微企业与网上银行的博弈是重复博弈，如果小微企业不与网上银行共享收益，那么网上银行就会中止贷款。若小微企业选择违约，那么网上银行今后不会贷款给该小微企业，那么此时小微企业选择违约的收益为

$$T_1 = a\_X(1 + s^b) - b\_c_1 \qquad (6-1)$$

如小微企业选择长期合作，进行重复博弈，网上银行每一期线上贷款给小微企业一次（一期为一年），另外小微企业也提升自身的信用度，设小微企业的年贴现率为 b_b，则小微企业的未来收益为

$$T_2 = \left[a\_X(1 + s^b)(1 - t^b) - b\_c_1 \right]\left(1 + \sum_{n=1}^{\infty} \frac{1}{1 + b_b^n} \right), \ (n \geqslant 2)$$

即

$$T_2 = \left[a\_X(1 + s^b)(1 - t^b) - b\_c_1 \right]\left(1 + \frac{1}{b_b} \right) \qquad (6-2)$$

如果小微企业与网上银行进行长期合作，进行重复博弈满足 $T_2 \geqslant T_1$，则有

$$\left[a\_X(1 + s^b)(1 - t^b) - b\_c_1 \right]\left(1 + \frac{1}{b_b} \right) \geqslant a\_X(1 + s^b) - b\_c_1 \qquad (6-3)$$

$$b_b \leqslant \frac{a\_X(1 + s)(1 - t) - b\_c_1}{a\_X(1 + s)} \qquad (6-4)$$

小微企业与银行长期合作，选择守信，则网上银行的收益之和为

$$H_1 = \left[a\_Xs^bt^b - b\_c_2 \right]\left(1 + \sum_{n=1}^{\infty} \frac{1}{1 + b_b^n} \right), \ (n \geqslant 2)$$

即

$$H_1 = (a\_Xs^bt^b - b\_c_2)\left(1 + \frac{1}{b_b}\right) \qquad (6-5)$$

设小微企业在融资中选择重复博弈的概率 g^b，不选择重复博弈的概率为 $1-g^b$，网上银行的期望收益为

$$H_2 = g^b(a\_Xs^bt^b - b\_c_2)\left(1 + \frac{1}{b_b}\right) + (1-g^b)(-a\_X - b\_c_2) \qquad (6-6)$$

网上银行选择放贷的条件是 $H_2 \geqslant 0$，即

$$g^b(a\_Xs^bt^b - b\_c_2)\left(1 + \frac{1}{b_b}\right) + (1-g^b)(-a\_X - b\_c_2) \geqslant 0 \qquad (6-7)$$

则有

$$g^b \geqslant \frac{a\_X + b\_c_2}{(a\_Xs^bt^b - b\_c_2)\left(1 + \frac{1}{b_b}\right) + a\_X + b\_c_2} \qquad (6-8)$$

如果满足式（6-8）的条件，网上银行选择长期合作。

因此，网上银行与小微企业进行长期合作的必要条件是

$$b_b \leqslant \frac{a\_X(1+s^b)(1-t^b) - b\_c_1}{a\_X(1+s^b)}, \text{ 且 } g^b \geqslant \frac{a\_X + b\_c_2}{(a\_Xs^bt^b - b\_c_2)\left(1 + \frac{1}{b_b}\right) + a\_X + b\_c_2}$$

$$(6-9)$$

从式（6-9）可知：网上银行与小微企业是否选择长期合作主要因素是小微企业的年贴现率、银行的期望收益、小微企业的未来收益率等。网上银行与小微企业选择长期合作，可降低小微企业违约概率，进而提高双方信用合作度。

6.1.2 基于政府监管力度的银行在线借贷模式下信用风险管控模型

政府应建立各项规章制度来帮助小微企业满足现实的经济需求，加大高科技、复合型人才的引进力度，逐步形成以政府为主导、以小微企业共同参与为辅的运行机制。根据信用风险特点、小微企业特征、企业成长的动力机制等（徐晓萍等，2014；吴松强等，2015），构建小微企业动态循环成长机制，其理论模型如图 6-1 所示。

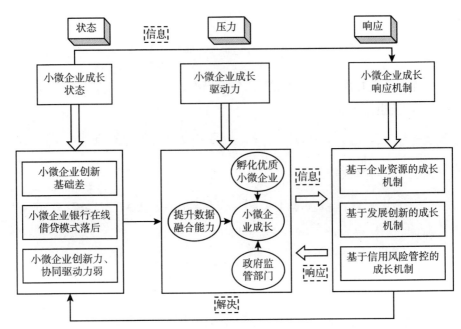

图6-1　银行在线借贷模式下小微企业动态循环成长机制理论模型

从成长状态、成长驱动力、成长响应机制等层面建立小微企业动态循环成长机制；在银行在线借贷的环境下，小微企业在成长期时，由于创新力、协同驱动力较弱，加上小微企业创新基础差，又要追寻效用最大化，因此容易产生机会主义，进而产生信用风险。政府的支持与政府监管对小微企业健康成长起到重要驱动作用，按照政府监管利润最大化原则，如果提高政府的监管力度，可减少小微企业机会主义。鉴于此，构建如下基于政府监管力度的信用风险管控模型。

政府允许小微企业根据实际情况选择自身的培训需求，小微企业的培训需求数量为Q_1^b，此时政府的人力投入量为L^b，培训资本的投入量为K^b，因此培训需求函数为

$$Q_1^b = f(L^b, K^b) \tag{6-10}$$

设政府培训单个数量获得收益为Y^b，这部分收益包括国家补贴、奖励以及小微企业的业绩给政府带来声誉等，政府给予人力投入的单位成本为w，给予资本投入的单位成本为v，因此政府获得利润函数为

$$\pi(L^b,\ K^b)=Y^bQ_1-(wL^b+vK^b)=Y^bf(L^b,\ K^b)-wL^b-vK^b \qquad (6-11)$$

由式（6-11）可得，政府利润最大化一阶条件为

$$\frac{\partial \pi}{\partial L^b}=\frac{\partial f}{\partial L^b}-w=0 \qquad (6-12)$$

$$\frac{\partial \pi}{\partial K^b}=\frac{\partial f}{\partial K^b}-v=0 \qquad (6-13)$$

由式（6-12）、式（6-13）可得

$$\frac{\partial f}{\partial L^b}=w \qquad (6-14)$$

$$\frac{\partial f}{\partial K^b}=v \qquad (6-15)$$

由式（6-14）、式（6-15）可得

$$\frac{\frac{\partial f}{\partial L^b}}{\frac{\partial f}{\partial K^b}}=\frac{MY_{L^b}}{MY_{K^b}}=\frac{w}{v} \qquad (6-16)$$

因此政府利润最大化一阶条件为

$$\frac{MY_{L^b}}{MY_{K^b}}=\frac{w}{v} \qquad (6-17)$$

根据政府利润最大化原则，得到最优的培训需求要素组合二阶条件为

$$\frac{\partial^2 \pi}{\partial(L^b)^2}=\partial\left(\frac{\partial f}{\partial L^b}-w\right)<0 \qquad (6-18)$$

$$\frac{\partial^2 \pi}{\partial(K^b)^2}=\partial\left(\frac{\partial f}{\partial K^b}-v\right)<0 \qquad (6-19)$$

由式（6-18）、式（6-19）可得

$$\begin{cases}\partial\left(\dfrac{\partial f}{\partial L^b}\right)<0\\[2mm]\partial\left(\dfrac{\partial f}{\partial K^b}\right)<0\end{cases} \qquad (6-20)$$

综上分析，政府应最大限度地孵化出优质小微企业，提高小微企业融资信用度，同时政府获得最大的利润需要满足式（6-17）、式（6-20）的条件（政府利润函数的一阶导数等于0，二阶导数小于0）。

此外，政府尽快统一银行在线借贷的数据标准，提升小微企业金融数据

的融合能力，最大化地孵化出优质小微企业；提高政府监管的收益值，提升其监管力度，进而最大限度控制小微企业的信用风险。

6.1.3 基于收益共享的银行在线借贷模式下信用风险管控模型

在经济转型的关键期，政府应鼓励各网上银行，把以客户为核心与个性化融资有机统一起来，坚持创新服务模式。在政府的政策支持鼓励下，加强小微企业业务培训，设计出最符合小微企业个性化需求的模式，提升小微企业信用意识，最大限度降低小微企业信用风险。根据小微企业与银行的收益共享率最大化原则，构建如下信用风险管控模型。

如急需网络融资的小微企业可利用货物抵押申请贷款，网上银行获得之前违约小微企业动产质押融资模式的产品（李仲飞等，2016；王淼，2017）。这种产品对于网上银行来说只能转手，网上银行把动产质押品按照低于市场价格提供给借款方（其他小微企业），设此价格为 x_a_1，小微企业的质押品销售后，网上银行获得一定比例提成，提成的比例为 Q_2^b。假设这种动产质押品成本为 c_ω，动产质押品的销售价格为 c_g，动产质押品过剩库存为 c_c_3，市场需求 x^b 符合正态分布（均值 u，标准差为 σ），假设小微企业对该动产质押品的最优需要量为 Q^{b*}（其中小微企业每销售 1 单位动产质押品则要支付给网上银行为 $Q_2^b c_g$），具体收益共享合同模型如图 6-2 所示。

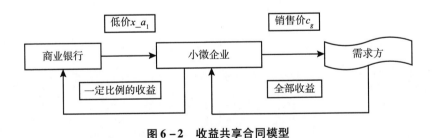

图 6-2　收益共享合同模型

小微企业从网上银行获得动产质押品，批量为 Q^b，当市场需求 $x^b < Q^b$，未销售完的产品出现超储，则小微企业的期望超储量为

$$A = \int_{-\infty}^{Q^b} (Q^b - x) f(x) \, dx \qquad (6-21)$$

网上银行提供的动产质押品价格为 x_a_1，其期望利润为

$$A_1 = (x\_a_1 - c_\omega)Q^{b*} + Q_2^b c_g(Q^{b*} - A) \qquad (6-22)$$

小微企业获得收入 $(1 - Q_2^b)c_g$，小微企业如未售完该动产质押品，其剩余可变卖残值为 b_c_3，因此小微企业的期望利润为

$$A_2 = (1 - Q_2^b)c_g(Q^{b*} - A) + b\_c_3 A - x\_a_1 Q^{b*} \qquad (6-23)$$

假设网上银行按市场价格把动产质押品卖给小微企业，但不能获得小微企业销售产品的收入提成，设此价格为 x_a_2，其中 $(x\_a_2 > a_\omega)$，则此时网上银行与小微企业的期望收益分别为 A_3、A_4，则有

$$A_3 = (x\_a_2 - c_\omega)Q^{b*} \qquad (6-24)$$

$$A_4 = (c_g - x\_a_2)Q^{b*} + b\_c_3 A \qquad (6-25)$$

当满足 $\begin{cases} A_1 > A_3 \\ A_2 > A_4 \end{cases}$ 时，网上银行与小微企业都会倾向建立利润共享融资合同。

把式（6-22）~式（6-25）代入 $\begin{cases} A_1 > A_3 \\ A_2 > A_4 \end{cases}$ 可得

$$\begin{cases} (x\_a_1 - x\_a_2)Q^{b*} + Q_2 c_g(Q^{b*} - A) > 0 \\ (x\_a_2 - x\_a_1 - Q_2^{b*} c_g)Q^{b*} - c_g A(1 - Q_1^{b*}) > 0 \end{cases} \qquad (6-26)$$

建立网上银行与小微企业之间利润共享融资合同前提条件是满足式（6-26）。

若小微企业与网上银行建立合同属于数量柔性合同，小微企业的需求服从正态分布（均值 u，标准差为 σ），小微企业根据实际需求 x^c 来改变订货需求。假如 $x^c < (1 - \alpha_4)Q^b$，实际订货量为 $(1 - \alpha_4)Q^b$，实际销售量为 x^c，因此库存积压为 $(1 - \alpha_4)Q^b - x^c$；如果 $(1 - \alpha_4) < x^c < (1 + \alpha_3)Q^b$，小微企业需求量和订货量均为 x^c，小微企业需求量为 $x^c > (1 + \alpha_3)Q^b$，那么小微企业需求量和订货量均为 $(1 + \alpha_3)Q^b$。

设小微企业订货量的期望值为 Q_l，则有

$$Q_l = (1 - \alpha_4)Q^b \int_{-\infty}^{(1-\alpha_4)Q^b} f(x)\,dx + (1 + \alpha_3)Q^b$$

$$\left[1 - \int_{-\infty}^{(1+\alpha_3)Q^b} f(x)\,dx\right] + \int_{(1-\alpha_4)Q^b}^{(1+\alpha_3)Q^b} x^c f(x)\,dx \qquad (6-27)$$

小微企业销售量的期望值为 D_l，则有

$$D_l = (1 + \alpha_3) Q^b \left[1 - \int_{-\infty}^{(1+\alpha_3)Q^b} f(x) \mathrm{d}x \right] + \int_{-\infty}^{(1+\alpha_3)Q^b} x^c f(x) \mathrm{d}x \qquad (6-28)$$

小微企业的最佳期望超储量为 $Q_l - D_l = 0$，即

$$Q_l = D_l \qquad (6-29)$$

当满足式（6-29）时，小微企业信用风险达到最低。

本书建立的基于利润共享的融资合同，促进网上银行与小微企业达成共赢；其次提升小微信用融资能力，进而降低小微企业信用风险。

6.1.4　基于网络联保交易的银行在线借贷模式下信用风险管控模型

为了解决小微企业担保难问题，促进银企共生驱动发展（霍源源等，2015；金陈飞等，2017），本书构建小微企业网络联保交易模式，具体模式如图6-3所示。

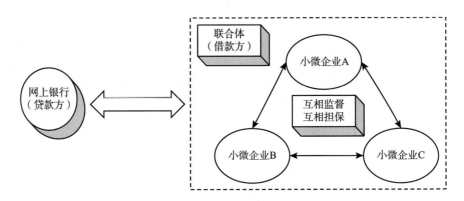

图6-3　小微企业网络联保交易模式

网络联保交易模式是成员间互相监督、互相担保等形式来进行网络借贷，该模式的优点是可实现小微企业之间风险共担，并提升其贷款可获得性。小微企业为理性经济人，网上银行与小微企业存在信息不对称，假设网络联保交易模式下小微企业之间的信息是对称的。网络联保贷模式可分为高、低风险两种类型，项目运行成功的概率分别为 P^{b1}、P^{b2}，且 $0 < P^{b1} < P^{b2} < 1$。假设网络联保贷有两家小微企业，每个小微企业从网上银行获得1个货币的融资

利率为 r^b，项目运行成功获得收益为 R^b，设 g^{b^-} 为两家小微企业组成联合体的连带责任参数。组成的联合体有两种情况：第一种低风险小微企业与低风险小微企业组合，第二种低风险小微企业与高风险小微企业组合，第一种低风险小微企业、第二种低风险小微企业的预期收益分别为 F_2^{22}、F_2^{12}，则有

$$F_2^{22} = P^{b_2} \times P^{b_2} \times \left[R^b - (1 + r^b) \right] + P^{b_2} \times (1 - P^{b_2}) \times \left[R^b - (1 + r^b) - a^{b^-} \right]$$

$$(6-30)$$

$$F_2^{12} = P^{b_2} \times P^{b_1} \times \left[R^b - (1 + r^b) \right] + P^{b_2} \times (1 - P^{b_1}) \times \left[R^b - (1 + r^b) - a^{b^-} \right]$$

$$(6-31)$$

由式（6-30）、式（6-31）可得

$$F_2^{22} - F_2^{12} = a^{b^-} \times P^{b_1} \times (P^{b_2} - P^{b_1}) > 0 \tag{6-32}$$

从式（6-32）可知：小微企业联合体中每位借款方（小微企业）都为其他小微企业承担连带责任，对于低风险小微企业来说，选择与低风险小微企业组成联合体比选择高风险小微企业获得更多的预期收益。所以小微企业都会选择低风险小微企业进行网络联保，将高风险小微企业自动排除出联合体，进而提高小微企业融资能力。因此，网络联保贷交易模式构建可有效降低小微企业的信用风险（肖斌卿等，2016；张高胜，2017），网络联保贷的信用风险控制机制如图6-4所示。

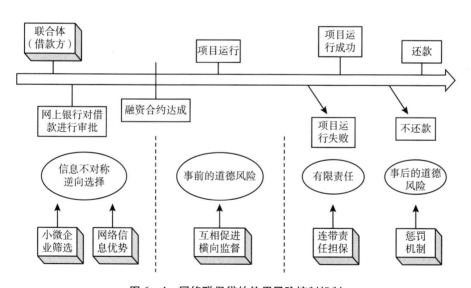

图6-4 网络联保贷的信用风险控制机制

网络联保贷交易模式是小微企业相互之间的共生模式，它是一种效率、稳定与凝聚力的共生形态，可缓解小微企业融资困境，也可实现小微企业的现实特性与利益诉求。因此，政府与贷款方应积极引导并鼓励小微企业建立网络联保贷交易模式，强化小微企业信用观念，化解信用风险，改善小微企业的网络融资环境，提高小微企业融资能力，完善小微企业的社会信用征信体系。

6.1.5 基于免疫力提升的银行在线借贷模式下信用风险管控模型

免疫学主要研究生物体在复杂环境下的健康发展问题以及演化规律，尽管小微企业与生物体不尽相同，系统的严密性也有差别（鲍静海等，2014；刘澄等，2013），但是其适应能力、发展机理、成长机制与小微企业非常相似。利用生物免疫学运行机理构建组织免疫视域下银行在线借贷模式下小微企业的免疫力提升路径，具体如图 6 – 5 所示。

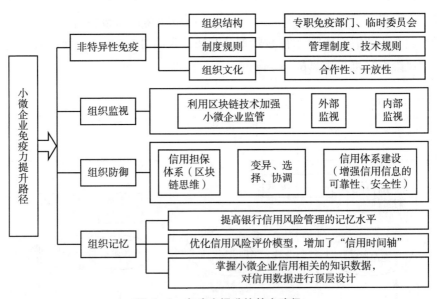

图 6 – 5　免疫力提升的基本路径

我国传统的征信体系不能够完全适合小微企业，此外，整体创新不足、易受环境影响、数据搜索成本高等问题限制小微企业的发展，也在一定程度上制约了小微企业的免疫力水平，尤其在免疫防御、免疫监视、免疫记忆等特异性免疫方面表现突出。因此，应重点从组织监视、组织防御、组织记忆等免疫视域下建立银行在线借贷模式下免疫力提升路径。在免疫力提升路径中，政府需要做好顶层设计方案，积极帮助小微企业有效融资、快速发展，并利用区块链技术实现金融监管智能化，加强小微企业监管。政府利用引导、奖惩、激励等一系列措施，来优化信用风险评价模型，改善小微企业经营机制和生态治理方式，增加小微企业"信用时间轴"；同时掌握小微企业信用相关的知识数据，对小微企业信用数据进行顶层设计，提升银行在线借贷模式下小微企业信用风险管理能力。

6.2 电商网络融资模式下小微企业信用风险管控研究

6.2.1 网络信用融资模式下基于免疫理论的信用风险管控模型

信用问题是小微企业运行中的核心问题，完善的信用管理体系能够让电子商务平台获得更好的发展。加强信用管理关键在于增加小微企业信用知识储备，建立信用管理知识库，构建人才信用信息共享平台，将每一位人才的隐性知识进行显性化，将个人信用提升为企业信用并进行信用信息共享。

根据网络信用融资模式下信用风险测度模型结果可知：市场信息对称程度、惩罚力度、感知信誉等信用风险因素对网络信用融资模式下小微企业信用风险影响程度较大。为了促进小微企业达到结构均衡、外部适应、功能活跃的免疫效果，针对上述信用风险因素，利用免疫理论从组织监视、组织防御、免疫自稳、制度规则创新这四个方面来整体提升小微企业免疫力水平。免疫力水平是小微企业自身的防御机制，与生物体的免疫系统原理是一样的，基本思路如图6-6所示。

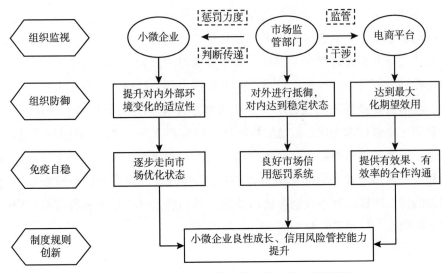

图 6 - 6　基于成长机制的小微企业免疫力提升机制

　　小微企业免疫力的主要功能在于识别并排除对自身发展的各种不利因素，维持自身健康的能力，免疫力提升主要目的在于促进小微企业在电商融资中能够正常运作，降低电商融资中的信用风险，具体免疫力提升模型如下：

6.2.1.1　市场监管下基于免疫监视的小微企业免疫力提升模型

　　我国目前已实施《电子商务法》，市场监管部门应该充分发挥自己的职能，进行统一规划，做好对小微企业的监管工作。小微企业在电商运作中，若消费者无法辨别电商平台下小微企业销售的产品是否优质，设产品销售量为 $\bar{q}x$，高质量的产品进价为 p_1x，低质量的产品进价为 p_2x。如果市场监管部门选择监管，它的收益为 h_1x，但同时，监管成本为 p_3x，监管部门发现有销售劣质产品的小微企业，监管部门收取罚金为 h_2x，小微企业提供劣质的产品概率为 α_1，市场监管部门选择监管的收益为 lM_1，不进行监管的收益为 lM_2。由以上可得

$$lM_1 = (1 - \alpha_1)(h_1x - p_3x) + \alpha_1(h_1x + h_2x - p_3x) \quad (6-33)$$

$$lM_2 = (1 - \alpha_1)h_1x + \alpha_1(-h_1x) \quad (6-34)$$

当 $lM_1 = lM_2$，可得均衡点

$$\alpha_1^* = \frac{p_3x}{2h_1x + h_2x} \quad (6-35)$$

从以上可知：市场监管部门对小微企业的监管成本越高，监管的力度就越弱；市场监管部门收益越高，对提供劣质产品的小微企业惩罚力度越大，从而减少小微企业投机行为。

根据以上分析，令小微企业销售高质量产品单价为 p_4x，低质量产品销售单价为 p_5x，市场监管部门对销售低质量小微企业的罚款为 J，若考虑小微企业销售高质量的产品存在未来贴现值，设贴现值为 δ_t，考虑小微企业未来可能获得收益，小微企业销售高质量产品的收益现值为

$$(p_4x - p_1x)(1 + \delta_t + \delta_t^2 + \cdots) = (p_4x - p_1x)\frac{1}{1 - \delta_t} \qquad (6-36)$$

如果小微企业销售低质量的产品，当期的收益为 $p_5x - p_2x$，但如果被市场监管部门发现，就只有一期利润，以后也可能被信用信息机构记录为信用不良企业。

如果 $(p_4x - p_1x)\dfrac{1}{1 - \delta_t} > p_5x - p_2x$ 小微企业销售高质量产品将一直持续，并且小微企业信用不断被认知，形成某种声誉，这种声誉是小微企业销售高质量产品获得的溢价，设溢价为 ϕ_y。如果政府实施监管，那么小微企业销售低质量产品获得利润可能为 $p_5x - p_2x - J$。因此小微企业销售高质量产品的条件是

$$(p_4x - p_1x + \phi_y)\frac{1}{1 - \delta_t} > p_5x - p_2x - J \qquad (6-37)$$

如果小微企业更注重未来收益和声誉的培养，这将有利于小微企业与消费者进行多次交易，避免电子商务交易时的信息失衡，进而有效规避小微企业信用风险，提升小微企业免疫力水平。免疫监视是解决小微企业交易问题的第一步，小微企业在经营过程中，要注意内外部"异己"对自身的影响，市场监管部门与电子商务平台利用感知、传递的组织监视方式减少环境不确定性，利用此"助推器"降低网络信用融资模式下的信用风险。

6.2.1.2 信息不对称环境下基于免疫防御的小微企业免疫力提升模型

考虑小微企业销售的产品存在无人购买现象，再综合考虑消费者购买产品的信息搜索成本与效用，以及市场监管部门与小微企业信誉、特征等情况，可利用基于组织防御的视角提升小微企业免疫力，对外进行抵御，

对内达到稳定状态，维持小微企业与平台提供商之间交易的稳定运转，可建立如下模型。

设小微企业销售出产品的收入为 π_r，小微企业的产品出现无人购买会造成资金占压，从而损失为 k_w。小微企业销售高质量产品时，假如消费者不购买产品，造成的资金占压损失为 $k_w p_1 x$；小微企业销售低质量产品时，假如消费者不购买产品，造成的资金占压损失为 $k_w p_2 x$。假设消费者购买到高质量产品心理效用为 GE_1，消费者购买到低质量产品心理效用为 GE_2，消费者购买产品而付出的信息搜索成本为 ss_w。

由以上可知，小微企业销售高质量产品时，消费者购买的博弈均衡点如式（6-38）、式（6-39）：

$$\pi_r - p_1 x + \phi_y \geqslant \pi_r - p_2 x - J \text{ 且 } -k_w p_1 x + \phi_y \geqslant -k_w p_2 x - J \quad (6-38)$$

即

$$\phi_y \geqslant p_1 - p_2 x - J \text{ 时，且 } GE_2 - ss_w \geqslant 0 \quad (6-39)$$

在信用信息不对称环境下，现实中小微企业没有足够的资金从平台提供商获得大量产品，小微企业可帮助平台提供商出售产品，从中获取一定提成。设小微企业所有可选择的行动及其组合为 $\alpha_h \in A_h$；令 θ_h 为不受小微企业和平台提供商控制的外生随机变量（自然状态）Θ_h 的取值范围，θ_h 在 Θ_h 上的概率分布函数和密度函数分别为 $G(\theta_h)$ 和 $g(\theta_h)$；设小微企业销售产品的努力程度为 α_h，平台提供商的利润函数为 $\pi_5 = \pi(\alpha_h, \theta_h)$；假定 $\pi(\alpha_n, \theta_h)$ 是 $\alpha_h \in A_h$ 的严格递增凸函数，是 θ_h 的严格递增函数，$c(\alpha_h)$ 为小微企业选择销售产品所付出的努力成本函数。

平台提供商和小微企业的效用函数分别为

$$v_h\{\pi(\alpha_h, \theta_h) - s_h[\pi(\alpha_h, \theta_h)]\}; \ u_h\{s_h[\pi(\alpha_h, \theta_h) - c(\alpha_h)]\} \quad (6-40)$$

则平台提供商的期望效用函数为

$$\int v_h\{\pi(\alpha_h, \theta_h) - s_h[\pi(\alpha_h, \theta_h)]\} g(\theta_h)\mathrm{d}\theta_h \quad (6-41)$$

小微企业选择收益共享合同得到的期望效用应大于拒绝合同得到的最大期望效用（设效用 U_h）。即

$$\int u_h\{s_h[\pi(\alpha_h, \theta_h)]\} g(\theta_h)\mathrm{d}\theta_h - c(\alpha_h) > U_h \quad (6-42)$$

小微企业选择平台提供商所提供的产品并付出期望效用最大化的努力成本函数为 $c(\alpha_n^*)$，得出

$$\int u_h\{s_h[\pi(\alpha_h^*, \theta_h)]\}g(\theta_h)\mathrm{d}\theta_h - c(\alpha_h^*) \geqslant$$
$$\int u_h\{s_h[\pi(\alpha_h, \theta_h)]\}g(\theta_h)\mathrm{d}\theta_h - c(\alpha_h)(\alpha_h \in A_h) \quad (6-43)$$

平台提供商的目标是获得最大化期望效用，即

$$\max_{\alpha_h, s_h(\pi)}\int v_h\{\pi(\alpha_h, \theta_h) - s_h[\pi(\alpha_h, \theta_h)]\}g(\theta_h)\mathrm{d}\theta_h \quad (6-44)$$

综上所述，在信用信息不对称环境下，小微企业与平台提供商建立基于收益与信息共享的交易合同的最优条件同时满足式（6-45）、式（6-46）：

$$\int u_h\{s_h[\pi(\alpha_h, \theta_h)]\}g(\theta_h)\mathrm{d}\theta_h - c(\alpha_h) > U_h \quad (6-45)$$

$$\int u_h\{s_h[\pi(\alpha_h, \theta_h)]\}g(\theta_h)\mathrm{d}\theta_h - c(\alpha_h) \geqslant \int u_h\{s_h[\pi(\alpha_h^*, \theta_h)]\}g(\theta_h)\mathrm{d}\theta_h - c(\alpha_h^*)$$
$$(6-46)$$

通过变异、协调、成长、清除等功能提升小微企业的免疫防御功能；平台提供商与小微企业进行收益与信息有效的共享，从而保证小微企业的平稳成长，进而降低网络信用融资模式下小微企业的信用风险。

6.2.1.3　考虑是否长期合作下基于免疫自稳的小微企业免疫力提升模型

小微企业提高与消费者的长期合作程度，可提升其免疫自稳水平。长期合作的关键在于小微企业是否主动提供高质量产品给消费者。假设小微企业因为提供低质量产品造成的经济损失为 FC，其中包括两部分损失：一部分损失为流失了长期合作的顾客，损失量记为 FC_1；另一部分为造成的信用损失（主要损失为潜在消费者）记为 FC_2。小微企业提供优质产品的概率为 α_1，基础收益为 FS_2；提供劣质产品的概率为 $1-\alpha_1$，基础收益为 FS_3。对于消费者来说，得到不满意的产品并且也花了钱，收益为 $-S_1$。假定消费者选择购买的概率为 F_b，选择不购买概率为 $1-F_b$，设产品的使用效用为 FS_1，消费者再次购买产品的概率为 F_a，其中 $0 \leqslant F_a \leqslant 1$，$0 \leqslant F_b \leqslant 1$。考虑小微企业提供优质产品存在长期合作的收益，设此时小微企业的总收益为 FE_1，可得

$$FE_1 = FS_2 + FS_2 \times F_a + FS_2 \times F_a \times F_a + FS_2 \times F_a \times F_a \times F_a + \cdots = \frac{FS_2}{1 - F_a}$$
$$(6-47)$$

由式（6－47）可知：$F_a > 1 - \dfrac{FS_2}{FE_1}$时，$FS_2 > FS_3$，此时小微企业提供高质量产品的收益高于提供低质量产品收益，提供低质量产品会给小微企业带来一定信用损失。由于

$$\frac{FC}{FS_3 - FS_2} = \frac{FC_1}{FS_3 - FS_2} + \frac{FC_2}{FS_3 - FS_2} = \frac{\dfrac{FS_2}{1 - F_a} - FS_3}{FS_3 - FS_2} + \frac{FC_2}{FS_3 - FS_2}$$

$$= \frac{\dfrac{FS_2}{1 - F_a} + FC_2 - FS_3}{FS_3 - FS_2} \qquad (6-48)$$

当$F_a > 1 - \dfrac{FS_2}{FS_3}$时，$\dfrac{\dfrac{FS_2}{1 - F_a} - FS_3}{FS_3 - FS_2}$的值较大，最终导致消费者购买概率不会太低。

由式（6－47）、式（6－48）可知：FC_2值越大，$FS_3 - FS_2$值越小，$\dfrac{FC}{FS_3 - FS_2}$的值越大时，小微企业处于免疫自稳的良好环境中，市场逐步走向优化状态。因此，如果建立良好市场信用惩罚系统，小微企业提供低质量产品的概率越低，它们倾向提供高质量的产品，从而促进了小微企业与消费者长期合作，有助于双方合作沟通。接着，通过免疫自稳功能及时发现小微企业经营末端存在的各种问题，并予以快速清理，到达内外部自稳，进一步提升小微企业免疫力水平，从而提高小微企业网络信用融资能力，降低其信用风险。

6.2.1.4 网络信用融资模式下基于规则制度创新的小微企业免疫力提升模型

激励机制是规则制度创新建设的重要环节，科学有效激励机制的实施，可激发小微企业的整体活力，提高小微企业创造力，建立良好规则创新制度，降低小微企业违约概率。网络信用融资机构进行放贷时，正常放贷的本息和为g_r，网络信用融资机构为降低信用风险，需要进行一定监督，设监督成本g_c，监督的概率是g_{p_1}，不监督的概率为$1 - g_{p_1}$。如果网络信用融资机构识别出小微企业的违约行为，可获得上级领导奖励为g_a；如果网络信用融资机构选择不监督，小微企业选择违约时，网络信用融资机构追回不了本金，将承

担的损失为 g_{c_1}。在贷款到期时,小微企业可选择守约和违约两种行为。若小微企业到期按时还款,将获得正常融资收益 g_R;若小微企业选择违约,到期不还款,将损失违约的额外收益 $g_{\Delta R}$;若小微企业违约行为被发现,其处罚为 g_{c_3}。小微企业进行守约的概率是 g_{p_2},进行违约的概率是 $1 - g_{p_2}$。假设小微企业为获得融资对申请材料进行伪装并提供虚假信息,其伪装成本 g_{c_2}。在上述假设的前提下,则小微企业的均衡收益为

$$g_{p_1} g_R + (1 - g_{p_1}) g_R = g_{p_1} (g_R - g_{c_2} - g_{c_3}) + (1 - g_{p_1})(g_R + g_{\Delta R} - g_{c_2})$$

$$(6-49)$$

则有, $g_{p_1} = \dfrac{g_{\Delta R} - g_{c_2}}{g_{\Delta R} + g_{c_3}}$。

从上述可得:网络信用融资机构进行监督的概率与小微企业违约处罚力度成正比,与小微企业伪装成本、违约成本成反比。

网络信用融资机构的均衡收益为

$$g_{p_2} (g_r - g_c) + (1 - g_{p_1})(g_r - g_c + g_a) = g_{p_2} g_r + (1 - g_{p_2})(- g_{c_1})$$

$$(6-50)$$

则有, $g_{p_2} = 1 - \dfrac{g_c}{g_r + g_a + g_{c_1}}$。

从上述可得:小微企业选择违约的概率与小微企业违约的额外收益成正比,与小微企业伪装成本成反比,与违约处罚力度、网络信用融资机构不监督的损失量、选择监督时上级领导的奖励成反比。因此,提高对小微企业违约处罚力度与网络信用融资机构不监督的损失量,并且提高小微企业伪装成本,可降低小微企业违约概率。

本书构建基于规则制度创新的小微企业免疫力提升模型,整体提升小微企业免疫力水平;在网络信用融资模式下,构建创新性的激励制度,可降低小微企业信用风险。

6.2.2　电商供应链金融模式下信用风险管控模型

小微企业与银行作为理性经济人,在信贷决策中,都会考虑自身利益,根据电商供应链金融模式下小微企业信用风险的分析和 Borda 序值、RS 与范数灰关联度法下小微企业信用风险二级指标权重系数,结合 ITFN-DEMATEL

的计算结果，构建电商供应链金融模式下小微企业信用风险管控模型。

6.2.2.1 监管视角下小微企业与银行管控模型

小微企业、银行、核心企业三者之间的利益均衡状态是构建信用风险管控模型的关键。假设 π_1 为小微企业选择违约行为所获得的机会收益，小微企业选择守约无额外机会收益。C_1 表示银行选择监管所付出的成本，且令 $C_1 = \lambda_1 c\_p_1^2 (\lambda_1 > 0)$，其中 λ_1 表示银行的成本系数，$c\_p_1 (0 \le c\_p_1 \le 1)$ 表示银行监管力度；C_2 表示银行对小微企业出现信贷违约的处罚额度（$C_2 > C_1$），且 $C_2 = \lambda_2 \pi_1^2 (\lambda_2 > 0)$，其中 λ_2 表示银行对小微企业信贷违约处罚力度。设小微企业选择守约概率为 $c\_p_2 (0 \le c\_p_2 \le 1)$，违约概率为 $1 - c\_p_2$。令小微企业的收益函数为 F_a，银行的收益函数为 F_b。

小微企业面临决策问题为

$$\max_{\pi_1} F_a = \max_{\pi_1} \left[c\_p_2 \times 0 + (1 - c\_p_2)(\pi_1 - c\_p_1 C_2) \right]$$
$$= \max_{\pi_1} (1 - c\_p_2)(C_1 - c\_p_1 \lambda_2 \pi_1^2) \qquad (6-51)$$

最优化决策的一阶导数为

$$\frac{\mathrm{d}F_a}{\mathrm{d}\pi_1} = 1 - 2c\_p_1 \lambda_2 \pi_1 = 0 \qquad (6-52)$$

求出

$$\pi_1^* = \frac{1}{2c\_p_1 \lambda_2} \qquad (6-53)$$

由式（6-53）可知：如果银行降低惩罚力度、监管力度，小微企业违约行为所获得的机会收益会增加，从而提高小微企业违约概率，增加小微企业信用风险。

银行面临决策问题为

$$\max_{c\_p_1} F_b = \max_{c\_p_1} c\_p_1 \left[(0 - C_1)c\_p_2 + (1 - c\_p_2)(C_2 - C_1) \right] + (1 - c\_p_1) \times 0$$

$$(6-54)$$

最优化决策的一阶导数为

$$\frac{\mathrm{d}F_a}{\mathrm{d}c\_p_1} = C_2 - C_1 - C_2 p_2 = \lambda_1 c\_p_1^2 - \lambda_2 \pi_1^2 (1 - c\_p_2) = 0 \qquad (6-55)$$

求出

$$c\_p_1^* = \sqrt{\frac{(1 - c\_p_2)\lambda_2 \pi_1^2}{\lambda_1}} \qquad (6-56)$$

由式（6-56）可知：当银行提高对小微企业信贷违约处罚力度，小微企业违约概率会降低；当银行监管成本系数降低，银行会提高对小微企业的监管力度，则降低了小微企业选择违约行为的概率。

因此小微企业是否违约、银行是否进行监管的均衡状态为

$$\begin{cases} \pi_1^* = \dfrac{1}{2c\_p_1\lambda_2} \\ c\_p_1^* = \sqrt{\dfrac{(1-c\_p_2)\lambda_2\pi_1^2}{\lambda_1}} \end{cases} \tag{6-57}$$

当小微企业选择违约行为所获得的机会收益 $\pi_1 > \pi_1^*$（小微企业选择违约行为所获得的机会收益大于守约的期望收益），此时小微企业选择违约行为，当 $\pi_1 < \pi_1^*$，此时小微企业选择守约行为；当银行进行监管的概率 $c\_p_1 > c\_p_1^*$（银行选择监管的收益大于不监管的收益）此时银行选择正常监管，当 $c\_p_1 < c\_p_1^*$ 时，银行可能放弃监管。

6.2.2.2 核心企业担保下小微企业与银行管控模型

在电商供应链融资模式下，小微企业如果有核心企业做担保，从而可增强小微企业与银行的合作程度，促进电商供应链金融正常运作。核心企业是否选择担保关键在于小微企业违约概率。假设小微企业以电商供应链金融模式进行融资，银行选择监管的成本与监管力度、小微企业信贷违约成本跟上述分析一样，小微企业正常经营所需要融资的金额为 π_2，小微企业融资成功后进行正常生产运行的收益为 π_3，银行收取小微企业的利息为 π_4。在供应链融资模式下，小微企业的担保企业是核心企业，小微企业要支付给核心企业的担保费用为 π_5，根据以上假设，此时小微企业的收益函数为 F_c，小微企业面临决策问题为

$$\begin{aligned}
\max_{c\_p_2} F_c &= \max_{c\_p_2}\{c\_p_2[c\_p_1\times(\pi_2+\pi_3-\pi_5-C_2)+(1-c\_p_1)(\pi_2+\pi_3-\pi_5)] \\
&\quad +(1-c\_p_2)[c\_p_1\times(\pi_3-\pi_5-\pi_4)+(1-c\_p_1)(\pi_3-\pi_5-\pi_4)]\} \\
&= \max_{c\_p_2}[(\pi_2+\pi_3-\pi_5-c\_p_1 C_2)c\_p_2 \\
&\quad +\pi_3-\pi_5-\pi_4-c\_p_2(\pi_3-\pi_5-\pi_4)] \\
&= \max_{c\_p_2}(\pi_3-\pi_5-\pi_4-c\_p_1 c\_p_2 C_2+c\_p_2\pi_4+c\_p_2\pi_2) \tag{6-58}
\end{aligned}$$

最优化决策的一阶导数为

$$\frac{\mathrm{d}F_c}{\mathrm{d}c\_p_2} = \pi_2 + \pi_4 - c\_p_1 C_2 = \pi_2 + \pi_4 - c\_p_1 \lambda_2 \pi_1^2 = 0 \qquad (6-59)$$

求出

$$\pi_1^* = \sqrt{\frac{\pi_2 + \pi_4}{c\_p_1 \lambda_2}} \qquad (6-60)$$

由式（6-58）~式（6-60）可知：小微企业利用电商供应链金融模式进行融资时，如果要降低小微企业违约概率，需要增加银行对小微企业监管力度，降低小微企业支付给核心企业的担保费用，提高银行对小微企业信贷违约处罚力度。

6.2.2.3 应收账款融资模式下小微企业与核心企业管控模型

电商供应链金融的一种重要模式是应收账款融资模式，从小微企业、核心企业守约最优均衡点的角度构建信用风险管控模型。假设小微企业与核心企业采用应收账款融资模式，设小微企业应收账款金额为 H，应收账款质押率为 g_1，投资收益率为 g_2，违约损失为 G_1，核心企业投资收益为 g_3，违约损失为 G_2；核心企业选择守约概率为 $c\_p_3(0 \leqslant c\_p_3 \leqslant 1)$，选择违约概率为 $1 - c\_p_3$；此时小微企业选择守约概率为 $c\_p_4(0 \leqslant c\_p_4 \leqslant 1)$，选择违约概率为 $1 - c\_p_4$，银行给小微企业贷款利率为 g_4。根据以上假设，此时小微企业的收益函数为 F_d，则小微企业面临决策问题为

$$
\begin{aligned}
\max_{c\_p_2} F_d = \max_{c\_p_2} (c\_p_4 \{ c\_p_3 [g_1 H(g_2 - g_4)] + (1 - c\_p_3) [g_1 H(g_2 - g_4) - H] \} \\
+ (1 - c\_p_4) \{ c\_p_3 [g_1 H(g_2 + 1) - H] \\
+ (1 - c\_p_3) [g_1 H(g_2 - g_4) - H - G_1] \})
\end{aligned}
\qquad (6-61)
$$

最优化决策的一阶导数为

$$
\begin{aligned}
\frac{\mathrm{d}F_d}{\mathrm{d}c\_p_4} = g_1 H(g_2 - g_4) - H - H c\_p_3 + g_1 g_4 H + H + G_1 \\
- c\_p_3 g_1 H g_4 - g_1 g_2 H - g_1 c\_p_3 H - c\_p_3 G_1 = 0
\end{aligned}
\qquad (6-62)
$$

$$
\begin{aligned}
\frac{\mathrm{d}F_d}{\mathrm{d}c\_p_4} = -H c\_p_3 + G_1 - c\_p_3 g_1 H g_4 \\
- g_1 c\_p_3 H - c\_p_3 G_1 = 0
\end{aligned}
\qquad (6-63)
$$

$$c\_p_3^* = \frac{G_1}{H + g_1 g_4 H + g_1 H + G_1} = \frac{G_1}{H(1 + g_1 g_4 + g_1) + G_1}$$

$$= \frac{1}{\frac{H}{G_1}(1 + g_1 g_4 + g_1) + 1} \qquad (6-64)$$

核心企业的收益函数为 F_e，则核心企业面临决策问题为

$$\max_{c\_p_3} F_e = \max_{c\_p_3} (c\_p_3 \{c\_p_4 H g_3 + (1 - c\_p_4)[g_1 H g_3 - H g_1(1 + g_4)]\}$$
$$+ (1 - c\_p_3)\{c\_p_4[H(g_2 + 1) - G_2] + (1 - c\_p_4)[H(g_2 + 1) - G_2]\})$$
$$(6-65)$$

最优化决策的一阶导数为

$$\frac{\mathrm{d}F_e}{\mathrm{d}c\_p_3} = p_4 H g_3 + g_1 g_3 H - g_1 H - g_1 g_4 H - c\_p_4 g_1 g_3 H$$
$$+ c\_p_4 H g_1 + c\_p_4 g_1 g_4 H + G_2 - H g_2 - H = 0 \qquad (6-66)$$

$$c\_p_4^* = \frac{g_1 H + g_1 g_4 H + H + g_2 H - G_2 - g_1 g_3 H}{g_1 H + g_1 g_4 H + g_3 H - g_1 g_3 H} \qquad (6-67)$$

化简可得

$$c\_p_4^* = 1 + \frac{H(g_2 - g_3) - G_2}{H(g_1 + g_1 g_4 + g_3 - g_1 g_2)} \qquad (6-68)$$

在应收账款融资模式下小微企业、核心企业违约均衡点为

$$\begin{cases} c\_p_4^* = 1 + \dfrac{H(g_2 - g_3) - G_2}{H(g_1 + g_1 g_4 + g_3 - g_1 g_2)} \\ c\_p_3^* = \dfrac{1}{\dfrac{H}{G_1}(1 + g_1 g_4 + g_1) + 1} \end{cases} \qquad (6-69)$$

147

在应收账款融资模式下，当小微企业选择守约的概率为 $c\_p_4 > c\_p_4^*$ 时，小微企业选择守约所获得的期望收益大于违约的期望收益，此时小微企业选择守约行为；当小微企业进行守约的概率为 $c\_p_4 < c\_p_4^*$ 时，此时小微企业选择违约行为。在应收账款融资模式下，当核心企业选择守约的概率为 $c\_p_3 > c\_p_3^*$ 时，核心企业选择守约所获得的期望收益大于违约的期望收益，此时核心企业选择守约行为；当核心小微企业进行守约的概率为 $c\_p_3 < c\_p_3^*$ 时，此时核心企业选择违约行为。

由式（6-69）可知：小微企业在应收账款融资模式下，要降低小微企业违约概率，减少小微企业信用风险，需要银行降低对小微企业的贷款利率，

提高小微企业的违约损失；要降低核心企业违约概率，需要增加核心企业违约损失金额，提高核心企业守约与违约之间的收益差距。

根据上述对核心企业与小微企业、银行之间博弈分析，再结合小微企业信用风险的特点，本书从组织防御、组织监视、组织结构创新等视角来提出基于信用风险管理的电商供应链金融模式下小微企业免疫力水平提升机理，减少小微企业的信用风险，强化电商供应链金融模式下小微企业信用风险管控机制。小微企业免疫力提升的机理如图6-7所示。

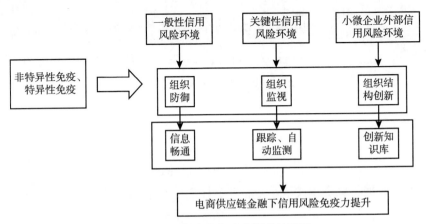

图6-7 小微企业免疫力提升的机理

（1）从组织防御视角提高信贷违约的处罚力度。

目前一些互联网金融平台存在欺诈的现象，政府需要制定出完善的互联网融资行业标准与规则，增加对小微企业的防御力度。首先，政府应利用区块链3.0技术构建标准化行业准则，规范小微企业的信用交易运行规则，提升信息化征信-防御能力，优化互联网融资的生态环境，保证信息畅通，杜绝金融欺诈等行为的发生。其次，银行应建立完善、合理的信用风险奖惩机制，加大小微企业信用风险行为的处罚力度，提升小微企业信用等级。

（2）从组织监视角度提高小微企业免疫力。

电商供应链金融模式是一种复杂、充满风险的网络融资模式，它的主要挑战是金融监管。电商供应链金融融资模式由电商供应链金融1.0向电商供应链金融2.0、3.0不断迈进，目前已经进入电商供应链金融4.0模式。

对于政府而言：首先，在供应链金融4.0模式下，政府利用区块链等金融科技手段从组织监视角度提高小微企业免疫力。政府利用区块链技术，利用其不可篡改、去中心化等特性，建立信用风险监测系统，对小微企业进行交易跟踪、自动监测，进而降低小微企业的信贷风险。其次，要加大对小微企业的扶持力度，创造有利的融资环境，完善征信体系来缓解其融资难等问题。此外，为了有效减轻小微企业经营不稳定的问题，政府应支持小微企业协会的成立，在协会中，大家互助共赢，并设立信用担保基金，弥补核心企业信用担保损失。

对于贷款方而言：建立信用监视与处罚管理系统，督促小微企业进行有效信息共享，从而能够清晰地了解到小微企业的经营现状和真实的财务情况。

对于小微企业而言：小微企业自身应注重并加强财务会计透明度的建设，增加信息披露的可信度，以保证企业内部财务信息的规范表达。

（3）从组织结构创新角度提升小微企业免疫力能力，产生信誉的"乘数效应"。

首先，信贷机构应结合小微企业的实际需求，设计出符合小微企业需求的创新性信贷产品，以满足小微企业的信用融资需求。小微企业应当积极引进市场上各类信贷金融产品，减少对银行的依赖，以保证企业融资的灵活性。目前活跃在市场上的网贷平台对促进电商供应链金融模式的快速发展起到重要作用。其次，小微企业在充分了解自身的融资条件和融资金额的基础上构建创新知识库，对知识进行更新并对知识创新结构进行持续优化；通过创新知识库可以理性地使用信贷金融产品，形成一个能够提升小微企业竞争力的平台，实现知识数据有效关联、统筹规划，确保知识有序性，以满足自身的发展需求，进而提升小微企业免疫力能力。最后，在电商供应链金融模式下，小微企业需引入第四方物流，为相关融资业务提供高水平供应链与物流服务，降低交易成本，利用组织结构的创新手段来减少信用风险，使小微企业产生信誉"乘数效应"，不断提高边际信誉度。

电商供应链金融模式下小微企业信用风险控制仍以风险预警为基础，政府需要利用区块链技术提高小微企业信用风险管控能力，完善政府的监管体系，利用区块链思维与原理对电商供应链金融模式进行优化（Kruppa et al.,

2013；Jadhav et al.，2018），并结合管理者的经验对小微企业信用风险进行管控，具体管控机制如图 6-8 所示。

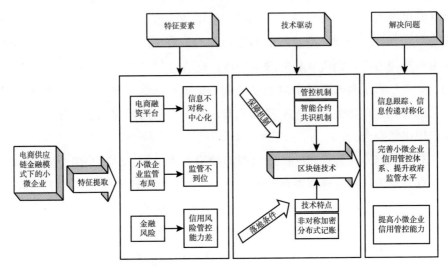

图 6-8　电商供应链金融下基于区块链技术的信用风险管控机制

区块链技术发挥了用户网络效应、应用协同效应的优势，打造出实时共享信息的数据库，为网络金融平台提供一个更为弹性、真实的知识构型，为小微企业的信用风险防控提供保障，提升银行与小微企业信用体系的智能协同性。同时，区块链技术增强信用数据的有效性、保密性，为电商供应链金融下信用信息提供追溯作用，达到信息有效传递这一效果。政府利用区块链技术不可篡改、智能合约等特点，为当前小微企业面临的信用风险提供了化解路径，提升了其免疫能力，确保整个信用风险可控、可管。

6.3　P2P 网络借贷模式下小微企业信用风险管控研究

6.3.1　基于 ESS 的 P2P 网络借贷模式下信用风险管控模型

演化稳定策略（ESS）也叫进化稳定策略，它是一种博弈均衡解，它也是一种非理性条件下的决策策略；小微企业与 P2P 借贷平台时常处于非对称状态，ESS 更加适用于这种非对称博弈分析。小微企业与 P2P 借贷平台的动态稳定点，是小微企业与 P2P 借贷平台长期合作的关键因素，也是对小微企业信用风险有效管控的前提条件。根据 P2P 网络借贷模式下小微企业信用风险测度的综合影响度与基于软集合的验证结果构建如下信用风险管控模型。

小微企业与 P2P 借贷平台进行博弈，小微企业（借款人）策略集为 $\{d\_A_1, d\_A_2\}$，d_A_1 为诚信，其中小微企业采用 d_A_1 的比例为 p^d，d_A_2 为小微企业采用不诚信行为，d_A_2 的比例为 $1 - p^d$；P2P 借贷平台策略集为 $\{d\_B_1, d\_B_2\}$，d_B_1 为审核通过，d_B_2 为审核不通过，其中 P2P 借贷平台采用 d_B_1 的比例为 q^d，d_B_2 的比例为 $1 - q^d$；设 R^d 为通过审核后小微企业获得的收益，C^d 为小微企业融资的准备成本，L^d 为小微企业被发现隐瞒不良信息等失去信誉的成本；F^d 为小微企业进行借款后 P2P 平台的收益，E^d 为 P2P 平台进行审核所需要的成本。H^d 为低信誉的小微企业进入融资市场给 P2P 平台带来的损失。由以上可得，小微企业与 P2P 借贷平台的博弈支付矩阵如表 6-1 所示，其中第一个数据表示小微企业的利润，第二个数据表示 P2P 借贷平台的利润（后面的支付矩阵记录规则与本例相同）。

表 6-1　　　　　　　**小微企业与 P2P 借贷平台的博弈支付矩阵**

（小微企业，P2P 借贷平台）		P2P 借贷平台	
		审核通过（q^d）	审核不通过（$1-q^d$）
小微企业	诚信（p^d）	$R^d - C^d$，$F^d - E^d$	$-C^d$，$-E^d$
	不诚信（$1-p^d$）	$R^d - C^d - L^d$，$F^d - E^d - H^d$	$-C^d$，$-E^d$

（1）小微企业采用 d_A_1 策略时所能获得的期望收益为 d_U_1，采用 d_A_2 策略时的期望收益为 d_U_2，小微企业的期望总收益为 d_U，则

$$d\_U_1 = q^d(R^d - C^d) + (1 - q^d)(-C^d) = q^d R^d - C^d \qquad (6-70)$$

$$d\_U_2 = q^d(R^d - C^d - L^d) + (1 - q^d)(-C^d) = q^d R^d - q^d L^d - C^d \qquad (6-71)$$

$$d\_U = p^d d\_U_1 + (1 - p^d) d\_U_2 = q^d R^d - q^d L^d + q^d p^d L^d - C^d \qquad (6-72)$$

小微企业中采用 d_A_1 的复制动态方程为

$$F(p^d) = \frac{\mathrm{d}p^d}{\mathrm{d}t} = p^d(d\_U_1 - d\_U) = p^d(1-p^d)\left[(2R^d - L^d)q^d - 2C^d\right]$$

$$(6-73)$$

根据演化博弈复制动态稳定性定理，小微企业与 P2P 借贷平台实现演化稳定策略时应满足以下两个条件：

$$F(p^d) = 0 \qquad (6-74)$$

$$F'(p^d) < 0 \qquad (6-75)$$

$q^d = \dfrac{2C^d}{2R^d - L^d}$ 时，所有 p^d 均为 ESS；$q^d > \dfrac{2C^d}{2R^d - L^d}$ 时，$F(0) = 0$，$F'(0) < 0$，$p^{d*} = 0$ 为 ESS；$q^d < \dfrac{2C^d}{2R^d - L^d}$ 时，$F(1) = 0$，$F'(1) < 0$，$p^{d*} = 1$ 为 ESS。

（2）P2P 借贷平台采用 B_1 策略时所能获得的期望收益为 d_V_1，采用 B_2 策略时的期望收益为 d_V_2，P2P 借贷平台的期望总收益为 d_V。

$$d\_V_1 = p^d(F^d - E^d) + (1-p^d)(-E^d) = p^d F^d - E^d \qquad (6-76)$$

$$d\_V_2 = p^d(F^d - E^d - H^d) + (1-p^d)(-E^d) = p^d F^d - p^d H^d - E^d \qquad (6-77)$$

$$d\_V = q^d d\_V_1 + (1-q^d)d\_V_2 = p^d F^d - p^d H^d + q^d p^d H^d - E^d \qquad (6-78)$$

小微企业中采用 B_1 策略的复制动态方程为

$$F(q^d) = \frac{dq^d}{dt} = q^d(d\_V_1 - d\_V) = q^d(1-q^d)\left[(2F^d - H^d)p^d - 2E^d\right]$$

$$(6-79)$$

根据演化博弈复制动态稳定性定理，小微企业与 P2P 借贷平台实现演化稳定策略时应满足以下条件：

$$\begin{cases} F(q^d) = 0 \\ F'(q^d) < 0 \end{cases} \qquad (6-80)$$

$p^d = \dfrac{2E^d}{2F^d - H^d}$ 时，所有 p^d 均为 ESS；$p^d > \dfrac{2E^d}{2F^d - H^d}$ 时，$F(0) = 0$，$F'(0) < 0$，$q^{d*} = 0$ 为 ESS；$p^d < \dfrac{2E^d}{2F^d - H^d}$ 时，$F(1) = 0$，$F'(1) < 0$，$q^{d*} = 1$ 为 ESS。

当小微企业与 P2P 借贷平台处于动态稳定状态时，达到利益共赢，进而促使 P2P 网络借贷模式正常运行，增加双方信息对称程度，有效降低小微企业信用风险。

（3）嵌入监管机构的监管分析。假设监管机构选择监管的概率为 α^d，$1-\alpha^d$ 为不监管的概率，C_R^d 为监管时的监管成本，F_R^d 为监管机构对 P2P 平台违约经营进行惩罚所获得惩罚收益；当 P2P 平台违约经营，且监管机构不监管时科技型小微企业不能融资到所需要的资金造成损失为 L_R^d。P2P 平台合规经营的概率为 β^d，$1-\beta^d$ 为违规经营的概率。监管机构进行监管的时候获得的期望收益为 d_W_1，不监管时的期望收益为 d_W_2，监管机构的期望收益为 d_W。监管机构进行监管、不进行监管的收益矩阵分别如表 6-2、表 6-3 所示。

表 6-2 监管机构进行监管的收益矩阵

（科技型小微企业，P2P 借款平台）		P2P 借款平台	
		合规经营（β^d）	违约经营（$1-\beta^d$）
科技型小微企业	诚信（p^d）	$R^d - C_R^d$	$R^d - C_R^d + F_R^d$
	不诚信（$1-p^d$）	$R^d - C_R^d$	$R^d - C_R^d + F_R^d$

表 6-3 监管机构不进行监管的收益矩阵

（科技型小微企业，P2P 借款平台）		P2P 借款平台	
		合规经营（β^d）	违约经营（$1-\beta^d$）
科技型小微企业	诚信（p^d）	0	$-L_R^d$
	不诚信（$1-p^d$）	0	$-L_R^d$

由表 6-2 可得

$$d\_W_1 = \begin{bmatrix} p^d & 1-p^d \end{bmatrix} \begin{bmatrix} R^d - C_R^d & R^d - C_R^d + F_R^d \\ R^d - C_R^d & R^d - C_R^d + F_R^d \end{bmatrix} \begin{bmatrix} \beta^d \\ 1-\beta^d \end{bmatrix}$$

$$= -\beta^d F_R^d + R^d - C_R^d + F_R^d \tag{6-81}$$

由表 6-3 可得

$$d\_W_2 = \begin{bmatrix} p^d & 1-p^d \end{bmatrix} \begin{bmatrix} 0 & -L_R^d \\ 0 & -L_R^d \end{bmatrix} \begin{bmatrix} \beta^d \\ 1-\beta^d \end{bmatrix}$$

$$= \beta^d L_R^d - L_R^d \qquad (6-82)$$

当 $d\_W_1 \geqslant d\_W_2$ 时，即

$$\beta^d \geqslant \frac{R^d - C_R^d}{L_R^d + F_R^d} + 1 \qquad (6-83)$$

当满足式（6-83）时，监管机构倾向进行监管。

由式（6-83）可知：提高监管机构的监管收益，降低监管成本可以提高监管机构进行监管的概率，从而也降低了科技型小微企业的不诚信行为，进一步提升了科技型小微企业信用水平。

6.3.2 基于利益相关者的 P2P 网络借贷模式下信用风险管控模型

贷款方、P2P 借贷平台以及借款方（小微企业）是 P2P 借贷模式下的利益相关主体，如果这三者利益主体达到利益均衡，可以促进小微企业 P2P 网络借贷的健康发展。小微企业需要融资的金额为 R_L，如果融资成功后进行经营获益为 R_g，贷款方可以选择监督或者不监督，贷款方监督小微企业进行经营活动的概率为 PR_1，不监督的概率为 $1-PR_1$；贷款方对小微企业的监督成本为 R_c，贷款方贷款给小微企业后自身获得贷款利息为 R_l，小微企业还款到期时可以选择守约或者不守约。小微企业进行守约的概率为 PR_2，违约的概率为 $1-PR_2$；此时 P2P 借贷平台给小微企业进行担保，则小微企业需要支付担保费用 R_d，当小微企业违约时，贷款方损失为 RG_1，P2P 借贷平台的损失为 RG_2，小微企业违约可能带来直接处罚与后续不能有效合作的隐形损失为 RG_3。由以上分析可得：贷款方选择监督收益为 R_{j1}，不监督的收益为 R_{j2}，则有

$$R_{j1} = PR_1 PR_2 (R_l - R_c) + PR_1 (1-PR_2)(R_l - R_c - RG_1) \qquad (6-84)$$

$$R_{j2} = (1-PR_1) PR_2 R_l + (1-PR_1)(1-PR_2)(R_l - RG_1) \qquad (6-85)$$

当贷款方的收益达到均衡状态时 $R_{j1} = R_{j2}$，则有

$$PR_1^* = \frac{1}{2 - \dfrac{R_c}{R_l - RG_1 + PR_2 RG_1}} \qquad (6-86)$$

由式（6-86）可得：贷款方是否选择监督小微企业的经营活动主要取决于贷款方对小微企业的监督成本、贷款利息，小微企业违约时的贷款方损失额，小微企业选择按期还款的概率。

小微企业守约收益为 R_{k1}，不进行守约的收益为 R_{k2}，则有

$$R_{k1} = PR_1 PR_2 (R_g - R_l) + (1 - PR_1) PR_2 (R_g - R_l) \tag{6-87}$$

$$R_{k2} = PR_1 (1 - PR_2)(R_L + R_g - R_l - RG_3)$$
$$+ (1 - PR_1)(1 - PR_2)(R_L + R_g - R_l - RG_3) \tag{6-88}$$

当小微企业的收益达到均衡状态时 $R_{k1} = R_{k2}$，则有

$$PR_2^* = \frac{1}{1 + \{1/[1 + (R_L - RG_3)/(R_g - R_l)]\}} \tag{6-89}$$

由式（6-89）可得：P2P 借贷模式下小微企业还款到期时是否守约主要取决小微企业获得融资金额、小微企业违约成本、融资成功进行经营获益额、贷款方获得贷款利息。

6.3.3 基于动态循环免疫力提升的 P2P 网络借贷模式下信用风险管控模型

利用组织免疫系统的适度性、动态性等特点，再整合内部控制要素，构建出基于组织免疫理论的内部控制框架，建立企业信用评级系统，打造成一个集融资、征信、风控、监管于一体的开放型网络借贷平台，以期对 P2P 借贷模式下小微企业信用风险进行规范化管控。利用组织免疫理论从组织防御、组织监视、组织记忆这三个方面来提升小微企业免疫力水平，推进信用体系的建设，促进小微企业健康、快速成长（Bai et al.，2019），从根本上提高 P2P 模式下小微企业信用风险管控水平，其理论模型如图 6-9所示。

对于科技型小微企业 P2P 借贷的防范需要完善相关立法与监管措施，建立严格风控规范制度，规范从业人员管理制度及激励制度。对区块链理念予以充分借鉴，搭建一个统一的区块链下金融信息共享平台与区块链下 P2P 新融资模式进行无缝融合，具体如图 6-10 所示。

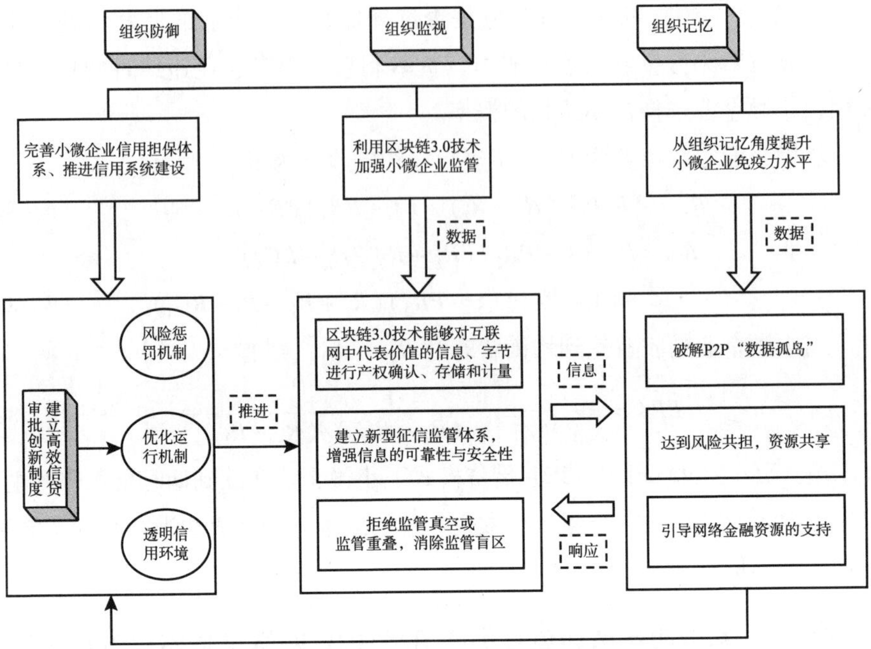

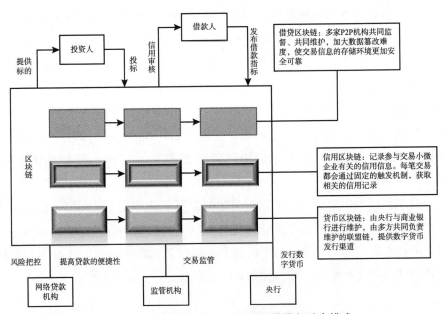

组织防御　　　　　组织监视　　　　　组织记忆

完善小微企业信用担保体系、推进信用系统建设

利用区块链3.0技术加强小微企业监管

从组织记忆角度提升小微企业免疫力水平

数据

数据

风险惩罚机制

建立高效信贷审批创新制度

优化运行机制

透明信用环境

推进

区块链3.0技术能够对互联网中代表价值的信息、字节进行产权确认、存储和计量

建立新型征信监管体系，增强信息的可靠性与安全性

拒绝监管真空或监管重叠，消除监管盲区

破解P2P"数据孤岛"

达到风险共担，资源共享

引导网络金融资源的支持

信息

响应

图 6－9　小微企业动态循环免疫力提升理论模型

投资人

借款人

提供标的

投标

信用审核

发布借款指标

借贷区块链：多家P2P机构共同监督、共同维护，加大数据篡改难度，使交易信息的存储环境更加安全可靠

区块链

信用区块链：记录参与交易小微企业有关的信用信息。每笔交易都会通过固定的触发机制，获取相关的信用记录

货币区块链：由央行与商业银行进行维护，由多方共同负责维护的联盟链，提供数字货币发行渠道

风险把控　　提高贷款的便捷性　　　交易监管　　　发行数字货币

网络贷款机构

监管机构

央行

图 6－10　区块链技术下 P2P 网络借贷新融合模式

区块链技术原理是去中心化、共识机制、高透明度、去信任化、集体维护等。区块链技术增强信息的真实性和完整性、降低 P2P 平台的运营成本、保护数据客观性、保护用户数据的隐私性、提高数据的可追溯性，在 P2P 网络借贷中具有一定的适用性。

基于区块链技术的 P2P 融资创新模式在一定程度反映了知识创新与需求驱动，通过金融科技力量为科技型小微企业整体经济稳步发展创造强大动力。区块链技术下 P2P 网络借贷新融合模式的构建，不仅仅强化网络借贷机构的风险把控能力，也提高其信贷的便捷性，从本质上提高了小微企业信用水平，减少了借款方与投资方的信息不对称带来信用风险。

信用风险管控下的小微企业动态循环免疫力提升的具体措施如下：

（1）从组织防御视角完善小微企业信用担保体系、推进信用系统建设。

首先，鼓励小微企业建立互助担保联盟，完善小微企业信用担保体系。政府与信用担保机构应对抵押、质押登记进行制度上的创新，建立高效的信贷审批创新制度，优化运行机制，并提升互助担保联盟中信用风险的防御能力。其次，政府应健全信用风险惩罚机制，从防御的视角推进小微企业的信用系统建设；利用信用风险惩罚机制提高小微企业的失信成本，营造健康、良好的信用环境。与此同时，贷款方需要提供创新性金融产品来满足小微企业的需求，加大产业链融资，实现贷款方与小微企业协同发展，最终构造一个健康的社会信用体系。

（2）组织监视视角下利用区块链 3.0 技术加强小微企业监管。

政府利用区块链 3.0 技术的智能合约、加密技术等特征建立信用风险监管系统，增强小微企业信息可靠性与安全性，进而有效解决小微企业信用风险管控问题；并建立互联网信息沟通反馈系统，打通信用流转体系，盘活资金流、知识流等，强化信用环境监管；建立多维度、高效率的新型征信监管体系，加快对小微企业"监管全程化"，拒绝监管真空且消除监管盲区，整体提升小微企业信用水平。

（3）从组织记忆角度提升小微企业免疫力水平。

小微企业、贷款方、P2P 借贷平台三者之间信息沟通与交流尤为重要，为了确保提高信用风险管理的记忆水平，首先需制定一种可行规则制度。在 P2P 网络借贷下的利益相关者中，获得信息较多的一方就会将信息改编、整合、添加等，从而追求自身利益最大化。因此应从特异性免疫层面上设计可行规则制度来实现 P2P 网络借贷模式下相关利益主体间风险共担、资源共享。其次要实现三者之间最大限度的信息对称，政府与贷款方应及时掌握并更新 P2P 借贷模式下小微企业信用相关的知识数据，并对信用数据进行顶层设计、有效关联，从根本上提高小微企业的组织记忆能力，不断完善新一代的组织记忆系统，打造出新一代的核心系统。最后引导更多网络金融资源支持小微企业快速发展，对小微企业信用数据进一步统筹规划，进而提高小微企业风险管控能力。

针对 P2P 网络借贷下信用风险，提出小微企业信用风险管控模型。在 P2P 网络借贷环境下制定可行规则制度，完善信用风险评价机制，营造良好的 P2P 网络借贷平台信用环境，增强小微企业信用风险防控的免疫力水平。

P2P 平台不仅仅是担保机构，也是一个风险评级平台，P2P 借贷模式是一种基于互联网思维，以后需要从互联网思维探讨更佳的市场机制、信用机制、技术机制进行有效的信用风险管控，并对 P2P 网贷借贷平台"爆雷"原因与发展对策进行深入研究。

6.4 网络众筹模式下小微企业信用风险管控研究

根据网络众筹模式下信用风险测度模型的结果可知：小微企业与贷款方信息不对称程度、监管力度、创新合作程度是网络众筹模式下小微企业信用风险主要影响因素。针对网络众筹模式下主要信用风险因素，提出如下信用风险管控模型。

6.4.1 基于激励机制的信用风险管控模型

根据"小微企业与贷款方信息不对称程度"是关键的信用风险因素，构建基于激励机制的信用风险管控模型。有效激励机制可提升小微企业与贷款方之间信息共享度，并提升小微企业与贷款方信息对称程度。

小微企业通过网络众筹方式需要筹集的资金为 YF，n_n 为贷款方（或投资者，统称贷款方）的利率，若小微企业项目运行成功，则收益为 g_S_1，成功的概率为 p_g，小微企业的收益为 $g\_\overline{S}$，则有

$$g\_\overline{S} = g\_S_1 \times p_g \qquad (6-90)$$

小微企业期望收益为 $g\_S_2 = [g\_S_1 - YF(1+n_n)]p_g$，对于小微企业，存在利益均衡点为

$$\begin{cases} g\_S_1^* = YF(1+n_n) \\ p_g^* = \dfrac{g\_S_1}{g\_S_1^*} \end{cases} \qquad (6-91)$$

由式（6-91）可知，当 $p_g \leq p_g^*$ 时，小微企业会进行筹资；反之，就不进行筹资。随着贷款方的利率 n_n 下降时，小微企业的项目运作成功的概率将会提升。

假设小微企业按照筹资合同规定，项目运行成功的收益为 g_S_3，成功概率是 p_c，小微企业如不按照筹资合同规定，此时项目运行成功的收益为 S_4，成功概率为 p_l，其中 $g\_S_4 > g\_S_3$，$p_c > p_l$。小微企业预期收益为 F_1，众筹平台预期为 F_2，则有

$$F_1 = \max\{[g\_S_3 - Y(1+n)] \times p_c - Y(1+n) \times (1-p_c),$$
$$[g\_S_4 - Y(1+n)] \times p_l - Y(1+n) \times (1-p_l)\} \qquad (6-92)$$
$$F_2 = \max[Y(1+n) \times p_c - Y(1-p_c),\ Y(1+n) \times p_l - Y(1-p_l)]$$
$$\qquad (6-93)$$

由于 $p_c > p_l$，众筹平台最大的收益为 $[Y(1+n_n)] \times p_c - Y(1-p_c)$，由此可知，只有当小微企业遵守相关规定时，众筹平台的期望收益才会达到最大，小微企业的最大期望收益取决于不同情景的预期收益。小微企业在最大收益原则的驱使下，将可能产生道德风险。

当众筹项目启动后，假设小微企业由 μ^m 员工组成，小微企业创造的价值与员工的努力程度成正比，b_ϑ 为员工的工作努力程度，α^g 为员工固定收入，β^g 为努力程度的激励系数，l_ι 为信息可共享率，f_h 为员工信息存量，c_θ 为信息共享成本系数，X^g 为总产出定额，$x(b_\vartheta)$ 为单位产出定额，则有：$X^g = \mu^m x(b_\vartheta)$

$$\max_{\alpha^g, \beta^g, b_\vartheta} = \{(1 - \mu^m \beta^g)\mu^m(l_\iota f_h\, b_\vartheta - \alpha^g)\}$$

$$\max_{\alpha^g, \beta^g, b_\vartheta} = \left\{\alpha^g + \beta^g \mu^m(l_\iota f_h\, b_\vartheta - \alpha^g) - \frac{c_\theta b_\vartheta^2}{2}\right\} \qquad (6-94)$$

收益函数一阶条件：

$$\mu^m \beta^g l_\iota f_\hbar - c_\theta b_\vartheta = 0, \quad \beta^g = \frac{c_\theta b_\vartheta}{\mu^m l_\iota f_\hbar} \qquad (6-95)$$

β^g 关于 b_ϑ 的一阶导数：

$$\frac{\partial \beta^g}{\partial b_\vartheta} = \frac{c_\theta}{\mu^m l_\iota f_\hbar} \qquad (6-96)$$

贷款方的期望效用为 $(1 - \mu^m \beta^g) \mu^m (l_\iota f_\hbar b_\vartheta - \alpha^g)$，对 b_ϑ 求导后的值令为 0，则有

$$\mu^m (1 - \mu^m \beta^g) l_\iota f_\hbar - (\mu^m)^2 (l_\iota f_\hbar b_\vartheta - \alpha^g) \frac{\partial \beta^g}{\partial b_\vartheta} = 0 \qquad (6-97)$$

由式（6-94）~式（6-97）可得：

$$\begin{cases} b_\vartheta^* = \dfrac{(l_\iota f_\hbar)^2 + c_\theta \alpha^g}{2 c_\theta l_\iota f_\hbar} \\[4mm] \beta^{g*} = \dfrac{(l_\iota f_\hbar)^2 + c_\theta \alpha^g}{2 \mu^m (l_\iota f_\hbar)^2} \end{cases} \qquad (6-98)$$

得出小微企业的最佳产出为 $x(b_\vartheta^*)$，最佳产出定额 $X = \mu^m x(b_\vartheta^*)$，由式（6-98）可知，小微企业努力程度的激励系数随信息共享成本系数、员工固定收入增大而增大，随信息可共享率、员工信息存量增大而减少。

6.4.2　基于监管力度的信用风险管控模型

小微企业有守约经营和违约经营两种策略，如何让小微企业自觉地进行守约经营，关键在于众筹平台的监管力度；众筹平台是否选择监管主要取决众筹平台进行监管的期望收益值、利益均衡值。设小微企业守约经营的概率为 g_S_p，违约经营的概率为 $1 - g\_S_p$。小微企业守约经营的收益为 $g\_S_{r_1}$，由于违约经营可以可得额外的收益，设违约经营的总的收益为 $g\_S_{r_2}$，则 $g\_S_{r_2} > g\_S_{r_1}$。众筹平台有选择监管和不监管两种策略，当众筹平台选择监管时，其监管的成本为 g_S_h，如果小微企业选择违约经营，被众筹平台发现时，会产生两方面的损失：第一，小微企业的声誉损失为 g_S_l；第二，受到众筹平台相应处罚为 g_S_f。此时众筹平台的收益为 $g\_S_f - g\_S_h$，如果众筹平台放弃监管，会损失声誉，损失量为 g_S_b；众筹平台选择监管的概率为 g_S_q，放弃监

管的概率为 $1 - g\_S_q$。设众筹平台选择监管的期望收益为 V_g，放弃监管的期望收益为 V_b，则有

$$V_g = g\_S_h(-g\_S_p) + (1 - g\_S_p)(g\_S_f - g\_S_h)$$
$$= (1 - g\_S_p)g\_S_f - g\_S_h \tag{6-99}$$

$$V_b = 0 \times g\_S_p + (1 - g\_S_p) \times (-g\_S_b) \tag{6-100}$$

当 $V_g = V_b$ 时，可得到均衡点：

$$g\_S_p^* = \frac{-g\_S_h + g\_S_f + g\_S_b}{g\_S_b + g\_S_f} = 1 - \frac{g\_S_h}{g\_S_b + g\_S_f}$$

由上式可知：小微企业违约经营概率随着众筹平台监管成本的增加而增大，随着众筹平台处罚力度、平台声誉损失的增加而减少。

设小微企业选择守约经营的期望收益为 H_g，违约经营的收益为 H_b，则有

$$H_g = g\_S_{r_1} \tag{6-101}$$

$$H_b = g\_S_q(g\_S_{r_2} - g\_S_f - g\_S_l) + (1 - g\_S_q)g\_S_{r_2}$$
$$= g\_S_{r_2} - g\_S_q g\_S_f - g\_S_q g\_S_l \tag{6-102}$$

当 $H_g = H_b$ 时，可得到均衡点 $g\_S_q^* = \dfrac{g\_S_{r_2} - g\_S_{r_1}}{g\_S_l + g\_S_f}$。

由上式可知：众筹平台选择监管的概率随众筹平台选择不监管的声誉损失增大而增大，随小微企业违约经营的总收益与守约经营的收益差值的增大而增大。小微企业投机的概率与众筹平台监管成本成正比，与监管力度成反比；众筹平台获得收益越高，监管动力就越大，从而有效控制小微企业信用风险。

监管部门不仅需要通过媒体对违约的小微企业进行信息披露，也应建立完善的群众举报制度，提高群众的维权意识；构建并完善金融监管机制，逐步实现金融机构体系的多元化发展，积极推进小微企业金融创新进程。此外，可利用区块链、云计算等技术对小微企业进行有效的技术监管，利用金融科技手段来推进监管可视化；加大信息协同与精准服务，并加强监管部门的监管力度，推动小微企业网络众筹正常运作；政府与监管部门提供更多经验、可复制的信用风险控制模式与路径，最大限度地控制小微企业的信用风险，进而降低小微企业违约经营的概率。

6.4.3 基于创新合作的信用风险管控模型

根据"小微企业与贷款方创新合作程度"是网络众筹模式下关键的信用风险因素，小微企业与贷款方能够有效进行创新合作主要取决于小微企业选择创新合作的最优期望收益，基于此，本书构建基于创新合作的信用风险管控模型。

网络众筹模式中，小微企业与贷款方在筹资总额为 T_z 下进行项目启动运作，双方进行创新合作，收益的分配系数分别为 s_a 和 s_b，则 $s_a + s_b = 1$，创新合作程度为 h_α，激励系数为 h_β，设双方的合作次数为 h_n，激励系数的激励效果与合作次数成正比，与合作创新程度呈正相关。如果众筹项目启动成功，双方创新合作获得收益为 T_{hz}，则有

$$T_{hz} = h_\alpha (1 + h_\beta)^{h_n - 1} T_z - T_z \tag{6-103}$$

此时，小微企业获得收益为 $s_a h_\alpha (1 + h_\beta)^{h_n - 1} T_z - T_z$，贷款方获得收益为 $s_b h_\alpha (1 + h_\beta)^{h_n - 1} T_z - T_z$。

小微企业进行创新合作的概率为 hp_a，贷款方进行创新合作的概率为 hp_b，小微企业与贷款方创新合作程度取决于小微企业选择创新合作的期望收益与不进行创新合作时的期望收益之差，设 ΔC_a，则有

$$\begin{aligned} \Delta C_a &= hp_b s_a h_\alpha (1 + h_\beta)^{h_n - 1} T_z - s_a T_z \\ &= s_a T_z \left| hp_b h_\alpha (1 + h_\beta)^{h_n - 1} - 1 \right| \end{aligned} \tag{6-104}$$

关于 s_a 求导，则有

$$\frac{\mathrm{d} \Delta C_a}{\mathrm{d} s_a} = hp_b h_\alpha (1 + h_\beta)^{h_n - 1} T_z - T_z \tag{6-105}$$

当 $hp_b > \dfrac{1}{h_\alpha (1 + h_\beta)^{h_n - 1}}$ 时，$\dfrac{\mathrm{d} \Delta C_a}{\mathrm{d} s_a} > 0$。

从上述可知：如果小微企业与贷款方合作创新的概率足够大，并大于 $\dfrac{1}{h_\alpha (1 + h_\beta)^{h_n - 1}}$ 时，小微企业与贷款方更加倾向合作，合作次数与创新合作程度随着双方的期望收益增大而增加。

基于创新合作的小微企业信用风险管控模型的建立，可有效提升小微企业与贷款方的创新合作程度，降低小微企业的信用风险。

6.4.4 基于免疫力水平提升路径的信用风险管控模型

小微企业健康成长机制是解决其本身存在资源约束、融资渠道窄、持续创新难的有效途径，进而也是降低其信用风险的重要途径。组织免疫力不仅是一种面对危机的处理能力，更是一种有效促进小微企业自身持续健康成长的能力。

特异性免疫和非特异性免疫是企业免疫的两个重要方面，本书从特异性免疫和非特异性免疫来构建网络众筹模式下小微企业成长机制（Sara et al.，2019；汪青松，2019），具体成长机制如图 6-11 所示。

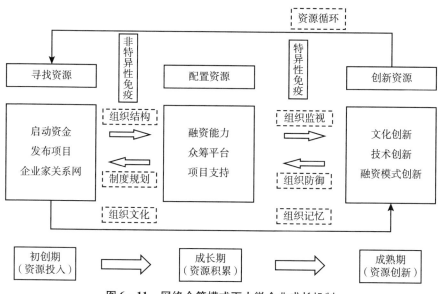

图 6-11　网络众筹模式下小微企业成长机制

网络众筹模式下小微企业成长机制的初创期、成长期、成熟期的成长过程和成长机理都有所不同。资源是小微企业发展的基础要素，小微企业的成长要不断扩张资源、创新资源。初创期重点在于寻找资源，成长期重点在于配置资源，成熟期重点在于创新资源；初创期到成长期这个过程要注重企业的非特异免疫能力提升，成长期到成熟期这个过程要注重企业的特异免疫能力提升。

在智能化时代，区块链 3.0 应用领域逐渐凸显出来，利用区块链 3.0 可实现信用风险源头的追踪，并且可对小微企业信用风险进行有效管控，提升小微企业免疫力水平，区块链 3.0 技术对众筹模式下小微企业免疫力提升起到重要作用。网络众筹模式下小微企业免疫力提升路径主要通过特异性免疫提高适应性，通过非特异性免疫增强稳定性。本书利用区块链 3.0 原理与思维从特异性免疫与非特异性免疫层面提出小微企业信用风险管控机制（Sulkowshi et al.，2018；王小芳等，2019），实现信用风险管控体系的效率全面提升，具体思路如图 6 – 12 所示。

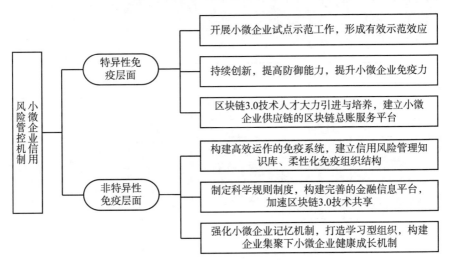

图 6 – 12　基于组织免疫理论的小微企业信用风险管控机制

6.4.4.1　特异性免疫层面的提升对策

（1）开展小微企业试点示范工作，形成有效示范效应，提升其信用水平。小微企业需要在生产、加工、物流、交易等环节对产品溯源，对供应链管理、数字加密、票据管理等进行示范展示，开展小微企业试点示范工作，形成有效示范引导效应，对小微企业特异性免疫通过示范增强其稳定性，进而提升小微企业信用水平。

（2）持续创新，提高防御能力，提升小微企业免疫力。政府应优化专项资金对区块链项目的支持方式，落实小微企业各项优惠政策，给予小微企业试错空间。结合区块链3.0技术的共识和激励机制，推进制定责权利等的共识规则，形成市场激励、政策激励、资源激励的有效结合，促进小微企业信用风险的有效降低并持续产生创新动力，提升小微企业防御能力，进而提升小微企业免疫力。

（3）区块链3.0技术人才大力引进与培养，建立小微企业供应链的区块链总账服务平台。随着经济内生动力不断涌现，小微企业发展的关键与落脚点在于人才，小微企业中有一大部分是年龄偏大、知识素养不高的群体，其中懂互联网技术、懂运营、懂区块链的人才尤其匮乏。围绕区块链发展和应用需求，我国依托国家重大人才工程、创新型青年人才培养计划等，加快区块链人才培养，加强人才队伍建设力度；区块链3.0技术人才的引进与培养可从本质上提升小微企业免疫力，创造良好的人本研究化。在区块链3.0技术人才大力引进与培养的基础上，政府应建立小微企业供应链的区块链总账服务平台；利用区块链3.0技术，进行数据保存、认证，加大智能化管控，从而保障数据最大限度共享；实现与金融区块链等共享、共识，这对小微企业的免疫监视与免疫自稳起到重要作用，进而有效减少小微企业网络众筹的信用风险。

6.4.4.2 非特异性免疫层面的提升对策

（1）构建高效运作的小微企业免疫系统，建立信用风险管理知识库、柔性化免疫组织结构。要构建高效运作的小微企业免疫系统，首先，应建立信用风险管理知识库，采用各种信息管理知识系统，及时发现企业各种免疫问题，并予以处理；其次，小微企业需建立柔性化免疫组织结构，提高小微企业免疫灵活性。柔性化免疫组织结构的建立可提高众筹项目视觉效果的展示，此视觉效果的展示可激发用户的兴趣，抓住用户的眼球，提升众筹网站设计的视觉效果，形成自身的特色和风格，并提高小微企业内外部信息交流的速度，增强小微企业敏感度与应变能力。

（2）制定科学规则制度，构建完善的金融信息平台，加速区块链3.0技术共享。要提高小微企业网络众筹的信用风险防范能力，政府需要完善相关立法与监管措施，建立严格风控规范制度，制定科学规则制度。本书利用区块链3.0原理与思维搭建网络众筹模式下金融信息共享平台，具体如图6-13所示。

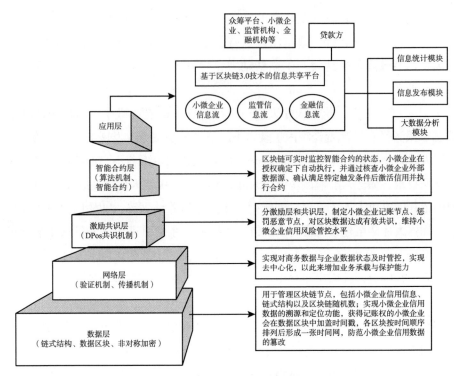

图 6－13 区块链 3.0 下金融信息共享平台

　　小微企业的发展离不开良好的金融环境，借助区块链 3.0 原理，构建网络众筹模式下金融信息共享平台，该平台可分为 5 层，每层都展示了区块链的特点与优点，并体现出网络信息一体化、信息交互数字化等信息共享平台的优势。其中应用层中的"区块链＋"金融信息共享平台业务模块设计主要包括：信息统计模块、信息发布模块、大数据分析模块。金融信息共享平台的搭建，不仅给小微企业本身创造价值，更为经济发展提供便捷的底层技术平台。

　　区块链 3.0 原理下网络众筹的透明化运作，可以促使金融信息监管部门对信息共享平台上的数据进行实时监控，做到监管智能化，并实现监管整体透明化与监管追责有效融合。政府有关部门应利用区块链 3.0 下金融信息共享平台，发展新型金融业态，提高对小微企业的金融服务能力，并加速区块链技术共享，进一步提升小微企业免疫力水平，降低小微企业的信用风险。

（3）强化小微企业记忆机制，打造学习型组织，构建企业集聚下小微企业健康成长机制。区块链3.0技术应用需要依赖一个可靠的互联网连接环境，而在我国一些偏远地区，小微企业没有区块链的基础设施，更谈不上小微企业利用区块链3.0技术，因此首要任务是改善最基本的技术应用条件。记忆能力、记忆机制与学习能力在一定程度上呈正相关，区块链3.0技术的强大记忆能力能够有效地消除小微企业信用风险，因此政府和企业应该通力合作，全网铺设区块链技术基础设施，利用区块链3.0技术打造出小微企业的学习型组织，强化其记忆机制。强化小微企业记忆机制的首要任务是构建企业集聚下小微企业健康成长机制（Huang et al.，2017；Jiang et al.，2017），具体成长机制构建如图6-14所示。

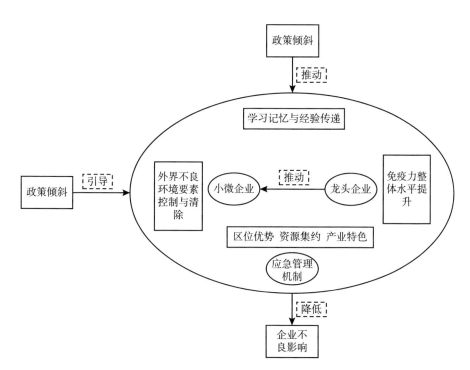

图6-14　企业集聚下基于组织免疫理论的小微企业成长机制

增强组织学习能力能够促使小微企业的免疫系统产生免疫抗体来抵御各种信用风险因素；在此基础上构建的小微企业健康成长机制，能够从根本上降低网络众筹模式下小微企业信用风险，提升小微企业免疫能力。此外，针对外部环境的突发性影响，政府应构建网络众筹平台的应急管理机制，可降低突发事件对小微企业造成的不良影响。

6.5 本章小结

当政府监管力度差、宏观经济形势严峻、收益共享率较低等情况下，可利用银行在线借贷模式下的管控模型对小微企业进行信用风险管控。第一，基于重复博弈的银行在线借贷模式下信用风险管控模型针对宏观经济形势、商业信用记录等信用风险因素影响，该信用风险管控模型的构建，降低了小微企业违约的概率，增强了小微企业与贷款方信用合作程度。第二，基于政府监管力度的银行在线借贷模式下信用风险管控模型的构建，加快了数据统一开放的平台建设，减少小微企业机会主义。第三，基于收益共享的银行在线借贷模式下信用风险管控模型的构建，可以促进利润共享融资合同的达成，最大限度促进小微企业与网上银行产生共赢，提升小微信用融资能力。第四，基于网络联保交易的银行在线借贷模式下信用风险管控模型的构建，可以对小微企业逆向选择与事前、事后的道德风险进行科学管控，从而强化信用观念。第五，基于免疫力提升的银行在线借贷模式下信用风险管控模型的构建，可以改善小微企业经营机制和生态治理方式，提升银行在线借贷模式下小微企业信用风险管理的记忆水平。

当市场信息处于不对称环境、安全技术水平差、惩罚力度低等情况下，可利用网络信用融资下的管控模型对小微企业进行信用风险管控。第一，市场监管下基于免疫监视的小微企业免疫力提升模型的构建，市场监管部门与电子商务平台利用感知、发现、判断、传递的组织监视方式减少了小微企业环境不确定性。第二，信息不对称环境下基于免疫防御的小微企业免疫力提升模型的构建，可通过变异、协调、成长、清除等提升小微企业的免疫防御功能，进而降低网络信用融资模式下小微企业的信用风险。第三，考虑是否长期合作下基于免疫自稳的小微企业免疫力提升的模型构建，促进了网络信用融资下利益相关者长期合作沟通，通过免疫记忆功能及时发现小微企业经营末端存在的各种问题。第四，基于规则制度创新的小微企业免疫力提升模型的构建，可以激发小微企业的整体活力，提高小微企业创造力，构建创新性的激励制度，降低小微企业信用风险。

当供应链环境下核心企业违约率高、核心企业担保收费高等情况下，可利用电商供应链金融下的管控模型对小微企业进行信用风险管控。首先，监管视角下小微企业与银行管控模型的构建，降低了银行的监管成本系数，增加了银行对小微企业的监管力度与信贷违约的处罚力度。其次，核心企业担保下小微企业与银行管控模型的构建，降低了小微企业的贷款金额与贷款利息，降低了核心企业的担保费用。最后，应收账款融资模式下小微企业与核心企业管控模型的构建，降低了核心企业违约概率，提高了小微企业的违约损失。

当小微企业在信用信息公开水平低、信用信息共享度不高等情况下，可利用P2P借贷模式下的管控模型对小微企业进行信用风险管控。首先，基于ESS的P2P网络借贷模式下信用风险管控模型的构建，小微企业与P2P借贷平台达到利益共赢，也促使P2P网络借贷模式正常运行，有效降低了小微企业信用风险。其次，基于利益相关者的P2P网络借贷模式下信用风险管控模型的构建，促进了小微企业、P2P借贷平台、贷款方等主体达到利益均衡。最后，基于动态循环免疫力提升的P2P网络借贷模式下信用风险管控模型的构建，可实现P2P网络借贷模式下相关利益主体资源共享、信息通畅，整体上提升小微企业免疫能力。

当小微企业与贷款方信息对称程度不高，与贷款方创新合作程度较差等情况下，可利用网络众筹模式下的管控模型对小微企业进行信用风险管控。第一，基于激励机制的网络众筹下信用风险管控模型的构建，有效提升了小微企业与贷款方信息共享度。第二，基于监管力度的网络众筹下信用风险管控模型的构建，可以逐步实现金融机构体系的多元化发展，推进小微企业金融创新的进程，利用大数据、区块链等技术对平台进行有效的技术监管，从而减少其违约经营的概率。第三，基于创新合作的信用风险管控模型的构建，可以有效提升小微企业与贷款方创新合作程度，降低小微企业的信用风险。第四，基于免疫力水平提升路径的网络众筹下信用风险管控模型的构建，可以完善小微企业的信用风险监管体系，提升其防御能力；打造学习型组织，强化小微企业记忆机制，创造企业集聚下小微企业健康成长机制。

　　本章针对信用风险测度模型的结果，构建适合网络融资模式下小微企业的信用风险管控模型。第一，提出了基于银行在线借贷模式下小微企业信用风险管控模型，健全了信用风险评价体系，优化了信用风险评价模型，增加了"信用时间轴"。第二，设计了基于信用风险管理的电商网络融资模式下小微企业的免疫力提升模型，从特异性免疫、非特异性免疫的视角整体提升了其免疫力能力，为小微企业面临的信用风险提供了化解路径。第三，构建了P2P网络借贷模式下小微企业信用风险管控模型，引导更多网络金融资源支持小微企业快速发展，提高小微企业风险管控能力。第四，针对网络众筹模式下信用风险，构建了基于激励机制、监管力度、创新合作等的信用风险管控模型，在区块链思维下提出基于信用风险管控的小微企业免疫力提升路径，实现信用风险管控体系的效率全面提升。

　　本章的研究不仅丰富了信用风险管控研究领域的知识构建，也拓展了信用风险管控的研究方法，将实现网络融资模式下小微企业信用风险的有效防控。

第7章 研究结论与研究展望

尽管国家在政策层面着力为小微企业的发展营造有利的条件，但小微企业融资问题一直是困扰其生存和发展的"瓶颈"。由于小微企业存在自身管理不完善、财务制度不规范、缺乏抵押物、信用数据缺失或不实情况严重、抗风险能力弱等特点，因此小微企业的信用风险难以避免。

网络融资模式逐步成熟，它是小微企业一种新型的融资渠道，正在改变小微企业的商业模式，也逐步成为金融信息服务机构、金融中介机构以及小微企业增强竞争力、拓展发展空间的一个重要领域。网络融资模式下小微企业信用风险是一个方兴未艾并具挑战性的研究领域，如何控制其信用风险是当今社会急需解决的问题，也是各金融服务机构面临的难题。目前小微企业网络融资的信用风险问题主要聚焦在：第一，较难客观地获取小微企业网络融资的信用风险评价指标体系；第二，适用于网络融资模式下信用风险测度方法较为贫乏；第三，较难破解网络融资模式下的企业信息不对称等问题，且有效、实用的信用风险管控模型构建还不够完善；第四，缺乏聚焦性与系统性的网络融资模式下小微企业信用风险管控模型的研究。

本书综合融入了定量与定性相结合方法，利用改进 DEMATEL 法与组合赋权法构建信用风险测度模型；在前人研究的基础上，融入医学免疫的生态健康新观点，对小微企业免疫力的内涵、特征进行梳理，利用组织免疫理论、风险管理理论、区块链思维等构建网络融资模式下小微企业信用风险管控模型。

本书以信用风险测度与管控为研究范围，把小微企业不可控的信用风险转变为可控制的信用风险，力争把小微企业信用风险降低到可控范围。本书从现实问题出发，聚焦问题的共性、普遍性，遵循"识别研究热点→梳理研究趋势→分析研究本质"的逻辑路径，在应该存在状态（应然）层面上缓解了现实研究问题的"非融合"状况，在实际存在状态（实然）层面上体现为学术、为现实服务的要求。本书对网络融资模式下小微企业信用风险问题的研究在一定程度上深化信用风险管理的研究价值，丰富了信用风险管理的研究理论与方法。

7.1 研究结论

对信用风险测度、信用风险管理、网络融资模式、小微企业信用风险管控问题的单个领域研究成果较多，但是相关热点内容融合与聚焦的研究成果并不多、也不够成熟。本书通过对网络融资模式下小微企业信用风险测度模型与管控模型的构建，得出以下研究结论：

（1）利用改进的 AHP-DEMATEL 法，得到了区间数综合影响程度，构建银行在线借贷下信用风险测度模型，得出结论：政府监管力度、宏观经济形势、收益共享率等信用风险因素对小微企业信用风险影响程度较大。该模型客观描述出各信用风险因素的综合重要程度，对单纯利用专家打分来测度信用风险因素直接关联的局限性进行有效改善，解决银行在线借贷下信用风险因素间复杂关系以及信用风险因素识别难度大等问题。目前，银行介入的网络融资模式具有相对成熟的信用风险评估和测度工具，对信用风险具有一定控制力。对银行介入的网络融资模式下小微企业信用风险测度问题，利用改进 DEMATEL 法有别于常规研究方法，具有一定可行性，推动并完善小微企业信用风险评价方法。

（2）应用 ANN 方法对网络信用融资模式下小微企业信用风险各指标权重进行测度，利用 GRA-DEMATEL 方法对信用风险因素进行了研究，由此确定各指标中心度和原因度，根据网络信用融资模式下信用风险测度模型，得出结论：市场信息对称程度、惩罚力度、感知信誉、安全技术等信用风险因素对小微企业信用风险影响程度较大；平台资金状况、信息结构、用户评价等信用信息服务、市场欺诈率等影响程度处于低层次水平。原因因素按从大到小排列依次是信息结构、安全技术、风险态度、惩罚力度、发现概率。信息结构、安全技术、风险态度等以上因素对网络信用融资起到了推动作用，应予以高度重视。原因度小于 0 的因素有市场信息对称程度、感知信誉、解密技术、风险防范力、平台资金状况、感知信誉等，这些因素受其他因素影响程度较大。

（3）对电商供应链金融模式下小微企业信用风险产生原因进行分析，根据电商供应链金融模式下信用风险测度模型，得出结论：核心企业违约率、核心企业担保收费等是电商供应链金融模式下小微企业信用风险的关键因素。原因因素按从大到小排列依次是监管力度、核心企业担保收费、监管收益、监管成本、信用等级、企业规模。监管力度、核心企业担保收费、监管收益等以上因素对电商供应链金融信用管理起到推动作用，应高度重视。原因度小于 0 的因素有经营能力、核心企业的潜力、经营共享环境、核心企业违约率、供应链竞争地位，这些因素受其他因素影响较大。

（4）利用 F-AHP 法与 CRITIC 法的主客观组合赋权对 P2P 网络借贷模式下信用风险指标进行权重测度，根据 P2P 网络借贷下信用风险测度模型，得出结论：信用信息公开度、信用信息共享度、平台影响力、信用等级等为 P2P 网络借贷模式下小微企业的主要信用风险因素，再利用软集合进行模型检验，得到检验结果与上述模型结果具有高度一致性，进而验证模型的有效性与合理性。利用基于熵权法、改进层次分析与经验模态分解法的信用风险测度模型，并结合改进直觉模糊法，得出网络众筹模式下小微企业信用风险最终组合权重系数，根据网络众筹模式下信用风险测度模型，得出结论：贷款方信息不对称程度、监管力度、小微企业与贷款方创新合作程度等是网络众筹模式下小微企业信用风险的主要影响因素。

（5）非银行介入的网络融资没有融合银行征信系统，准入门槛低，环境多变，对非银行介入的网络融资模式下小微企业信用风险测度问题，纯粹利用主观赋权则由于过分依赖于个人经验，可能产生不确定性等问题；纯粹利用客观赋权则由于机械地依赖数据，可能失去结果的合理性。利用改进组合赋权法有效解决了传统信用风险测度模型对于信用风险指标间存在相互关联、相关影响等复杂关系而测度不够客观的问题，因此，该方法具有一定的适用性与客观性。小微企业"生态化＋无银行金融＋数字经济"的耦合机制能较快适应信息化时代新商业模式的快速发展。对小微企业信用风险量化评价，贷款方依据小微企业信用风险的状况提供贷款，对信誉高、信用风险小的小微企业给予高额贷款，因此为贷款方提供了信贷策略。

（6）针对银行介入与非银行介入的网络融资模式下信用风险测度模型结果，构建小微企业信用风险管控模型。第一，强化网络融资模式下小微企业信用风险防控处理机制，完善小微企业的信用风险监管体系，实现信用风险监管机制的优化升级。第二，破解小微企业网络融资下的"数据孤岛"，甄别信用问题；健全信用风险评价体系，优化信用风险评价模型，增加"信用时间轴"。第三，制定可行规则制度，建立有效的激励制度，完善金融信息平台，加速区块链技术共享；利用区块链思维，强化小微企业记忆机制，政企合作共建互联网基础设施并打造学习型组织，提升小微企业免疫能力。第四，发展新型业态、构建有效融资服务体系，提升小微企业融资效率；实现数字化、金融生态化发展，以及信用风险管控体系的迭代升级与全面提升。第五，利用"区块链+网络融资+风险管理"等模式进行信用风险管控，不断改进和完善信用风险管理机制，进而有效提高信用风险管理水平，提升信用风险识别能力，进而降低网络融资模式下小微企业的信用风险。

7.2　研究不足与研究展望

本书在研究观点聚焦、研究思维推进、研究方法融合上有所突破与创新，丰富和拓展了金融管理、风险管理、信息经济的学科视域，尤其对信用风险管理进行深度研究，有助于给金融机构等提供更多经验、可复制的风控模式与路径。但是也存在一定的研究不足，需要进一步改进并对未来提出更深层次的研究展望。

7.2.1　研究不足

（1）在小微企业的信用风险数据挖掘方面，存在一定的研究局限性。由于研究过程缺乏海量数据，有些信用数据未启动、难以获得等原因，没有利用机器学习、深度学习等方法对信用风险进行数据挖掘。由于相关部门统计数据的不断更新以及网络融资模式下小微企业数据获取难度较高，使得在本书有些研究过程只能基于可以获得的统计数据进行分析。

（2）专家调研和小微企业调研等调研范围还可以进一步扩大。专家调研和企业调研没有涉及全国，主要涉及北京市、天津市、浙江省、江苏省、上海市等地区；此外，在分析小微企业信用风险主要因素时，由于专家调研与企业调研存在着一定的主观性，也缺少较长时间跨度和较多实证样本的研究，因此对结果的准确性有一定的影响。

（3）网络融资模式下信用风险测度与管控模型还可进一步优化。小微企业信用风险管理领域中测度模型多种多样，由于本书篇幅与个人精力有限，没能对测度模型逐一进行比较研究。对网络融资模式下信用风险管控模型的提出可能还不够完善，如何构建更实用的信用风险管控模型还需要进一步探讨。小微企业如果碰到疫情、金融危机等突发事件，抗信用风险能力可能会下降，疫情、国际形势等因素也会对其造成影响；在这种情况下，如何进行信用风险管控，在后续研究中应重点讨论。

7.2.2　研究展望

本书在理论与实践应用上、综合研究上力图有所突破，以激励机制、风控机制、监管机制等为主要分析手段，在研究理论的拓展、研究方法的推进等方面具有一定特色，未来研究可以在以下方面进行深入研究：

（1）信用风险的研究可从 QCA 分析发展到 MEM 研究。QCA 分析有关信用的影响因素的分析，把信用归为"好"与"坏"两类，MEM 分析包括对研究对象的信用数据收集、统计、可视化等。今后可以采取 QCA 和 MEM 等相结合的方法，对于一些难以量化的信用风险指标进行深层次研究，可以更好地验证结论的有效性，并在此研究基础上建立信用风险防范化解的长效机制。

（2）探索便于鉴别的信用风险阈值，并挖掘小微企业抗信用风险能力的阈值。今后可以利用最优化理论与方法来最大限度地鉴别出违约小微企业和非违约小微企业。利用现代管理理论、系统工程理论等相结合理论对小微企业信用风险管理理论进行深层次的系统研究。

（3）激励机制、演化博弈、信息经济模型等如何更好地应用到小微企业信用风险管控上有待进一步的探究。在网络融资模式下小微企业信用风险管控模型构建的基础上进一步分析小微企业动态循环发展机制，以及深层次研究银企共生驱动视阈下小微企业信用风险管理问题。

　　（4）基于机器学习、大数据技术、区块链技术等信用风控的进一步研究。利用大数据风控技术、人工智能等，最大限度控制小微企业的信用风险，进而推动金融科技的稳定发展。今后可以重点研究：区块链技术下小微企业网络融资的信用风险测度、定价与管理实践研究；基于机器学习、深度学习的信用风险违约概率和评级转移模型等研究。

附录1 小微企业网络融资的
信用风险调查问卷

尊敬的先生/女士：

您好！

我们正在做有关"小微企业网络融资的信用风险"问卷调查，关于贵企业基本情况和信贷需求的几个问题需要您帮助回答。

谢谢您的协助和支持！非常感激！

【Q1】您企业的资产规模？

①100万元以下   ②100万~200万元

③200万~500万元   ④500万~1000万元

⑤1000万元以上   ⑥其他

【Q2】您企业的员工规模？

①5人以下   ②5~10人   ③10~50人   ④50~100人

⑤100人以上

【Q3】您企业是否存在网络融资困境？

①存在   ②不存在

【Q4】您企业处于何种发展阶段？

①起步   ②初期   ③快速   ④稳定

⑤衰退

【Q5】您的年龄？

①30 岁及以下　　②30～40 岁　　③40～50 岁　　④50～60 岁
⑤60 岁以上

【Q6】您的企业成立时间？
①1 年以下　　②1～3 年　　③3～5 年　　④5～10 年
⑤10 年以上

【Q7】您的学历程度？
①初中及以下　　②高中　　③大专　　④本科
⑤硕士研究生　　⑥博士研究生

【Q8】您的婚姻状态？
①已婚　　②未婚　　③离婚或丧偶

【Q9】您主要的网络融资渠道有？
①银行在线借贷　　　　②P2P 网络借贷
③电商网络融资　　　　④网络众筹
⑤其他

【Q10】您/贵企业对以下哪些网络融资交易模式有所青睐？（多选题）
①网络循环贷　　②网络联保贷　　③阿里小贷　　④e 贷在线
⑤易融通　　　　⑥商贷通　　　　⑦网贷通　　　⑧空中贷款
⑨其他

【Q11】贵企业主要的认证情况？
①信用认证标　　②实地认证标　　③机构担保标　　④其他

【Q12】您/贵企业对网络融资实际利率的看法？
①偏高　　②较高　　③适宜　　④较低
⑤低　　　⑥其他

【Q13】贷款/融资未获批，贷款方以下列原因为由拒绝申请？（多选题）

①企业规章制度不完善　　　　②不满足贷款条件

③缺乏抵押物　　　　　　　　④贷款不符合规定，有违约情况

⑤信用等级低　　　　　　　　⑥缺乏信贷产品

⑦信用数据缺失　　　　　　　⑧公司的不实情况较为严重

⑨其他（请标注）＿＿＿＿＿＿＿＿＿＿

【Q14】在贷款过程中遇到的困难？（多选题）

①缺乏抵押　　　　　　　　　②缺乏担保

③财务制度不健全　　　　　　④贷款周期长

⑤贷款利率高　　　　　　　　⑥手续烦琐

⑦存在灰色付出　　　　　　　⑧机会成本高

⑨其他（请标注）＿＿＿＿＿＿＿＿＿＿

【Q15】您认为贷款难的主要原因是？（多选题）

①企业经营状况差　　　　　　②信用等级低

③对信用等级要求过高　　　　④缺乏信贷产品、整体创新性不足

⑤业务流程烦琐且缺乏合理性　⑥发展不平衡

⑦经营形式与融资模式单一　　⑧政府的支持力度不够

⑨缺乏网络融资渠道　　　　　⑩其他（请注明）＿＿＿＿＿＿＿＿

【Q16】企业或者银行担保方式为？（多选题）

①信用贷款　　　　　　　　　②抵押贷款

③无形资产担保　　　　　　　④核心企业担保

⑤固定资产担保　　　　　　　⑥上下游企业担保

⑦其他方式担保（请注明）＿＿＿＿＿＿＿＿＿＿

【Q17】您对贷款方提供的服务感到？

①非常满意　　　②满意　　　③一般　　　④较不满意

⑤不满意

【Q18】 贵企业的融资投向？（多选题）

①企业规模的扩张　　　　　②发展新型业务

③企业项目融资　　　　　　④维持企业稳定

⑤为企业持续发展做准备　　⑥其他

【Q19】 小微企业网络融资渠道选择的关键因素还有哪些？

【Q20】 请您对小微企业网络融资的信用风险问题与管控对策提出一些建议？

附录2 影响网络融资模式下信用风险因素的调查问卷

尊敬的先生/女士：

您好！

我们正在做有关"网络融资模式下小微企业信用风险影响因素"问卷调查，关于贵企业基本情况和信贷需求的几个问题需要您帮助回答。

您的企业所属行业类型？＿＿＿＿＿＿＿＿（请注明）

表1　　　　影响银行在线借贷模式下信用风险因素调查问卷

影响因素	非常不重要→非常重要	影响因素	非常不重要→非常重要
企业素质	1 2 3 4 5 6 7	风险态度	1 2 3 4 5 6 7
信息结构	1 2 3 4 5 6 7	经营共享环境	1 2 3 4 5 6 7
财务状况	1 2 3 4 5 6 7	速动比率	1 2 3 4 5 6 7
营运能力	1 2 3 4 5 6 7	平台背景	1 2 3 4 5 6 7
商业信用记录	1 2 3 4 5 6 7	收益共享率	1 2 3 4 5 6 7
信息共享度	1 2 3 4 5 6 7	销售净利润率	1 2 3 4 5 6 7
产业链上下游企业状况	1 2 3 4 5 6 7	发展创新能力	1 2 3 4 5 6 7
宏观经济形势	1 2 3 4 5 6 7	资产负债率	1 2 3 4 5 6 7
政府监管力度	1 2 3 4 5 6 7	净资产收益率	1 2 3 4 5 6 7

表2　　　　影响网络信用融资模式下信用风险因素调查问卷

影响因素	非常不重要→非常重要	影响因素	非常不重要→非常重要
安全技术	1 2 3 4 5 6 7	市场欺诈率	1 2 3 4 5 6 7
解密技术	1 2 3 4 5 6 7	信息结构	1 2 3 4 5 6 7
资产负债率	1 2 3 4 5 6 7	惩罚力度	1 2 3 4 5 6 7

影响因素	非常不重要→非常重要	影响因素	非常不重要→非常重要
平台资金状况	1 2 3 4 5 6 7	市场信息对称程度	1 2 3 4 5 6 7
信用等级	1 2 3 4 5 6 7	管理制度	1 2 3 4 5 6 7
平台背景	1 2 3 4 5 6 7	感知信誉	1 2 3 4 5 6 7
贷款额度	1 2 3 4 5 6 7	贷款利率	1 2 3 4 5 6 7
行业环境	1 2 3 4 5 6 7	监管收益	1 2 3 4 5 6 7
发现概率	1 2 3 4 5 6 7	风险态度	1 2 3 4 5 6 7
风险防范力	1 2 3 4 5 6 7	用户评价等信用信息服务	1 2 3 4 5 6 7

表3　　　　影响电商供应链金融模式下信用风险因素调查问卷

影响因素	非常不重要→非常重要	影响因素	非常不重要→非常重要
经营能力	1 2 3 4 5 6 7	监管力度	1 2 3 4 5 6 7
风控水平	1 2 3 4 5 6 7	信息披露	1 2 3 4 5 6 7
企业规模	1 2 3 4 5 6 7	监管收益	1 2 3 4 5 6 7
营运能力	1 2 3 4 5 6 7	成长能力	1 2 3 4 5 6 7
管理制度	1 2 3 4 5 6 7	监管成本	1 2 3 4 5 6 7
货物状况	1 2 3 4 5 6 7	行业环境	1 2 3 4 5 6 7
信用等级	1 2 3 4 5 6 7	供应链竞争地位	1 2 3 4 5 6 7
核心企业担保收费	1 2 3 4 5 6 7	现金流能力	1 2 3 4 5 6 7
核心企业的潜力	1 2 3 4 5 6 7	经营共享环境	1 2 3 4 5 6 7
核心企业违约率	1 2 3 4 5 6 7	应收账款状况	1 2 3 4 5 6 7

表4　　　　影响P2P网络借贷模式下信用风险因素调查问卷

影响因素	非常不重要→非常重要	影响因素	非常不重要→非常重要
平台影响力	1 2 3 4 5 6 7	资金保障模式	1 2 3 4 5 6 7
违约程度	1 2 3 4 5 6 7	逾期金额	1 2 3 4 5 6 7
平台泄漏信息风险	1 2 3 4 5 6 7	风险规避能力	1 2 3 4 5 6 7
借款期限	1 2 3 4 5 6 7	借款金额	1 2 3 4 5 6 7

影响因素	非常不重要→非常重要	影响因素	非常不重要→非常重要
风控水平	1　2　3　4　5　6　7	信用等级	1　2　3　4　5　6　7
管理制度	1　2　3　4　5　6　7	成长能力	1　2　3　4　5　6　7
借款期限	1　2　3　4　5　6　7	注册资本	1　2　3　4　5　6　7
网络风险	1　2　3　4　5　6　7	偿债能力	1　2　3　4　5　6　7
信用信息公开度	1　2　3　4　5　6　7	信用信息政府监管力度	1　2　3　4　5　6　7
平台背景	1　2　3　4　5　6　7	营运能力	1　2　3　4　5　6　7
逾期次数	1　2　3　4　5　6　7	所处地域	1　2　3　4　5　6　7
借款年利率	1　2　3　4　5　6　7	成功借款数	1　2　3　4　5　6　7
信用信息披露度	1　2　3　4　5　6　7	信用信息共享度	1　2　3　4　5　6　7

表5　　　　影响P2P网络借贷模式下信用风险因素第二轮调查问卷

影响因素	非常不重要→非常重要	影响因素	非常不重要→非常重要
平台影响力	1　2　3　4　5　6　7	信用信息公开度	1　2　3　4　5　6　7
违约程度	1　2　3　4　5　6　7	逾期次数	1　2　3　4　5　6　7
营运能力	1　2　3　4　5　6　7	信用等级	1　2　3　4　5　6　7
风控水平	1　2　3　4　5　6　7	偿债能力	1　2　3　4　5　6　7
标的的质量	1　2　3　4　5　6　7	信用信息政府监管力度	1　2　3　4　5　6　7
风险规避能力	1　2　3　4　5　6　7	信用信息共享度	1　2　3　4　5　6　7
逾期金额	1　2　3　4　5　6　7	—	—

表6　　　　影响网络众筹模式下信用风险因素调查问卷

影响因素	非常不重要→非常重要	影响因素	非常不重要→非常重要
筹资时长范围	1　2　3　4　5　6　7	服务费比例	1　2　3　4　5　6　7
退出难易程度	1　2　3　4　5　6　7	监管力度	1　2　3　4　5　6　7
投资方认知能力	1　2　3　4　5　6　7	保证金比例	1　2　3　4　5　6　7
对项目估值	1　2　3　4　5　6　7	媒体报道数	1　2　3　4　5　6　7

影响因素	非常不重要→非常重要	影响因素	非常不重要→非常重要
领投人的投资判断能力	1 2 3 4 5 6 7	服务费比例	1 2 3 4 5 6 7
与筹资平台信息不对称程度	1 2 3 4 5 6 7	资金的擅自挪作他用	1 2 3 4 5 6 7
贷款方认知能力	1 2 3 4 5 6 7	信息披露程度	1 2 3 4 5 6 7
与贷款方信息不对称程度	1 2 3 4 5 6 7	与贷款方的恶意合谋程度	1 2 3 4 5 6 7
退出难易程度	1 2 3 4 5 6 7	贷款方监管能力	1 2 3 4 5 6 7
投资者风险识别能力	1 2 3 4 5 6 7	与贷款方创新合作程度	1 2 3 4 5 6 7

附录3 网络信用融资模式下小微企业信用程度调查问卷

变量名称（变量代码）	含义	选择
安全技术（C_{11}）	弱 = 1，中 = 2，强 = 3	
解密技术（C_{12}）	弱 = 1，中 = 2，强 = 3	
风险态度（C_{21}）	消极 = 0，一般 = 1，积极 = 2	
风险防范力（C_{22}）	弱 = 1，中 = 2，强 = 3	
发现概率（C_{31}）	低 = 0，较低 = 1，一般 = 2，较高 = 3，高 = 4	
惩罚力度（C_{32}）	弱 = 1，中 = 2，强 = 3	
市场欺诈率（C_{41}）	低 = 0，较低 = 1，一般 = 2，较高 = 3，高 = 4	
信息结构（C_{42}）	不合理 = 0，合理 = 1	
市场信息对称程度（C_{43}）	差 = 0，较差 = 1，一般 = 2，较好 = 3，好 = 4	
感知信誉（C_{51}）	弱 = 1，中 = 2，强 = 3	
平台资金状况（C_{52}）	差 = 0，较差 = 1，一般 = 2，较好 = 3，好 = 4	
用户评价等信用信息服务（C_{53}）	差 = 0，较差 = 1，一般 = 2，较好 = 3，好 = 4	

附录 4　专家访谈大纲

——关键因素结果验证

【Q1】从以下银行在线借贷模式下小微企业信用风险影响因素选出 4 ~ 6 个关键因素，您认为还有哪些关键影响因素？

企业素质、财务状况、商业信用记录、产业链上下游企业状况、宏观经济形势、政府监管力度、销售净利润率、净资产收益率、收益共享率、发展创新能力、资产负债率、速动比率等。

【Q2】从以下网络信用融资模式下小微企业信用风险影响因素选出 4 ~ 6 个关键因素，您认为还有哪些关键影响因素？

安全技术、解密技术、风险态度、风险防范力、发现概率、惩罚力度、市场欺诈率、信息结构、市场信息对称程度、感知信誉、平台资金状况、用户评价等信用信息服务等。

【Q3】从以下电商供应链金融模式下小微企业信用风险影响因素选出 4 ~ 6 个关键因素，您认为还有哪些关键影响因素？

经营能力、企业规模、管理制度、信用等级、核心企业担保收费、核心企业的潜力、核心企业违约率、监管力度、监管收益、监管成本、供应链竞争地位、行业环境、经营共享环境等。

【Q4】从以下 P2P 网络借贷模式下小微企业信用风险影响因素选出 4 ~ 6 个关键因素，您认为还有哪些关键影响因素？

平台影响力、违约程度、风控水平、标的的质量、营运能力、逾期次数、逾期金额、风险规避能力、信用等级、偿债能力、信用信息政府监管力度、信用信息公开度、信用信息共享度等。

【Q5】从以下网络众筹模式下小微企业信用风险影响因素选出 4~6 个关键因素，您认为还有哪些关键影响因素？

筹资时长范围、与贷款方创新合作程度、与筹资平台信息不对称程度、与贷款方信息不对称程度、退出难易程度、保证金比例、服务费比例、监管力度、媒体报道数、贷款方认知能力、贷款方监管能力等。

参 考 文 献

[1] 鲍静海，徐明，李秉华. 小微企业信用风险分担机制研究 [J]. 经济问题，2014 (10)：25 - 30.

[2] 蔡自兴. 机器人原理及应用 [M]. 长沙：中南工业大学出版社，1988.

[3] 陈道富. 我国融资难融资贵的机制根源探究与应对 [J]. 金融研究，2015 (2)：45 - 52.

[4] 陈恒，徐睿姝，郎益夫. 分布式创新、组织特异性免疫与企业成长绩效研究 [J]. 科技进步与对策，2014，31 (12)：98 - 104.

[5] 陈丽蓉，黄瑶. 基于免疫视角的企业内部控制研究 [J]. 会计之友，2012 (3)：76 - 77.

[6] 陈晓红，杨志慧. 基于改进模糊综合测度法的信用评估体系研究——以我国中小上市公司为样本的实证研究 [J]. 中国管理科学，2015，23 (1)：146 - 153.

[7] 陈鑫，彭俞超. 小微企业融资与货币政策选择——基于贝叶斯DSGE 模型的分析 [J]. 中国经济问题，2017 (6)：21 - 33.

[8] 陈秀梅，程晗. 众筹融资信用风险分析及管理体系构建 [J]. 财经问题研究，2014 (12)：47 - 51.

[9] 迟国泰，张亚京，石宝峰. 基于 Probit 回归的小企业债信评级模型及实证 [J]. 管理科学学报，2016，19 (6)：136 - 156.

[10] 崔炎炎，刘立新. 基于大数据的 P2P 网络借贷平台风险评价 [J]. 统计与信息论坛，2020 (4)：42 - 51.

[11] 戴昕琦. 商业银行信用风险评估模型研究——基于线上供应链金融的实证 [J]. 软科学，2018 (5)：139 - 144.

[12] 邓爱民，文慧，李红，等. 供应链金融下第三方物流信用评价研

究 [J]．中国管理科学，2016，24（S1）：564 - 570．

[13] 邓鸿丽，任文，邓鸿志．互联网金融与融资模式创新研究 [J]．宏观经济管理，2015（4）：48 - 50．

[14] 丁骋骋，周群力．信用评级与农户正规融资：温州案例 [J]．财经论丛，2012（5）：41 - 47．

[15] 丁杰，李悦雷，曾燕，等．P2P 网贷中双向交易者的双重信息价值及信息传递 [J]．南开管理评论，2018（2）：4 - 15．

[16] 范方志，苏国强，王晓彦．供应链金融模式下中小企业信用风险评价及其风险管理研究 [J]．中央财经大学学报，2018（12）：34 - 43．

[17] 方红星，楚有为．公司战略与商业信用融资 [J]．南开管理评论，2019，22（5）：142 - 154．

[18] 冯岑明，方德英．多指标综合评价的神经网络方法 [J]．现代管理科学，2006（3）：61 - 62．

[19] 宫建华，周远祎．我国互联网金融发展现状与风险治理 [J]．征信，2019（9）：89 - 92．

[20] 古定威，赵曦，骆品亮．P2P 平台信号显示的三方博弈模型研究 [J]．系统工程理论与实践，2020，40（5）：1210 - 1220．

[21] 郭上铜，王瑞锦，张凤荔．区块链技术原理与应用综述 [J]．计算机科学，2021（2）：271 - 281．

[22] 韩贺洋，周全，韩俊华．政策性金融支持小微企业的运行机理及路径 [J]．科学管理研究，2017（5）：106 - 109．

[23] 何昇轩，沈颂东．基于第三方 B2B 平台的线上供应链金融风险评估 [J]．东南学术，2016，18（3）：139 - 147．

[24] 荷花，李明贤．小微企业融资需求及其融资可获得性的影响因素分析 [J]．经济与管理研究，2016，37（2）：52 - 60．

[25] 洪祥骏，蒋维，张炜霄，等．平台差异化与停业风险——基于网络借贷平台的实证分析 [J]．投资研究，2020，39（7）：58 - 82．

[26] 胡东滨，杨志慧，陈晓红．"区块链"商业模式的文献计量分析 [J]．系统工程理论与实践，2021（1）：247 - 264．

[27] 黄京霞．基于组织免疫的企业动态能力可持续发展研究 [D]．金

华：浙江师范大学，2012.

[28] 黄秋彧，黄羽翼，鲁亚军. 考虑数据成组现象的企业信用风险预警模型 [J]. 统计与决策，2021，3（2）：172-175.

[29] 霍海涛. 高科技中小企业信用风险指标体系及其评价方法 [J]. 北京理工大学学报（社会科学版），2012（1）：60-65.

[30] 霍源源，冯宗宪，柳春. 抵押担保条件对小微企业贷款利率影响效应分析——基于双边随机前沿模型的实证研究 [J]. 金融研究，2015（9）：112-127.

[31] 霍源源，姚添译，李江. 基于 Probit 模型的中国制造业企业信贷风险测度研究 [J]. 预测，2019（4）：76-82.

[32] 贾广余，元琪. 基于出口信用保险机制的我国小微企业发展问题研究 [J]. 财经理论与实践（双月刊），2018（1）：44-49.

[33] 姜涛，熊伟. 基于综合视角的多层次分布式组织免疫应答模型研究 [J]. 科技管理研究，2017，14（7）：239-244.

[34] 姜涛，熊伟. 组织惯例演化的重新定义：基于组织免疫的视角 [J]. 浙江大学学报（人文社科版），2014，44（6）：141-152.

[35] 姜涛. 质量管理实践对组织运营惯例更新的作用机制研究 [D]. 杭州：浙江大学，2015.

[36] 金陈飞，张飘飘，刘道学，等. 小微企业融资议价能力研究 [J]. 科研管理，2017，38（S1）：98-106.

[37] 鞠彦辉，许燕，何毅. 信息混沌下银行线上供应链金融信用风险盲数评价模型构建 [J]. 企业经济，2018（6）：102-106.

[38] 匡海波，杜浩，丰昊月. 供应链金融下中小企业信用风险指标体系构建 [J]. 科研管理，2020（4）：209-219.

[39] 李秉祥，刘珂欣，张涛涛. 企业成长性测度指标筛选及综合指数构建 [J]. 财会月刊，2020，20（10）：63-67.

[40] 李步军，高玉红，王继顺. 基于灰区间关联分析的银行个人信用优化评估模型 [J]. 数学的实践与认识，2016（9）：289-292.

[41] 李朝辉. 我国 P2P 网络借贷与小微企业融资关系实证研究 [J]. 现代经济探讨，2015（2）：43-47.

［42］李刚，李建平，孙晓蕾，等．兼顾序信息和强度信息的主客观组合赋权法研究［J］．中国管理科学，2017（12）：179 – 187．

［43］李鸿禧，迟国泰．基于违约强度信用久期的资产负债优化模型［J］．系统工程理论与实践，2018（6）：1388 – 1403．

［44］李健，王亚静，冯耕中，等．供应链金融述评：现状与未来［J］．系统工程理论与实践，2020，40（8）：1977 – 1995．

［45］李俊江，于众．政府如何化解小企业融资难题——基于信息不对称的视角［J］．财政研究，2015（6）：81 – 85．

［46］李西良，田力普，赵红．高新技术企业知识产权能力测度研究——基于 DEMATEL-VIKOR 的指数模型［J］．科研管理，2020，41（4）：270 – 279．

［47］李先玲．资本充足、从业背景与平台倒闭：来自中国 231 个 P2P 网络借贷平台的证据［J］．经济经纬，2016，33（6）：137 – 142．

［48］李秀婷．小微企业融资困境和普惠金融关系研究综述［J］．技术经济与管理研究，2017（8）：62 – 65．

［49］李焰，高戈君，李珍妮，等．借款人描述性信息对投资人决策的影响——基于 P2P 网络借贷平台的分析［J］．经济研究，2014（S1）：143 – 155．

［50］李媛媛，马玉国．供应链金融视角下的小微企业信用风险评价［J］．现代电子技术，2014，37（12）：32 – 36．

［51］李悦雷，郭阳，张维．中国 P2P 小额贷款市场借贷成功率影响因素分析［J］．金融研究，2013（7）：126 – 138．

［52］李仲飞，黄金波．我国小微企业融资困境的动态博弈分析［J］．华东经济管理，2016，30（2）：1 – 8．

［53］林小驰，胡叶倩雯．关于区块链技术的研究综述［J］．金融市场研究，2016（2）：97 – 109．

［54］林泽阳，林建华．一种基于盲数的主观赋权法研究［J］．计算机与数字工程，2015（6）：1073 – 1077．

［55］刘澄，武鹏，郝丹洁．基于模糊集理论的小微企业信用等级评估研究［J］．科技进步与对策，2013，30（18）：170 – 176．

［56］刘春苑，李凯旭．网上银行对小微企业信贷风险的控制研究［J］．

中外企业家，2016（8）：69 – 70.

［57］刘浩. SARS 时代的企业免疫力［J］. 经理人，2003（6）：6.

［58］刘兢轶，王彧婧，王静思. 供应链金融模式下中小企业信用风险评价体系构建［J］. 金融发展研究，2019（11）：63 – 67.

［59］刘蕾，鄢章华. 区块链体系下的产业集群融资信任机制［J］. 中国流通经济，2017，31（12）：73 – 79.

［60］刘满凤，赵珑. 互联网金融视角下小微企业融资约束问题的破解［J］. 管理评论，2019（3）：39 – 49.

［61］刘敏，孙树栋. 基于 ANN 的电子商务水平测度指标权重的确定方法［J］. 软科学，2006，20（4）：136 – 139，144.

［62］刘忠璐. 提高银行资本能缓解小微企业融资难问题吗——基于小微企业贷款风险权重降低改革的讨论［J］. 经济理论与经济管理，2018（4）：86 – 97.

［63］刘子君. 软集合条件下的个人信用评价方法研究［J］. 工业技术经济，2005（9）：126 – 127.

［64］柳承志. L 银行加强小微企业信贷风险管理对策研究［J］. 当代经济，2016（5）：37 – 39.

［65］吕波，丁宝华. 构建银行操作风险"病毒免疫系统"的设想［J］. 浙江金融，2009（6）：21 – 23.

［66］吕萍，王以华. 组织免疫行为和机制研究［J］. 管理学报，2009，6（5）：607 – 614.

［67］吕萍. 组织免疫行为对组织绩效影响机制的实证研究［J］. 科学学与科学技术管理，2011，32（7）：15 – 23.

［68］吕秀梅. 大数据金融下的中小微企业信用评估［J］. 财会月刊，2019（13）：22 – 27.

［69］马启肇. 免疫学基础及病原生物学［M］. 成都：四川科学技术出版社，1996.

［70］满向昱，张天毅，汪川，等. 我国中小微企业信用风险因素识别及测度研究［J］. 中央财经大学学报，2018（9）：46 – 58.

［71］毛茜，赵喜仓. 创新价值链视角下信用评估研究——基于小微企

业的实证分析 [J]. 华东经济管理，2017 (5)：134 – 139.

[72] 聂二保，陈绍真，苗新科. 基于"区块链 +"的互联网金融大数据双通道征信技术研究 [J]. 征信，2017, 35 (6)：39 – 41.

[73] 钱金叶，杨飞. 中国 P2P 网络借贷的发展现状及前景 [J]. 金融论坛，2012 (1)：46 – 51.

[74] 乔海曙，谢姗珊. 区块链金融理论研究的最新进展 [J]. 金融理论与实践，2017 (3)：75 – 79.

[75] 任维哲，刘浴，陆启浩. 基于信用溢价的融资租赁企业信用风险的测度 [J]. 统计与信息论坛，2018, 33 (2)：94 – 98.

[76] 阮素梅，蔡茹雪. 内容社交 + 众筹模式下农产品众筹绩效影响因素分析——基于京东众筹的实证研究 [J]. 经济问题，2019 (4)：55 – 61.

[77] 邵飞飞，赵颖. 高科技小微企业众筹风险及其防范对策，华北金融 [J]. 2017 (6)：68 – 72.

[78] 石艳霞，倪玲，管光扬. 电子商务网站竞争力指标体系研究 [J]. 图书情报工作，2009, 53 (2)：129 – 133.

[79] 史丽萍，刘强，贾亚男，等. 基于 Projection Pursuit-RAGANK-GERT 的质量绩效提升路径优化：以组织质量特异性免疫和产品生命周期为主导逻辑的解释框架 [J]. 运筹与管理，2015, 24 (4)：188 – 197.

[80] 宋华，杨璇. 供应链金融风险来源与系统化管理：一个整合性框架 [J]. 中国人民大学学报，2018, 32 (4)：119 – 128.

[81] 苏涵萌. 基于免疫理论的跨境农产品供应链风险识别研究 [D]. 南昌：江西财经大学，2019.

[82] 苏应生，张宇婧，任栋. 供应链买方中介融资模式研究：基于区块链技术的视角 [J]. 财经科学，2020 (5)：43 – 51.

[83] 孙国茂. 区块链技术的本质特征及其金融领域应用研究 [J]. 理论学刊，2017 (2)：58 – 67.

[84] 孙会君，王新华. 应用人工神经网络确定指标的权重 [J]. 山东科技大学学报（自然科学版），2001, 20 (3)：84 – 86.

[85] 塔琳，李孟刚. 区块链在互联网金融征信领域的应用前景探析 [J]. 东北大学学报（社会科学版），2018 (5)：466 – 474.

[86] 谭中明，谢坤，彭耀鹏．基于梯度提升决策树模型的 P2P 网贷借款人信用风险评测研究［J］．软科学，2018（12）：136-140．

[87] 田歆，宋岩，曹沙沙，等．众筹商业模式与运作机制实证研究——以 Kickstarter 为例［J］．管理评论，2019（7）：210-224．

[88] 田秀娟，张智颖．P2P 网络借贷职业身份的信贷歧视：基于贷款方认知偏差视角［J］．改革，2018（5）：139-150．

[89] 仝凌云，曹泽阳，安利平，等．P2P 网络借贷平台信用风险识别研究［J］．金融理论与实践，2019（10）：51-58．

[90] 仝乃礼，史张宇．区块链对互联网金融的影响分析及未来展望［J］．现代营销（下旬刊），2017（8）：10-11．

[91] 涂艳，王翔宇．基于机器学习的 P2P 网络借贷违约风险预警研究：来自"拍拍贷"的借贷交易证据［J］．统计与信息论坛，2018，33（6）：69-76．

[92] 汪灏．中国 P2P 网络借贷平台财务风险研究［D］．安徽：安徽大学，2016．

[93] 汪青松．区块链作为治理机制的优劣分析与法律挑战［J］．社会科学研究，2019（4）：60-71．

[94] 王会娟，廖理．中国 P2P 网络借贷平台信用认证机制研究——来自"人人贷"的经验证据［J］．中国工业经济，2014（4）：136-147．

[95] 王力召，蒋致远．基于结构熵权法的 P2P 平台财务风险评价研究［J］．统计与信息论坛，2020（4）：42-51．

[96] 王淼．中小微企业信用担保贷款风险比例分担研究——提供政府补贴的两方合作博弈模型［J］．商业经济与管理，2017（3）：62-68．

[97] 王楠．免疫视角下企业风险管理要素与风险管理绩效关系研究［D］．长春：吉林大学，2015．

[98] 王攀，陈云翔，蔡忠义，等．基于直觉判断矩阵和证据理论的群组决策方法［J］．火力与指挥控制，2019，44（3）：60-66．

[99] 王小芳，王磊．"技术利维坦"：人工智能嵌入社会治理的潜在风险与政府应对［J］．电子政务，2019（5）：86-93．

[100] 王馨．互联网金融助解"长尾"小微企业融资难问题研究［J］．

金融研究，2015（9）：128 –139.

［101］王学东，安楠，崔志恒，等. 网商信用指数测度研究［J］. 现代情报，2013，33（9）：4 –9.

［102］王以华，吕萍，徐波，等. 组织免疫研究初探［J］. 科学学与科学技术管理，2006（6）：133 –139.

［103］吴松强，孙路，沈馨怡. 政府参与模式下小微企业协同创新行为的演化博弈分析［J］. 江苏社会科学，2015（6）：64 –70.

［104］吴信科. 经济新常态下小微企业的融资困境与战略纾解［J］. 农业经济，2016（11）：106 –107.

［105］鲜京宸. 我国金融业未来转型发展的重要方向："区块链＋"［J］. 南方金融，2016（12）：87 –91.

［106］肖斌卿，柏巍，姚瑶，等. 基于 LS-SVM 的小微企业信用评估研究［J］. 审计与经济研究，2016，31（6）：102 –111.

［107］肖斌卿，杨旸，李心丹，等. 基于模糊神经网络的小微企业信用评级研究［J］. 管理科学学报，2016，19（11）：114 –126.

［108］肖斌卿，杨旸，余哲，等. 小微企业信用评级模型及比较研究［J］. 系统工程学报，2016，31（6）：798 –807，830.

［109］肖进，刘敦虎，顾新，等. 银行客户信用评估动态分类器集成选择模型［J］. 管理科学学报，2015，18（3）：114 –126.

［110］肖智，龚科，李丹. 基于双射软集合决策系统的参数约减［J］. 系统工程理论与实践，2001，31（2）：308 –314.

［111］谢家平，梁玲. 供应链管理［M］. 上海：上海财经大学出版社，2015.

［112］谢平，邹传伟，刘海二. 互联网金融模式研究［J］. 金融研究，2012（12）：11 –22.

［113］谢文静，鲍新中，董文妍. B2B 电商平台供应链融资风险的影响因素识别与评价［J］. 财会月刊，2020（1）：118 –126.

［114］徐波. 企业免疫力研究初探［D］. 北京：清华大学，2005.

［115］徐洁，隗斌贤，揭筱纹. 互联网金融与小微企业融资模式创新研究［J］. 商业经济与管理，2014（4）：92 –96.

[116] 徐晓萍，张顺晨，敬静. 关系型借贷与社会信用体系的构建——基于小微企业演化博弈的视角 [J]. 财经研究，2014，40（12）：39－50.

[117] 徐勇戈，李冉. 供应链金融视角下的房地产企业信用风险 [J]. 财会月刊，2018，23（8）：164－169.

[118] 徐泽水，达庆利. 区间数排序方法研究 [J]. 系统工程，2001，19（6）：94－96.

[119] 许荻迪. 区块链技术在供应链金融中的应用研究 [J]. 西南金融，2019（2）：74－82.

[120] 许晖，纪春礼，李季，等. 基于组织免疫视角的科技型中小企业风险应对机理研究 [J]. 管理世界，2011（2）：142－154.

[121] 薛菁. 新兴融资方式缓解小微企业融资困难的有效性分析 [J]. 经济体制改革，2018，11（6）：144－149.

[122] 杨疏影，股权众筹平台的交流渠道监管——基于群体智慧理论 [J]. 财经问题研究，2017（10）：57－162.

[123] 杨兴寿. 电子商务环境下的信用和信任机制研究 [D]. 北京：对外经济贸易大学，2016.

[124] 杨震宁，李德辉. "新组织"和"小组织"困境：基于组织健康免疫捍卫机制的研究 [J]. 经济管理，2014，36（4）：59－72.

[125] 姚帏之，白杨，刘德胜. 网络融资 VS 银行信贷——演化视角下小微企业融资战略平衡 [J]. 投资研究，2018，37（9）：62－75.

[126] 于博. 区块链技术创造共享经济模式新变革 [J]. 理论探讨，2017（2）：103－107.

[127] 余高锋，刘文奇，石梦婷. 基于局部变权模型的企业质量信用评估 [J]. 管理科学学报，2015，18（2）：85－94.

[128] 岳中刚，周勤，杨小军. 众筹融资、信息甄别与市场效率——基于人人贷的实证研究 [J]. 经济学动态，2016（1）：54－62.

[129] 曾江洪，黄向荣，吴号. 众筹中主体互动、价值共创与产品创新 [J]. 科研管理，2019（11）：226－235.

[130] 曾燕，梁思莹，田凤平，魏嘉伟. 股权众筹投融资方的最优策略分析 [J]. 管理科学学报，2017（9）：114－130.

［131］张高胜. 构建基于 CFaR 的小微企业信用风险评价模型 ［J］. 财会月刊, 2017 (14): 23 – 28.

［132］张建同, 张敏, 郭卓琦. 基于修正 KMV 模型的汽车供应链金融风险分析 ［J］. 工业工程与管理, 2019 (1): 128 – 135.

［133］张建中. 免疫与健康 ［M］. 北京: 化学工业出版社, 2003.

［134］张琦, 刘人境, 徐青川. 基于梯形直觉模糊的改进 DEMATEL 方法 ［J］. 工业工程与管理, 2019, 24 (3): 91 – 98.

［135］张荣刚, 徐京平. 小微企业网络众筹的路径选择与风险甄别 ［J］. 科研管理, 2018 (8): 19 – 25.

［136］张文, 崔杨波, 姜祎盼. 基于 SVM$^{\text{K-Means}}$ 的非均衡 P2P 网贷平台风险预测研究 ［J］. 系统科学与数学, 2018, 38 (3): 364 – 378.

［137］张秀广, 李政道. "区块链 + 互联网" 在金融领域的前景分析与挑战 ［J］. 管理现代化, 2016, 36 (6): 4 – 6.

［138］张玉明. 小微企业互联网金融融资模式研究 ［J］. 会计之友, 2014 (18): 2 – 5.

［139］张云起, 冯漪. 基于区块链的电商信用生态治理研究 ［J］. 中央财经大学学报, 2019 (5): 102 – 108, 128.

［140］张蕴晖, 董继刚. 小微企业融资渠道选择及其影响因素实证分析——基于山东省的调研 ［J］. 山东农业科学, 2017, 49 (11): 157 – 161.

［141］赵驰, 周勤. 科技型中小企业 R&D 投资、人力资本投资与企业成长路径的关系——基于面板数据的实证研究 ［J］. 科技进步与对策, 2012, 29 (14): 75 – 82.

［142］赵慧芸. 组织免疫视角的银行类企业财务风险预警研究 ［D］. 西安: 西北大学, 2017.

［143］赵礼强, 刘霜, 易平涛. 我国 P2P 网络借贷平台的信用评级研究: 来自 "网贷之家" 的证据 ［J］. 金融理论与实践, 2018 (8): 58 – 63.

［144］赵萌, 任嵘嵘. 基于模糊熵的直觉模糊多属性决策方法 ［J］. 数学的实践与认识, 2014, 44 (23): 153 – 159.

［145］赵志冲, 迟国泰. 基于似然比检验的工业小企业债信评级研究 ［J］. 中国管理科学, 2017, 25 (1): 45 – 56.

[146] 郑瑶, 董大勇. 区块链对银行业客户信用构建的挑战与机会 [J]. 银行家, 2016 (7): 20 - 21.

[147] 郑志来. P2P 网络借贷平台发展模式及对商业银行影响研究 [J]. 西南金融, 2015 (7): 53 - 56.

[148] 郑志来. 金融结构、普惠金融与小微企业融资体系构建 [J]. 当代经济管理, 2019 (8): 85 - 90.

[149] 钟明, 郭文伟, 宋光辉. 企业异质性、融资模式与小微企业信用 [J]. 中国科技论坛, 2013 (11): 117 - 123.

[150] 周先波, 欧阳梦倩. P2P 投资经验与甄别违约风险的能力——基于学习的视角 [J]. 统计研究, 2018, 36 (12): 40 - 54.

[151] 周月书, 杨军. 农村中小企业融资障碍因素分析——来自江苏吴江和常熟的问卷调查 [J]. 中国农村经济, 2018 (7): 77 - 85.

[152] 朱金珣. 区块链对于解决保险业信用危机的作用 [J]. 时代金融, 2017 (9): 213 - 214.

[153] 庄雷, 周勤, 伏玉林. P2P 网络借贷用途、投资偏向效应与软信息价值 [J]. 对外经济贸易大学学报, 2015 (6): 77 - 85.

[154] 邹辉霞, 刘义. P2P 网络借贷模式下的小微企业融资问题研究 [J]. 商业研究, 2015 (3): 1 - 7.

[155] Ahmed O. Block chain Technology: concept of digital economics [J]. MPRA Paper, 2017 (8): 1 - 5.

[156] Akko S. An empirical comparison of conventional techniques, neural networks and the three stage hybrid adaptive neuro fuzzy inference system (ANFIS) model for credit scoring analysis: the case of Turkish credit card data [J]. European Journal of Operational Research, 2012, 222 (1): 168 - 178.

[157] Altman E I, Gabriele S, Nicholas W. The value of qualitative information in SME risk management [J]. Journal of Financial Services Research, 2008, 40 (2): 15 - 55.

[158] Amerind B. Studying borrower level risk characteristics of education loan in India [J]. IIMB Management Review, 2016 (2): 163 - 165.

[159] Antunes A, Bonfim D, Monteiro N, et al. Forecasting banking crises

with dynamic panel probit models [J]. International Journal of Forecasting, 2018, 34 (2): 249 –275.

[160] Aydemir R, Guloglu B. How do banks determine their spreads under credit and liquidity risks during business cycles? [J]. Journal of International Financial Markets Institutions and Money, 2017 (46): 147 –157.

[161] Baghai R P, Becker B. Reputations and credit ratings: evidence from commercial mortgage-backed securities [J]. Journal of Financial Economics, 2020, 135 (2): 425 –444.

[162] Bai C G, Shi B F, Liu F, et al. Banking credit worthiness: evaluating the complex relationships [J]. Omega, 2019 (83): 26 –38.

[163] Blanco A, Rafael P, Juan L, et al. Credit scoring models for the microfinance industry using neural networks: evidence from Peru [J]. Expert Systems with Applications, 2013 (40): 356 –364.

[164] Campello M, Gao J. Customer concentration and loan contract terms [J]. Journal of Financial Economics, 2017, 123 (1): 108 –136.

[165] Cassar G, Ittner C D, Cavalluzzo K S. Alternative information sources and information asymmetry reduction: Evidence from small business debt [J]. Journal of Accounting & Economics, 2015, 59 (2 –3): 242 –263.

[166] Chai N, Wu B, Yang W W. A multicriteria approach for modeling small enterprise credit rating: evidence from China [J]. Emerging Markets Finance and Trade, 2019, 55 (11): 2523 –2543.

[167] Chen L, Shahee R N, Yi J, et al. The international penetration of iBusiness firms: network effects, liabilities of outsidership and country clout [J]. Journal of International Business Studies, 2019, 50 (2): 172 –192.

[168] Chen Y, Shi Y, Wei X, et al. How does credit portfolio diversification affect banks' return and risk? evidence from Chinese listed commercial banks [J]. Technological and Economic Development of Economy, 2014, 20 (2): 332 –352.

[169] Che Z H, Wang H S, Chuang C L. A fuzzy AHP and DEA approach for making bank loan decisions for small and medium enterprises in Taiwan [J].

Expert Systems with Applications, 2011, 37 (10): 7189 – 7199.

[170] Chi G T, Hao J, Cheng X U, et al. Cluster analysis for weight of credit risk evaluation index [J]. Systems Enging-theory Methodology Application, 2001, 10 (1): 64 – 67.

[171] Chi G T, Yu S L, Zhou Y. A novel credit evaluation model based on the maximum discrimination of evaluation results [J]. Emerging Markets Finance and Trade, 2019 (1): 1 – 20.

[172] Daft R L, Weick K E. Toward a model of organizations as interpretation systems [J]. Academy of Management Review, 1984 (9): 284 – 295.

[173] Danenas P, Garsva G. Selection of support vector machines based classifiers for credit risk domain [J]. Expert Systems with Applications, 2015, 42 (6): 3194 – 3204.

[174] Delmerico J, Isler S, Sabzevari R, et al. A comparison of volumetric information gain metrics for active 3D object reconstruction [J]. Autonomous Robots, 2018 (4): 1 – 12.

[175] Dimitrios A, Helen L, Mike T. Determinants of non-performing loans: evidence from Euro-area countries [J]. Finance Research Letters, 2016 (18): 116 – 119.

[176] Dorfleitner G, Priberny C, Schuster S, et al. Description-text related soft information in peer-to-peer lending: evidence from two leading European platforms [J]. Journal of Banking & Finance, 2016, 64 (3): 169 – 187.

[177] Drobetz W, Momtaz P, Schroder H. Investor sentiment and initial coin offerings [J]. The Journal of Alternative Investments, 2019 (4): 41 – 55.

[178] Edward I A, Suggitt H J. Default rates in the syndicated bank loan market: a mortality analysis [J]. Journal of Banking and Finance, 2017 (1): 145 – 156.

[179] Eisenhardt K M, Martin J A. Dynamic capabilities: what are they? [J]. Strategic Management Journal, 2000 (21): 1105 – 1121.

[180] Emekter T, Jirasakuldech L. Evaluating credit risk and loan performance in online peer-to peer (P2P) lending [J]. Applied Economics, 2015, 47

（1）：54 – 70.

[181] Fan C K, Cheng S W, Wu C R. Using GRA and DEA to compare efficiency of bancassurance sales with an insurer's own team [J]. The Journal of Grey System, 2009 (4)：395 – 406.

[182] Fantazzini D, Figini S. Random survival forests models for SME credit risk measurement [J]. Methodology and Computing in Applied Probability, 2009, 11 (1)：29 – 45.

[183] Feng Q, He D, Zeadally S, et al. A survey on privacy protection in blockchain system [J]. Journal of Network and Computer Applications, 2019 (126)：45 – 58.

[184] Ferreira F A F, Santos S P, Dias V M C. An AHP based approach to credit risk evaluation of mortgage loans [J]. International Journal of Strategic Property Management, 2014, 18 (1)：38 – 55.

[185] Franco M, Esteves L. Inter-clustering as a network of knowledge and learning：multiple case studies [J]. Journal of Innovation & Knowledge, 2020 (1)：39 – 49.

[186] Freedman S, Jin G Z. The information value of online social networks：lessons from peer-to-peer lending [J]. International Journal of Industrial Organization, 2017, 51 (3)：185 – 222.

[187] Gans J S, Murray F E, Stern S. Contracting over the disclo-sure of scientific knowledge：intellectual property and aca-demic publication [J]. Research Policy, 2017 (46)：820 – 835.

[188] Gordini N. A genetic algorithm approach for SMEs bankruptcy prediction：empirical evidence from Italy [J]. Expert Systems with Applications, 2014, 41 (14)：6433 – 6445.

[189] Govindan K, Fattahi M. Investigating risk and robustness measures for supply chain network design under demand uncertainty：a case study of glass supply chain [J]. International Journal of Production Economics, 2017 (183)：680 – 699.

[190] Gumparthi S, Manickavasagam V. Risk classification based on dis-

criminant analysis for SMEs' [J]. International Journal of Trade Economics & Finance, 2010, 1 (3): 242 – 246.

[191] Harris T. Credit scoring using the clustered support vector machine [J]. Expert Systems with Applications, 2015, 42 (2): 741 – 750.

[192] Herzog P S, Yang S. Social networks and charitable giving: trusting, doing, asking, and alter primacy [J]. Nonprofit and Voluntary Sector Quarterly, 2018, 47 (2): 376 – 394.

[193] Huang K G L, Geng X S, Wang H L. Institutional regime shift in intellectual property rights and innovation strategies of firms in China [J]. Organization Science, 2017, 28 (2): 355 – 377.

[194] Huang X B, Liu X L, Ren Y Q. Enterprise credit risk evaluation based on neural network algorithm [J]. Cognitive Systems Research, 2018 (52): 317 – 324.

[195] Ibtissem B. Determinants of microcredit repayment: the case of tunisian microfinance bank [J]. African Development Review, 2013, 25 (3): 370 – 382.

[196] Imbierowicz B, Rauch C. The relationship between liquidity and credit risk in banks [J]. Journal of Banking and Finance, 2014 (1): 242 – 258.

[197] Iurkov V, Benito G R G. Domestic alliance networks and regional strategies of MNEs: a structural embeddedness perspective [J]. Journal of International Business Studies, 2018, 49 (8): 1033 – 1059.

[198] Jadhav S, He H M, Jenkins K. Information gain directed genetic algorithm wrapper feature selection for credit rating [J]. Applied Soft Computing, 2018 (69): 541 – 553.

[199] Jean R J B, Kim D, Cavusgil E. Antecedents and outcomes of digital platform risk for international new ventures' internationalizations [J]. Journal of World Business, 2020, 55 (1): 1 – 9.

[200] Jiang M. The current situation, problems and countermeasures of tax preference for small and medium-sized enterprises [J]. Journal of Shenyang Institute of Engineering, 2017, 32 (6): 78 – 92.

[201] Jiang Y, He Y, Zhang H. Variable selection with prior information for

generalized linear models via the prior lasso method [J]. Journal of the American Statistical Association, 2016, 111 (513): 355 – 376.

[202] Jones S, Johnstone D, Wilson R. An empirical evaluation of the performance of binary classifiers in the prediction of credit ratings changes [J]. Journal of Banking & Finance, 2015 (56): 72 – 85.

[203] José C P, Lurdes M. Exporting barriers: insights from Portuguese small-and medium-sized exporters and non-exporters [J]. Journal of International Entrepreneurship, 2018 (3): 132 – 137.

[204] Kruppa J, Schwarz A, Arminger G., et al. Consumer credit risk: individual probability estimates using machine learning [J]. Expert Systems with Applications, 2013, 40 (13): 5125 – 5131.

[205] Lee H H, Zhou J, Wang J. Trade credit financing under competition and its impact on firm performance in supply chains [J]. Manufacturing & Service Operations Management, 2017, 20 (1): 36 – 52.

[206] Liang L W, Huang B Y, Liao C F, et al. The impact of SMEs' lending and credit guarantee on bank efficiency in South Korea [J]. Review of Development Finance, 2017, 7 (2): 134 – 141.

[207] Louise G, Lgnacio T. Financing micro-businesses and the UNCITRAL model law on secured transations [J]. Uniform Law Review, 2017, 22 (1): 642 – 662.

[208] Maik D, Carsten E, Thomas L, et al. Business credit information sharing and default risk of private firms [J]. Journal of Banking & Finance, 2013, 37 (8): 2867 – 2878.

[209] Makri V. Towards an investigation of credit risk determinants in Eurozone countries [J]. Journal of Accounting & Management Information Systems, 2016 (15): 247 – 264.

[210] Meng B, Chi G. New combined weighting model based on maximizing the difference in evaluation results and its application [J]. Mathematical Problems in Engineering, 2015 (10): 1 – 9.

[211] Miao J, Business S O, University N. A research of block chain technol-

ogy and its application in commercial banks [J]. Journal of Shaoyang University, 2017 (12): 126 – 135.

[212] Michelle A A, Kingsley O A, Joseph A. Credit risk management of Ghanaian listed banks [J]. International Journal of Law and Management, 2016, 58 (2): 124 – 125.

[213] Mitchell B, Loretta J M. On the profitability and cost of relationship lending [J]. Journal of Banking and Finance, 2018 (6): 344 – 349.

[214] Mizen P, Tsoukas S. Forecasting US bond default ratings allowing for previous and initial state dependence in an ordered probit model [J]. International Journal of Forecasting, 2012, 28 (1): 273 – 287.

[215] Mollick E. The dynamics of crowdfunding: an exploratory study [J]. Journal of Business Venturing, 2014, 29 (1): 1 – 16.

[216] Moody S. Global business & consumer service industry rating methodology [EB/OL]. https: / /www. moodys. com/re-search document content page. aspx? docid = PBC_127102, 2013 – 10 – 13.

[217] Moody S. Global Software Industry [EB/OL]. https: / /www. moody. com/Research document content page. aspx? docid = PBC_142367, 2012 – 10 – 09.

[218] Nambisan S, Zahra S A, Luo Y. Global platforms and ecosystems: implications for international business theories [J]. Journal of International Business Studies, 2019, 50 (9): 1464 – 1486.

[219] Ni J, Chu L K, Li Q. Capacity decisions with debt financing: the effects of agency problem [J]. European Journal of Operational Research, 2017 (3): 1158 – 1169.

[220] Niklis D, Doumpos M, Zopounidis C. Combining market and accounting-based models for credit scoring using a classification scheme based on support vector machines [J]. Applied Mathematics and Computation, 2014 (234): 69 – 81.

[221] Ninh B P V, Do Thanh T, Hong D V. Financial distress and bankruptcy prediction: an appropriate model for listed firms in Vietnam [J]. Economic

Systems, 2018, 42 (4): 616 – 624.

[222] Nyfeler A. Modeling dependencies in credit risk management [D]. Swiss Federal Institute of Technology Zurich, 2000.

[223] Ojala A, Evers N, Rialp A. Extending the international new venture phenomenon to digital platform providers: a longitudinal case study [J]. Journal of World Business, 2018, 53 (5): 725 – 739.

[224] Ono A, Hasumi R, Hirata H. Differentiated use of small business credit scoring by relationship lenders and transactional lenders: evidence from firm-bank matched data in Japan [J]. Journal of Banking &Finance, 2014 (42): 371 – 380.

[225] Ozili P K. How bank managers anticipate non-performing loans. evidence from europe, US, Asia and Africa [J]. MPRA Paper, 2015, 1 (2): 73 – 80.

[226] Peura H, Yang S A, Lai G. Trade credit in competition: a horizontal benefit [J]. Manufacturing & Service Operations Management, 2017 (2): 263 – 289.

[227] Porterm E. Competitive advantage [M]. New York: Free Press, 1985.

[228] Pratama M, Lu J, Lughofer E, et al. An incremental learning of concept drifts using evolving type – 2 recurrent fuzzy neural networks [J]. IEEE Transactions on Fuzzy Systems, 2017, 25 (5): 1175 – 1192.

[229] Qi J H, Zhang Z., Liu H. Credit constraints and firm market entry decision: firm-level evidence from internationalizing Chinese multinationals [J]. North American Journal of Economics and Finance, 2018 (46): 272 – 285.

[230] Rerup C, Feldman M S. Routines as a source of change in organizational schemata: The role of trial-and-error learning [J]. Academy of Management Journal, 2011, 54 (3): 577 – 610.

[231] Sara S, Mahtab K, Joseph S, et al. Blockchain technology and its relationships to sustainable supply chain management [J]. International Journal of Production Research, 2019 (7): 2117 – 2135.

[232] Schatzki T R. On organizations as they happen [J]. Organization Studies, 2016 (27): 1863 – 1873.

[233] Serrano C C, Gutiérrez N B, Reyes N M. A social and environmental approach to microfinance credit scoring [J]. Journal of Cleaner Production, 2016, 112 (4): 3504 – 3513.

[234] Shi B F, Zhao J X, Wang J. A credit rating attribute reduction approach based on Pearson correlation analysis and fuzzy-rough sets [J]. ICIC Express Letters, 2016, 10 (2): 519 – 525.

[235] Shi B, Wang J, Qi J, et al. A novel imbalanced data classification approach based on logistic regression and fisher discriminant [J]. Mathematical Problems in Engineering, 2015 (6): 1 – 12.

[236] Simon Z, Michael P. The management of reputational risks in banks: findings from germany and Switzerland [J]. Journal of Accounting Research, 2019, 9 (3): 165 – 184.

[237] Standard P. General criteria: Principles of credit ratings [EB/OL]. http: // www. standardandpoors. com/prot/rat-ings/thesiss/en/us/thesis Type = HTML & asset ID = 1245366284668, 2011 – 02 – 16.

[238] Subbanarasimma P N. Strategy in turbulent environments: the role of dynamic competence [J]. Managerial and Decision Economics, 2001, 22 (4/5): 201 – 212.

[239] Sulkowshi A. Business supply chains, sustainability, and law: the future of governance, legal frameworks, and lawyers? [J]. Delaware Journal of Corporate Law, 2018, 43 (2): 303 – 320.

[240] Suren P, Jörg P, Gor S. Risk provisioning and profitability in the armenian banking system [J]. Drivers of Bank Solvency, 2018, 17 (3): 307 – 332.

[241] Tang T. An empirical study of tax preference to promote the development of innovative industries: experience data from Jiangmen [J]. Public Finance Research Journal, 2017, 89 (1): 1159 – 1178.

[242] Terry H. Quantitative credit risk assessment using support vector machines: broad versus narrow default definitions [J]. Expert Systems with Applications, 2013, 40 (12): 4404 – 4413.

［243］Tsai C F, Hung C. Modeling credit scoring using neural network ensembles［J］. Kybernetes, 2014, 43（7）: 1114 – 1123.

［244］Twesige R. Bitcoin a simple explanation of bitcoin and block chain technology JANUARY 2015 RICHARD LEE TWESIGE［C］// Bitcoin Cryptocurrenct, 2015.

［245］Vanroose A B D. Do microfinance institutions accomplish their mission［J］. Applied Economics, 2013, 45（15）: 1965 – 1982.

［246］Varouj A, Xinhua G, Jiaping Q, et al. Loan collateral, corporate investment, and business cycle［J］. Journal of Banking & Finance, 2015（55）: 380 – 392.

［247］Wang J, Nie E, Cui J. Research on credit rating of weak credit group based on block chain technology［C］// International Conference on Innovations in Economic Management and Social Science, 2017.

［248］Wang S X, Qi Y W, Fu B, et al. Credit risk evaluation based on text analysis［J］. International Journal of Cognitive Informatics and Natural Intelligence, 2016, 10（1）: 1 – 11.

［249］Wang Y, Zhao J B. Organization immunity: building a defense system［C］. AOM Proceeding, Moutreal, Canada, 2010.

［250］Weick K E. Management of organizational change among loosely coupled elements［M］//Goodman P S. Change in organizations. San Francisco: Jossey-Bass, 1982.

［251］Wessel R, Mark C. The blockchain as a narrative technology: investigating the social ontology and normative configurations of cryptocurrencies［J］. Philos Technol, 2018（31）: 103 – 130.

［252］Wetzel P, Hofmann E. Supply chain finance, finan-cial constraints and corporate performance: an explorative network analysis and future research agenda［J］. International Journal of Production Economics, 2019（216）: 364 – 383.

［253］Witt U. Emergence and functionality of organizational routines: an individualistic approach［J］. Journal of Institutional Economics, 2011, 7（2）: 157 – 174.

[254] Wu K J, Liao C J, Tseng M L, et al. Toward sustainability: using big data to explore the decisive attributes of supply chain risks and uncertainties [J]. Journal of Cleaner Production, 2017 (142): 663 – 676.

[255] Xu B, Zheng H, Xu Y, et al. Configurational paths to sponsor satisfaction in crowdfunding [J]. Journal of Business Research, 2016, 69 (2): 915 – 927.

[256] Xu X H, Chen X F, Jia F, et al. Supply chain finance: a systematic literature review and bibliometric analysis [J]. International Journal of Production Economics, 2018 (204): 160 – 173.

[257] Yener A, Leonardo G, David M I. Bank risk and monetary policy [J]. Journal of Financial Stability, 2018 (3): 34 – 35.

[258] Zhang B, Wu D D, Liang L. Optimal option ordering and pricing decisions with capital constraint and default risk [J]. IEEE Systems Journal, 2017, 11 (3): 1537 – 1547.

[259] Zhu L, Zhang Q, Lu H, et al. Study on crowdfunding's promoting effect on the expansion of electric vehicle charging piles based on game theory analysis [J]. Applied Energy, 2017 (196): 238 – 248.

[260] Zhu Y, Xie C, Wang G J, et al. Comparison of individual, ensemble and integrated ensemble machine learning methods to predict China's SME credit risk in supply chain finance [J]. Neural Computing and Applications, 2017 (28): 41 – 50.

[261] Zhu Y, Zhou L, Xie C, et al. Forecasting SMEs' credit risk in supply chainfinance with an enhancedhy-brid ensemble machine learning approach [J]. International Journal of Production Economics, 2019 (211): 22 – 33.

后　记

在本书撰写前，笔者已经主持或主研相关的大量科研项目，例如：主持完成浙江省自然科学基金面上项目"区块链下基于违约鉴别度的农村小微企业信用风险管控模型研究"（LY19G030026）；主持完成浙江省哲学社会科学规划课题"网络融资模式下基于免疫理论的小微企业信用风险管控机制"（21NDQN300YB）；主持完成市哲学社会科学重点项目"供应链金融下基于免疫理论的绍兴小微企业信用风险监测与预警会商机制"（135418）；主持完成市哲学社会科学重点项目"基于组织免疫理论的 PSR 模型下绍兴市科技型小微企业成长机制"（135536）；重要成员参加完成北京市自然科学基金面上项目"基于企业画像的北京市小微企业信用评级模型研究"（9162011）；作为第一指导教师指导本科生完成国家级大学生科技创新项目"基于区块链的供应链金融信用风险控制模型——以面向农村小微企业为例"（201813283009）；作为第一指导教师指导本科生完成国家级大学生科技创新项目"基于组织免疫理论的网络融资下小微企业信用风险管控机制研究"（202013283008）；作为第一指导教师指导本科生国家级大学生科技创新项目"基于协调发展度的农村小微企业免疫力评价与提升路径研究"（202213283008）；等等。

业精于勤，荒于嬉；行成于思，毁于随。上述项目的研究为本书得以顺利完成提供了良好的理论与实践基础。本书也是在笔者博士学位论文的研究基础上进行的一系列完善。回顾自 2017 年以来的网络融资模式下信用风险研究探索之路，我首先感谢曾经的博士生导师谢雪梅教授，是她把我引入信用风险管理、博弈论与信息经济学、互联网金融、数字经济等领域。这些年来，谢教授对我倾注了大量的心血和汗水，她曾对我的博士"大论文"和每一篇"小论文"都给予了耐心的指导，她严谨细致、一丝不苟的工作作风是我们学习的榜样。每次跟谢教授沟通与畅谈，都让我汲取了大量金融工程、管理科学理论与方法的智慧，激起我思维的火花，也推动我对这一研究领域的兴趣与再思考。除此之外，谢教授对我的生活也特别关心，使我克服了工作、学习、家庭等诸多难题，才有了今天的成果，才能完成此书。在我跌跌碰碰的人生道路中是谢教授为我指明了前进的方向。

感谢吕廷杰、张晓航、王琦、苑春荟、吴洪等北京邮电大学经济管理学院博导、教授对我的研究提供了很多启发性的建议。特别感谢国家级教学名师、国务院特殊津贴专家韩伯棠教授与北京交通大学博士生导师林晓言教授等专家在百忙之中对本书撰写提供了的帮助。

感谢同门师兄弟姐妹亓瑞倩、杨洋洋、王天棋、张贝贝等博士在选题时所付出的工作。感谢程博、张哲、吴延熊、何红光、王钟、李朝柱、王晓丽、冯天楚、李勇辉等同事在本书完善上的大力帮助。此外，感谢硕士研究生陈雨凡同学对本书中的文字表达提供一定帮助。

感恩父母三十多年来含辛茹苦的培养，感谢他们在经济上、精神上的极力支持，正是因为对我的学业重视，并提供了坚强后盾，才有了我今日的成绩。还要感谢我的妻子和女儿的支持，她们给了我不懈奋斗的力量；感谢我的哥哥的鼎力支持与无私帮助。感谢所有对我提出过问题的学者，是你们促使我深入思考，才能把此书呈现给大家。

本书根据是否有银行介入，把网络融资模式分为银行介入与非银行介入的网络融资模式。银行介入的网络融资模式，其主要包括银行在线借贷、电商网络融资；非银行介入的新型网络融资模式，其主要包括网络众筹、P2P网络借贷（国内P2P网贷机构已经于2020年11月中旬全部清退，但其对我国商业银行、小微企业信用机制建设的借鉴价值不容忽视，本书对P2P网络借贷的研究时间及相关研究数据都介于2017年9月~2020年6月之间）。

本书系统性地研究了网络融资模式（银行在线借贷、电商网络融资、P2P网络借贷、网络众筹）下小微企业的信用风险。首先，针对银行介入与非银行介入的网络融资模式下小微企业信用风险特点、影响因素，构建适用于网络融资模式下的信用风险测度模型来度量小微企业的信用风险；其次，设计出网络融资模式下基于组织免疫理论的小微企业信用风险管控模型，从特异性免疫、非特异性免疫方面整体提升小微企业免疫力水平；再其次，结合区块链思维与原理，运用金融科技手段，驱动小微企业风险管理转型；最后，建立合理信用风险管控机制，完善小微企业信用风险监管体系，降低其信用风险。

欢迎各位学者、各位经济学家、金融学家、管理学家、风控专家的批评指正，帮助"网络融资模式下小微企业信用风险研究"走向成熟。